CAMBRIDGE LIBRARY COLLECTION

Books of enduring scholarly value

Linguistics

From the earliest surviving glossaries and translations to nineteenth-century academic philology and the growth of linguistics during the twentieth century, language has been the subject both of scholarly investigation and of practical handbooks produced for the upwardly mobile, as well as for travellers, traders, soldiers, missionaries and explorers. This collection will reissue a wide range of texts pertaining to language, including the work of Latin grammarians, groundbreaking early publications in Indo-European studies, accounts of indigenous languages, many of them now extinct, and texts by pioneering figures such as Jacob Grimm, Wilhelm von Humboldt and Ferdinand de Saussure.

Die Grundlagen der Griechischen Syntax

In this fourth part of his general work on syntax, published in 1879, Berthold Delbrück (1842–1922), the German scholar remembered for his contribution to the study of the syntax in Indo-European languages (his three-volume *Vergleichende Syntax der indogermanischen Sprachen* is also reissued in this series), concentrates on the syntax of ancient Greek. His focus is deliberately broad as he seeks to engage classicists who are interested in linguistics or in how the Greek language was actually used, rather than in highly specialised case studies. In twelve chapters, Delbrück guides the reader through the gender and case of nouns, and explains some features seen as peculiarities of Homeric Greek which in fact demonstrate its kinship as an Indo-European language with the Vedic language of the Hindu scriptures. He also covers the tenses and moods of verbs, prepositions, pronouns and particles, and word order.

Die Grundlagen der Griechischen Syntax

Berthold Delbrück

CAMBRIDGE UNIVERSITY PRESS

Cambridge, New York, Melbourne, Madrid, Cape Town,
Singapore, São Paolo, Delhi, Mexico City

Published in the United States of America by Cambridge University Press, New York

www.cambridge.org
Information on this title: www.cambridge.org/9781108047111

© in this compilation Cambridge University Press 2012

This edition first published 1879
This digitally printed version 2012

ISBN 978-1-108-04711-1 Paperback

SYNTAKTISCHE

FORSCHUNGEN

VON

B. DELBRÜCK.

IV.

HALLE A. S.,

VERLAG DER BUCHHANDLUNG DES WAISENHAUSES.

—

1879.

DIE GRUNDLAGEN

DER

GRIECHISCHEN SYNTAX

ERÖRTERT

VON

B. DELBRÜCK.

———————

HALLE A. S.,

VERLAG DER BUCHHANDLUNG DES WAISENHAUSES.

—

1879.

Vorrede.

Bei der Ausarbeitung dieses vierten Theiles meiner syntaktischen Forschungen habe ich mich bemüht, besonders den Wünschen solcher classischen Philologen entgegenzukommen, welche an den sprachwissenschaftlichen Studien ein Interesse nehmen, ohne sich doch an allen Einzeluntersuchungen zu betheiligen. Ich habe mich desshalb von der Erörterung linguistischer Streitfragen möglichst fern gehalten, und habe die Citate aus dem Sanskrit so eingerichtet, dass sie auch von den dieser Sprache nicht kundigen Lesern benutzt werden können. Auf andere indogermanische Sprachen als das Sanskrit näher einzugehen, habe ich selten angezeigt gefunden, namentlich habe ich auf die Herbeiziehung lateinischer und deutscher Analogieen fast durchaus verzichtet, weil ich annehme, dass die Leser meine Darstellung nach dieser Seite hin aus eigenen Mitteln ergänzen werden. Bei der Behandlung des Griechischen selbst ist die Voraussetzung massgebend gewesen, dass niemand erwarte, aus dieser Schrift über die Thatsachen des griechischen Sprachgebrauches belehrt zu werden. Der Stoff ist desshalb überall nur soweit herbeigezogen, als für die jedesmalige Erörterung wünschenswerth erschien. Die endlose Literatur, in der von griechischer Syntax gehandelt worden ist, zusammenzuschaffen und anzuführen, habe ich nicht für meine Aufgabe gehalten. Ich habe mich zwar bemüht, die wichtigsten neueren Schriften zu Rathe zu ziehen, aber wer aus dem Griechischen ein Specialstudium macht, wird gewiss manche Lücke nach dieser Richtung hin entdecken. Freilich bitte ich, nicht sofort aus dem Umstande, dass ich eine Schrift nicht citirt habe, auf meine Unbekanntschaft mit derselben zu schliessen, da ich es für das Richtige gehalten habe, fast nur solche Bücher anzuführen, von denen ich wünsche, dass der Leser sie nachschlage.

Dass bei einer so ausserordentlich umfänglichen und zersplitterten Literatur den Prioritätsrechten eines Anderen gelegentlich zu nahe getreten wird, ist nicht zu vermeiden. Ich ergreife mit Vergnügen die Gelegenheit, um ein derartiges Unrecht, welches ich Synt. Forsch. 2, 129 begangen habe, wieder gut zu machen. Bei der Constatirung eines gewissen Aoristgebrauches im Sanskrit habe ich a. a. O. folgende Bemerkung gemacht: „Dieser Gebrauch des Aorists übrigens ist so unverkennbar, dass er jedem auffallen muss, der die Brāhmaṇas liest. Eine gedruckte Andeutung darüber finde ich nur bei Weber Ind. Stud. 13, 114." Es war mir damals entgangen, dass vor mir schon Ramkṛishṇa Gopal Bhandarkar in der Vorrede zu seinem Second book of Sanskrit, datirt Ratnagiri 8th April 1868, diesen Gebrauch des Aorists festgestellt hatte.

Jena, August 1879.

B. Delbrück.

Inhalt.

Einleitendes.

Dass die Griechen aus der indogermanischen Heimat Nomina und Verba in bestimmten Flexionsformen, Zahlwörter, Präpositionen, Pronomina, Partikeln mitgebracht haben, wird jetzt von Niemand bezweifelt. Da nun die sprachliche Mittheilung in Sätzen vor sich geht, so folgt aus der angeführten Thatsache zugleich, dass die Griechen auch gewisse Formen der Sätze, Gewohnheiten in Bezug auf die Stellung der Satztheile, sogenannte Constructionen der Verba u. s. w. mit nach Hellas eingeführt haben. In wie weit dieser alte Besitz sich noch in dem uns überlieferten Griechisch erkennen lasse, soll im Folgenden untersucht werden, und zwar mit Beschränkung der Untersuchung auf den einfachen Satz. Es wird also meine Aufgabe sein, zu scheiden, welche syntactischen Gestaltungen die Griechen der indogermanischen Grundsprache verdanken, und welche sie selbst dem Ueberlieferten hinzugefügt haben. Dabei werde ich in gleichem Sinne, wie „vorgriechisch" oder „proethnisch" den Ausdruck „indogermanisch" anwenden, ohne damit einer Entscheidung der Frage vorgreifen zu wollen, ob nicht vielleicht unter der indogermanischen Einheit noch kleinere Einheiten wie „europäisch" anzunehmen sein möchten, Einheiten, über welche bei dem jetzigen Stande der Forschung etwas Sicheres nicht ausgesagt werden kann.

Gelegentlich wird es nöthig sein, hinter diese indogermanische Grundsprache, welche ja eine ausgebildete Flexionssprache war so gut wie das Griechische, bis in die Entstehung der Flexion zurückzugehen, namentlich bei der Erörterung der sogenannten Grundbegriffe. Als Grundbegriffe hat man früher häufig solche allgemeinen Begriffe aufgestellt, welche nach der Ansicht des betreffenden Forschers geeignet waren, die Mannichfaltigkeit des Gebrauches einer Form in einem umfangreichen Schema zusammenzufassen, (so z. B. bei dem Conjunctiv „die Möglichkeit" u. a. m.). Neuerdings ist man mit Recht von diesen Bemühungen zurückgekommen, weil man eingesehen hat, dass dergleichen Aufstellungen einen historischen Werth nicht haben können. Eher könnte man glauben, dass es wichtig wäre zu ermitteln, welcher Begriff etwa den Griechen als Inbegriff des Gebrauches einer Form erschienen sein möchte. Allein, abgesehen von der Schwierigkeit der Constatirung der Thatsache, hat man Grund zu zweifeln, ob bei Formen mannichfachen Gebrauches ein solches Allgemeinbild überhaupt in dem Bewusstsein der Sprechenden je existirt hat. Augenscheinlich existirt im Sprachbewusstsein nichts Anderes als Anwendungstypen, z. B. des Genetivs bei Verben, bei Substantiven, bei Präpositionen u. s. w. (Typen deren Vorhandensein dadurch bewiesen wird, dass gegen den Versuch einer stark abweichenden Anwendung das Sprachbewusstsein rebellirt), aber keine Zusammenfassung dieser Typen zu einer Allgemeinvorstellung. Somit bleibt denn nichts übrig, als unter Grundbegriff die älteste Bedeutung zu verstehen. Da nun die älteste Bedeutung diejenige ist, welche der Form bei ihrer Entstehung zukam, die Flexionsformen des Griechischen aber (abgesehen von etwaigen auf Analogie gegründeten Neubildungen) lange vor der griechischen Zeit entstanden sind, so fällt die Frage nach den Grundbegriffen nicht mehr in den Bereich der Untersuchung der Einzelsprache, sondern gehört in die Untersuchung über die Entstehung der Flexionsformen und Redetheile. Es ist also strenggenommen unrichtig, z. B. von dem Grundbegriff des griechischen Aorists zu sprechen. Man kann nur sprechen von dem Grundbegriff des indogermanischen, und von den Anwendungstypen des griechischen Aorists, der ein Fortsetzer des indogermanischen ist. Da aber in dieser Schrift nicht von der Entstehung der Wort-Arten und Formen, sondern nur von der Verwandlung des indogermanischen Gebrauchs derselben in den griechischen die Rede sein soll, so gehört die Untersuchung der Grundbegriffe strenggenommen nicht zu meinem Plan. Indessen da die Anordnung des Stoffes oft von der Ansicht abhängen muss, die ich über den Grundbegriff einer Form hege, so werde ich nicht umhin können, dieses schwierige Gebiet dennoch zu berühren. Ueberall werde ich mich bei diesen Fragen grosser Zurückhaltung befleissigen, und mir lieber zu weit getriebene Skepsis, als zu nachgiebigen Glauben an etymologische Analysen zum Vorwurf machen lassen.

Zur Ermittelung des proethnischen Gebrauches habe ich in erster Linie die alte Poesie und Prosa [1] des Sanskrit herangezogen, welches, wie diese Arbeit zeigen wird, dem Griechischen in syntactischer Beziehung sehr viel näher steht, als das Lateinische. Welche Daten vor-

---

1) Ueber den Werth derselben für syntactische Untersuchungen habe ich mich Synt. Forsch. III, 1 ff. ausgesprochen.

liegen müssen, damit Zufälligkeit der Uebereinstimmung ausgeschlossen und demnach ursprüngliche Gleichheit als festgestellt gelten kann, darüber allgemeine methodische Betrachtungen anzustellen, halte ich für überflüssig. Der Leser wird in jedem einzelnen Falle zu prüfen haben, ob und inwieweit meine Vermuthungen Anspruch auf Glaubwürdigkeit erheben können.

Wenn es mir durch diese Erörterungen gelingt, die Grundlagen für ein geschichtliches Verständniss der griechischen Syntax zu legen, so ist die Absicht dieser Schrift erreicht. Die grosse Aufgabe, auf diesen Gründlagen eine Geschichte der griechischen Rede aufzubauen, habe ich nicht anrühren wollen.

Die Darstellung habe ich der Uebersichtlichkeit wegen nach Wortarten gegliedert. Die Adverbia sind unter den Casus besprochen.

Erstes Kapitel.

Das Genus der Substantiva.

Dass die Lehre vom grammatischen Geschlecht einer wissenschaftlichen Behandlung fähig ist, sieht man namentlich aus der geistvollen
Darstellung Jacob Grimms (Deutsche Grammatik 3, 311—563), womit
man vergleiche Diez Grammatik der romanischen Sprachen 2, 17 ff.
und Miklosich Vergleichende Grammatik der slavischen Sprachen 4,
17 ff., wo man weitere Literatur verzeichnet findet.

Dass man mit Anwendung der in diesen Schriften aufgestellten
Gesichtspunkte auch auf dem Gebiete des Griechischen Ergebnisse
gewinnen kann, welche mehr Interesse bieten, als die bisherigen Versuche, die über eine Zusammenstellung des Faktischen kaum hinaus-
gegangen sind, versuche ich an einigen Beispielen zu zeigen.

Um die Grundlage für die Betrachtung des Genus im Griechischen zu
gewinnen, muss vor Allem gefragt werden, was über das grammatische
Genus im Indogermanischen ausgesagt werden kann. In dieser Beziehung
nun kann man aus der Formenlehre mit Sicherheit folgern, dass die
Indogermanen die Eintheilung der Substantive in männliche, weibliche
und ungeschlechtige bereits gekannt haben. Daher zeigen denn auch
diejenigen griechischen Wörter, welche wir mit Wörtern verwandter Sprachen identificiren können, fast durchgängig dasselbe Geschlecht wie diese.
Um zu zeigen, wie weit die Uebereinstimmung geht, mustre ich die
Substantive, welche sich im Sanskrit und Griechischen übereinstimmend
vorfinden, indem ich dabei nur solche Wörter berühre, bei denen ein
grammatisches (nicht ein natürliches) Geschlecht im strengen Sinne
erscheint. Von Masculinis führe ich an: *ὦμος ámsa* Schulter, *ὀδούς
dánt* Zahn, *πούς pád* Fuss, *πῆχυς bāhú* Vorderarm, *σπλήν plīhán*
Milz, *μήν mās* Monat, *ἀγρός ájra* Flur, *ἄκμων áçman* Ambos, *πέλεκυς
paraçú* Beil. Von Femininis: *ὀφρύς bhrū́* Augenbraue, *ὄψ vắc* Stimme,
γένυς hánu (nur f. belegt) Kinnbacke, *κλόνις çróṇi* (ebenfalls nur f.
belegt) Steissbein, Hinterbacke, *πτέρνα pā́rshṇi* (nur f. belegt) Ferse,
ναῦς naú Schiff, *νύξ nákt* Nacht, *ὄκρις áçri* Ecke, Kante. Von Neutris:

ὀστέον asthán ásthi Knochen, οὖϑαρ údhan údhar Euter, κρέας kravís rohes Fleisch, γόνυ jánu Knie, ἧπαρ yákṛit Leber, μέϑυ mádhu süsser Trank, ὕδωρ udán Wasser, ὄνομα náman Name, ζυγόν yugá Joch, δόρυ dáru (wie es scheint nur n. belegt) Holz, dazu eine Reihe von Wörtern auf as, wie μένος mánas, Ϝέπος vácas, κλέϜος ç̣rávas, ἔδος sádas, νέφος nábhas, ἄγος ágas u. a. m.

Gegenüber einer so grossen Uebereinstimmung lassen sich Verschiedenheiten kaum beibringen.

Zugleich zeigt diese Uebersicht, was sich noch eingehender begründen lässt, dass schon in vorgriechischer Zeit mit gewissen Suffixen ein gewisses Geschlecht sich zu verbinden pflegte, z. B. das f. mit den Stämmen auf -ā (erste Declination), das m. und n. mit den Stämmen auf -a (zweite Declination), das f. mit dem Suffix -ti, welches Abstracta bildet, ebenso das f. mit dem Suffix -tāt, das n. (nur vereinzelt das f.) mit dem Suffix -as u. a. m. Auch ist wahrscheinlich, dass schon im Indogermanischen Mehrgeschlechtigkeit bei einzelnen Wörtern vorkam. Das indische Wörterbuch ist voll solcher Angaben, und mag auch manche derartige Doppelheit auf indischer Neugestaltung beruhen, so wird doch manches auch als uralt anzusehen sein. Wenn z. B. cakrá Rad n. und m. ist, und das entsprechende griechische κύκλος auch den pl. κύκλα zeigt, so beruht eine solche Uebereinstimmung schwerlich auf Zufall.

Schon aus diesen Andeutungen über das Geschlecht im Indogermanischen lässt sich folgern (und diese Folgerung liesse sich leicht noch weiter stützen), dass das Griechische in Bezug auf das grammatische Geschlecht im Wesentlichen den indogermanischen Zustand bewahrt hat. Es gehören also die letzten und schwierigsten Fragen über das Genus, z. B. die Frage aus was für Gründen gewisse Begriffe unter ein bestimmtes Geschlecht subsumirt werden, nicht in die Grammatik der Einzelsprache, sondern der indogermanischen Gesammtsprache. Bei der Behandlung der Einzelsprache ist nur die Frage zu erörtern, welche Abweichungen vom Indogermanischen stattgefunden haben, und wie diese etwa zu erklären sein möchten.

Ehe ich diese Frage im Bezug auf das Griechische einer Erörterung unterziehe, führe ich noch einige Worte von Brugman an, der sich in Kuhns Zeitschrift 24, 47 ff. über die Gründe, weshalb ein Geschlechtswechsel stattfinden kann, so ausspricht:

„Dass substantive ihr geschlecht ändern, ist eine auf allen sprachgebieten begegnende, auf einigen in sehr weitem umfang auftretende erscheinung. Got. namō z. b. ist neutrum, ahd. namo aber, ohne zweifel dasselbe wort, ist masc. geworden, got. dragk (draggk) und ahd. tranh sind neutra, jetzt heisst es der trank. Die mhd. masculina slange, snecke, made, höuschrecke u. a. auf -e sind jetzt feminina, vgl. J. Grimm d. g. III, 549 ff. Im litauischen sind die neutralen substantiva durchgehends in die geschlechtige declination übergetreten, so dass z. b. szirdìs, fem. herz, auf einem neutralstamm *szirdi beruht. Ueber analoge vorgänge im Slavischen vgl. Miklosich vergl. gr. IV, 24. Die ursache zu solchem genuswechsel ist entweder in der äusseren oder in der inneren sprachform zu suchen. Wenn wir jetzt die schlange, die schnecke u. s. w. sagen, so beruht dies sicherlich auf der einwirkung der zahlreichen alten ā-feminina mit dem nominativausgang -e, wie die wespe; ebenso, glaube ich, ist z. b. im lateinischen der übergang des neutrum pulvis in die geschlechtige declination durch die analogie des nominativausgangs -is der i-stämme, wie pisci-s, bewirkt, und im Slavischen der übergang der ursprünglichen neutra medŭ ($\mu\acute{\epsilon}\vartheta v$) und olŭ (germ. alu) in die geschlechtige declination dadurch hervorgerufen, dass die form des nom. acc. der neutralen u-stämme mit dem nom. acc. des masc, z. b. synu = *sūnus und *sūnum, nothwendig zusammenfallen musste (wegen dieser slavischen neutra vgl. Leskien decl. s. 67). Wenn dagegen aus das fräulein, die fräulein wird, oder wenn die Russen das femininum golova „haupt", falls es den anführer bedeutet, als masc. behandeln (vgl. J. Grimm III, 321. IV, 268 f., Miklosich IV, 33 f., L. Schroeder s. 89) so ist das natürliche geschlecht oder die innere sprachform massgebend geworden."

Im Griechischen nun sind mir Veränderungen des Geschlechts um der äusseren Sprachform willen nicht zur Hand.

Dagegen giebt es eine Reihe von Belegen für Geschlechtswechsel in Folge von Veränderung der inneren Sprachform.

Abgesehen von Einzelheiten, wie z. B. $\delta\varrho\tilde{v}\varsigma$, welches ursprünglich m. gewesen zu sein scheint, (als welches es auch die Peloponnesier gebraucht haben sollen) und welches f. geworden sein mag, weil die Bedeutung (im Sanskrit: Holz, Ruder, hölzernes Gefäss, Baum) sich auf „Baum" specialisirte, und die Bäume im Gr. meist f. waren — abgesehen von solchen Einzelheiten kommen namentlich die Masc. auf -της in der ersten, und eine Anzahl von Nominibus auf -ος in der zweiten Decl. in Betracht.

Von den Masc. nach der ersten Declination behaupte ich im Anschluss an Jacob Grimms Aufsatz: Von Vertretung männlicher durch weibliche Namensformen, Kleine Schriften 3, 349 ff., dass sie ur-

sprünglich Feminina gewesen und in Folge eines Bedeutungs-
wandels zu Masculinis geworden sein.

Um diese Behauptung wahrscheinlich zu machen, gehe ich die
appellativen m. nach der ersten Declination durch, welche sich bei
Homer finden. Bei einer Durchmusterung derselben muss zunächst
auffallen, dass die bei weitem überwiegende Mehrzahl im N. s. auf -της
(alt -τα) ausgeht. Ein anderes Suffix als -τα zeigen ausser dem mehr
als zweifelhaften ἀγγελίης nur νεηνίης und ταμίης. Den Mittelpunkt
der Erörterung haben also die Nomina auf -της zu bilden.

Von diesen nun ist bekannt, dass viele von ihnen eine Beziehung
zu Nominibus auf -τηρ zeigen. So findet sich neben αἰσυμνῆται ϑ 257
αἰσυμνητῆρι Ω 347, neben ἀσπιστής ἀσπιστῆρες bei Sophocles, neben
κυβερνήτης κυβερνητῆρες ϑ 557, neben ὀρχηστής ὀρχηστῆρες Σ 494,
neben ἀκοντιστής ἀκοντιστήρ bei Euripides. Dasselbe zeigt sich bei
der Weiterbildung. Die f. zu m. auf -της gehen nicht bloss auf -τις,
sondern häufig auch auf -τρια aus, z. B. δέκτρια bei Archilochos neben
δέκτης, φαιδύντρια neben φαιδυντής u. a. m. Auch Ableitungen wie
ἱκετήριος neben ἱκέτης, βουλευτήριον neben βουλευτής zeigen dieselbe
Vermischung. Aus diesen und weiteren Thatsachen folgt nun zwar
nicht, dass überall wo in einer Ableitung ein ρ auftaucht, ein Nomen
auf -τηρ zu Grunde liege, wohl aber, dass irgend welche Nomina auf
-τηρ unter die auf -της gerathen sind, von denen dann der ρ-Typus
in den Ableitungen ausging.

Auf die Vermuthung, dass eine Vermischung von Wörtern auf
-της und -τηρ stattgefunden habe, führt auch die Vergleichung mit
den verwandten Sprachen. Denn es ist sehr wahrscheinlich, dass ἐρέτης dasselbe Wort sei wie aritár, und attár Esser dasselbe wie -εστης
in ὠμηστής.[1] Ausserdem lehren die verwandten Sprachen, dass das
Suffix-tā stets nur von Nominalstämmen weiterbildet.

Aus allen diesen Gründen wird man berechtigt sein anzunehmen,
dass alle diejenigen Nomina auf -της, welche eine directe Beziehung zu
einem Verbum zeigen, nicht ursprünglich das Suffix-tā, sondern das
Suffix -tar gehabt haben, oder Nominibus mit dem Suffix -tar nachgebildet worden sind.

Diese Vermuthung ist auch schon von anderen ausgesprochen worden, vgl. Brugman in Curtius Studien 9, 404.

Von den bei Homer vorkommenden Nominibus dürften zu diesem
Typus die folgenden zu rechnen sein: αἰσυμνήτης, ἀκοντιστής, ἀλείτης,

---

1) Oder vielmehr ὠμεστής nach Wackernagel in Bezzenbergers Beiträgen 4, 267.

βουλευτής, δέκτης, εἰλαπιναστής, ἐπιστάτης, ἐρέτης, ἠπεροπευτά, θηρευ-
τής, ἱκέτης, κυβερνήτης, δαριστής, οἰωνιστής, ὀρχηστής, παραιβάτης,
περιναιέται, περικτίται, παλαιστής, πολεμιστής, συβώτης, τοξευτής,
τρώκτης, ὑβριστής, ὑποφήτης. Diese dürfen also bei der jetzigen Betrachtung unberücksichtigt
bleiben.

Die übrigbleibenden nun, abgesehen von einigen·unverständlichen,
sind die folgenden: ἔτα- Verwandter in den Formen ἔται, ἔτας, ἔτησιν;
eine Reihe von Bezeichnungen für Waffenträger, Krieger: αἰχμητά-
in den Formen αἰχμητά, (γέρων αἰχμητά Λυκάων) Ε 197, αἰχμητής,
τήν, τῇ, du. αἰχμητά Η 281, αἰχμηταί und αἰχμητάων, gewöhnlich in
den Wendungen ἀνδρῶν αἰχμητάων, Δαναῶν αἰχμητάων; ἀσπιστά-
nur in der Form ἀσπιστάων stets mit einem Völkernamen verbunden
(Δ 201 mit λαῶν); θωρηκτά- in θωρηκτάων und θωρηκτῇσι immer mit
einem Völkernamen; κορυστά- in ἄνδρα κορυστήν und δύω Αἴαντε
κορυστά; κορυνήτα- in dem Verse δίου Ἀρηϊθόου τὸν ἐπίκλησιν κορυ-
νήτην ἄνδρες κίκλησκον Η 138 und κορυνήτης Ἀρηϊθόους Η 9; τοξότα-
in dem Vocativ τοξότα Δ 385. Dahin kann man noch ἀστεροπητά-
rechnen, in Δ 609: Ζεὺς δὲ πρὸς ὃν λέχος ἤϊ' Ὀλύμπιος ἀστεροπη-
τής. Eine Kriegerbezeichnung ist auch ἱππότα- in dem Nominativ
ἱππότα Πηλεύς und ἱππότα Νέστωρ. Dazu endlich gehört μαχητά-
in μαχητής, z. B. πέρι μὲν θείειν ταχὺς ἠδὲ μαχητής, μαχητάς ἄνδρας
(woneben auch ἀγχιμαχηταί immer mit einem Völkernamen). Der
Bedeutung nach gehören zusammen die folgenden Wörter: ἀγρότα- in
φῆναι ἢ αἰγυπιοὶ γαμψώνυχες οἷσί τε τέκνα
ἀγρόται ἐξείλοντο πάρος πετεηνὰ γενέσθαι π 218,
woneben das in seiner Bildung undeutliche ἀγροιωτα- in der Form
ἀγροιῶται; πολίτα- und πολίητα- in den Formen πολίτας und
πολίητας; ναύτα- in den Pluralcasus ναῦται, ναυτάων, ναύτησιν.
Endlich ὑπηνήτης Bartträger. Wir haben also bei diesen Nominibus
folgende Bedeutungen gefunden: Verwandter, Lanzenträger, Helmträger
u. s. w., Reiter, Kämpfer, Landbewohner, Stadtbewohner, Schiffsmann-
schaft, endlich: Bartträger.[1]

Was die Formation dieser Worte betrifft, so sind sie alle von
Nominibus abgeleitet, was bei allen, ausser bei ἔτης, ohne Weiteres

1) Nicht deutlich sind die Wörter auf ωτης: ἀσπιδιώτης, ἐεδνωτής. Nicht
erwähnt sind im Text ἀγορητής (von ἀγορά oder ἀγοράομαι), ἀλήτης (ob von ἄλη
oder ἀλάομαι?), ἀλφηστής, βυκτάων ἀνέμων κ 20, ἠπύτα (Nomen *ἠπύς oder ἠπύω)
κρατευτάων Ι 214, μητίετα dessen Bildung undeutlich ist, ὁδίτης, σίντης, χηρωσταί
Ε 158.

deutlich ist. Dieses nun lautet bekanntlich aeolisch *Ϝέτας* (auch bei Homer *Ϝέτης*) und ist abgeleitet von dem indogermanischen sva suus.

Dass nun diese vom Nominibus abgeleiteten Nomina auf - *της* nicht von Anfang an das Nominativ - s gehabt haben, wird schon durch die bei Homer vorkommenden auf - *τᾰ* (welches aus *τᾱ* verkürzt ist, wie das *α* des nom. acc. pl. neutr.) ausgehenden Nomina, wie *ἱππότα*, zu denen ausserhalb Homers noch *τελέστα* auf der alten elischen Vratra kommt, nahe gelegt. Denn dass in diesen Wörtern nicht etwa das s abgefallen ist, macht ihre hohe Alterthümlichkeit, welche durch ihr Vorkommen in formelhaften Ausdrücken (vgl. Brugman in Curtius Studien 9, 259 ff.) gewährleistet ist, wahrscheinlich.

Somit werden wir schon durch das Griechische allein an die Schwelle der Vermuthung geführt, dass diese Wörter ursprünglich in der Flexion dem f. ganz gleich, mithin selbst f. waren, und dass sie die masculinische Flexion des Nom. und Gen. sing. erst erhalten haben, nachdem ihre Bedeutung masculinisch geworden war.

Diese Vermuthung wird nun durch die verwandten Sprachen auf das Entschiedenste bestätigt, wie die folgende Betrachtung zeigt.

Im Sanskrit bildet das Sekundärsuffix -*tā* Ableitungen von Adjectiven und Substantiven, die collectiven oder abstracten Sinn haben z. B. *janátā* Genossenschaft von Leuten, Gemeinde, von *jána* Mensch, *dīnátā* Spärlichkeit, Schwäche, von *dīná* schwach. Es kommt aber auch vor, dass durch solche Bildungen ein Einzelwesen bezeichnet wird: *devátā* heisst 1) göttliche Macht, Würde, Göttlichkeit, 2) Gottheit. In diesem Sinne bildet es auch einen Plural (*tráyas triñçád devátās* AV. 12, 3, 16). Die Wörter sind durchaus f., auch *devátā*, wenn es von einem männlichen Gotte gebraucht wird.

Im Slavischen (Miklosich 2, 163) haben wir ebenfalls Ableitungen von Adjectiven und Substantiven und zwar in denselben Bedeutungen. Wir finden Abstracta wie čech. psota Elend (eig. Hundewirthschaft, vgl. unsere Bildungen wie „Schweinerei"), polnisch gołota Armuth, kirchensl. krasota jucunditas, bêlota albitudo, und namentlich von der letzten Art viele andere. Ferner Collectiva: So führt Mikl. aus dem kleinrussischen· an: bidota Proletariat, divota Mädchen (die Mädchenschaft), nimota die Deutschen, temnota unwissende Leute, pichota Fussvolk. Aber auch Einzelwesen finden wir so bezeichnet, z. B. neben dem neuslovenischen svojita consanguinitas findet sich im serbischen svojta propinquus (vgl. *ἔτης*), im polnischen heisst golota nicht bloss Armuth, sondern auch armer Wicht, im serbischen ist vranota (eig. Schwärze) Bezeichnung für einen schwarzen Ochsen. Ebenso schon im kirchenslavischen sirota orphanus, junota juvenis, starosta senex. Ganz besonders interessant sind nun hier die Genusverhältnisse. Die Wörter auf ta sind Feminina, aber bei denen, welche Concrete bezeichnen, beobachten wir einen Uebergang in's Masculinum. Das serbische svojta propinquus ist noch Fem., ebenso sirota die Waise, aber das kirchenslavische junota in der Bedeutung „Jüngling" ist schon Masculinum, während es in der Bedeutung „Nachwuchs der Heerde" (wenn ich das Citat bei Mikl. lex. richtig verstehe) noch Fem. ist. Dagegen starosta Dorfältester (vgl. τελέστα) ist durchaus Masculinum. Ein Uebergang von Femininis auf a in Masculina lässt sich auch sonst im Slavischen beobachten, z. B. sluga der Diener (eig. die Bedienung) und vladyka der Herr (eig. die Herrschaft), sind urspr. Fem., werden dann masc. und variiren in Folge dessen in den einzelnen slavischen Sprachen sowohl im Geschlecht als auch in der Flexion, indem sie bald wie Fem., bald wie Masc. declinirt werden (Mikl. 4, 22).

Somit sehen wir, dass Wörter mit dem Suffix -tā im Slavischen ursprünglich femininale Collectiva oder Abstracta waren und dann zur Bezeichnung männlicher Einzelwesen verwendet wurden.

Ziehen wir nun hieraus die Consequenzen für das Griechische, so ergiebt sich Folgendes: Auch im Griechischen waren die Masculina nach der ersten Declination ursprünglich Feminina. Sie wurden dann zu Bezeichnungen männlicher Wesen, und dieser Veränderung der inneren Sprachform folgte auch die äussere nach. Im Einzelnen stelle ich mir den Vorgang folgendermassen vor:

Das Femininum Ϝέτα (vgl. svojeta) hiess „Verwandtschaft", genau genommen „die Genossenschaft der Angehörigen". Wie nun Odysseus zu Mentor sagen kann ὁμηλικίη δέ μοί ἐσσι χ 209, so konnte auch Ϝέτα von einem einzelnen gesagt werden, und wurde in dieser Verbindung ein concretum so gut wie das serbische svojta, und nahm nun das Masc. als das genus potius an. Nachdem dieser Bedeutungs- und Geschlechtswandel vollzogen war, erhielt es das Nominativ-s. Aehnlich steht es mit τελέστα, eig. die Gesammtheit der ἐν τέλει befindlichen. Auch uns ist ja geläufig, von einem Einzelnen zu sagen, er sei eine Behörde.[1] Die Bezeichnungen der Krieger, wie ἱππότα, αἰχμητά dürften auf folgende Weise zu ihrer Bedeutung gekommen sein: *ἱππότα f. hiess „die Gesammtheit der Rosse, Reiterei". Nun konnte man gewiss bei derartigen Collectiven das Verbum im Plural gebrau-

---

1) Das ist doch wohl der Sinn von τελέστα auf der bekannten elischen Ϝράτρα.

chen, wie man sagt, ὡς φάσαν ἡ πληϑύς, und so konnte es leicht
geschehen, dass ἱππότα selbst in den Plural trat. Sind nun ἱππόται
die Gesammtheit der Wagenkämpfer, so ist natürlich ἱππότα einer
unter diesen. Dass nun das Wort m. wurde, ist selbstverständlich,
da es ja immer nur als Bezeichnung männlicher Wesen gebraucht
wurde. Uebrigens ist wohl zu beachten, wie alle diese Wörter noch
der Anlehnung an andere Masculina bedürfen. Sie stehen meist appo-
sitiouell, und man kann noch die masculinischen Hauptwörter erkennen,
von denen sie ihr genus empfingen. Ganz ähnlich wie ἱππότα wird
αἰχμητά zu seiner Bedeutung gekommen sein. αἰχμητά heisst eig. die
„Lanzenschaft", αἰχμηταί die Gesammtheit der Lanzenträger, und
der einzelne Lanzenträger αἰχμητής. An einem solchen Worte konnte
sich die Sprachempfindung entwickeln, dass die Nomina auf -tā denjenigen bezeichnen, der etwas als charakteristisches Merkmal an sich
trägt, und so wurden nach αἰχμητής auch ἀσπιστής u. s. w. und
endlich sogar ὑπηνήτης Träger eines Bartes gebildet. *Ἀγρότα f.
bedeutete vermuthlich die Landschaft, ἀγρόται alle Landleute, ἀγρότης
einen von diesen. Ebenso πολίτης und ναύτης. Νεανίας findet vielleicht an dem slavischen junota sein Analogon. Das Wort ist seiner
Entstehung nach undeutlich, hat aber möglicherweise die Jugend (junota) bedeutet, und ist dann zur Bezeichnung eines concreten Einzel-
wesens geworden. Sonach wäre ein altes f. *νεανία „die junge Brut"
vorauszusetzen.

Schliesslich bleibt noch ταμίης. ταμίη ist vielleicht von Anfang
an ein concretes f. gewesen, und das m. in Anlehnung an dasselbe neu
gebildet.

Hiermit scheint mir die oben ausgesprochene Vermuthung über
die Nomina auf -tā zu hoher Wahrscheinlichkeit erhoben zu sein. Auf
die abweichende Ansicht von Angermann in seinem Aufsatz „die römischen Männernamen" in Curtius Studien 5, 379 ff. gehe ich nach dieser
Ausführung nicht mehr ein. Dagegen verweise ich noch auf interessante
Analogien aus den romanischen Sprachen bei Diez 2, 17 ff., wo z. B.
mitgetheilt wird, dass im Spanischen el justicia (die personificirte Ge-
rechtigkeit) der Richter heisst, was klärlich aus einem f. ein m.
geworden ist.

Ausser den erwähnten Nominibus kommen dann noch eine Anzahl
von einfachen oder componirten Beinamen in Betracht (vgl. Grimm
a. a. O. 381). Sie sind freilich nicht alle etymologisch verständlich,
so weit sie es aber sind, bereitet die Ableitung aus dem Fem. keine

Schwierigkeit. Wenn ein Cyclop Στερόπης heisst, [1] so ist das unzweifelhaft eine Umbildung von στεροπή, und ähnlich steht es bei κυονοχαῖτα, -της u. ähnl. Ἡώς ῥοδοδάκτυλος heisst ursprünglich Eos der Rosenfinger, und ebenso Ποσειδάων κυανοχαῖτα Poseidon Schwarzhaar (wie Harald Schönhaar). Ursprünglich also war ῥοδοδάκτυλος Masc. wie δάκτυλος, und κυονοχαῖτα Fem. wie χαίτη. Als aber diese Composita zu Adjectiven herabsanken, richteten sie sich im Geschlecht nach ihrem Substantivum, und diese Anbequemung fand ihren Ausdruck in der Nominativbildung κυανοχαίτης.

Ueber die Nomina auf -δης endlich, welche Völkernamen, Geschlechtsnamen und Einzelnamen umfassen, die sog. patronymica, würde ich zuversichtlicher urtheilen, wenn der Ursprung des Suffixes deutlich und seine Beziehung zu den Suffixen anderer indogermanischer Sprachen besser erforscht wäre, als bis jetzt der Fall ist. Ich vermuthe dass ein f. auf -δα mit collectivem Sinne anzunehmen ist, so dass also *Βουτάδα f. geheissen hätte „die Gemeinde der βοῦται", *Ταντα-λίδα f. das Geschlecht des Tantalos. Bei diesen Collectiven hatte sich dann, ebenso wie ich im Bezug auf ἱππότα u. ähnl. vermuthet habe, der Plural eingebürgert, so dass Τανταλίδαι als m. in Gebrauch kam. Der einzelne würde dann Τανταλίδης heissen.

Auf dieselbe Weise würden nun auch die lateinischen m. auf a zu deuten sein, bei denen aber im Einzelnen manche Schwierigkeit bleibt. Jedenfalls aber bleibt nach Ausweis des Slavischen und nun auch des Griechischen nur die Annahme übrig, dass auch sie erst im Einzelleben des Lateinischen zu m. geworden sind.

Die gleiche Bewandtniss wie mit πολίτης etc. dürfte es haben mit ὁδός, νῆσος u. ähnl. Sie sind der Form nach Masculina, und sind es also wahrscheinlich auch dem Geschlecht nach gewesen. Belehrend für die Auffassung sind Wörter wie οἶμος, das in älterer Zeit m. später „besonders bei Attikern" f. wird. Offenbar hat dabei die Analogie von ἡ ὁδός eingewirkt. Ebenso wird δρόσος durch die Analogie von ἔρση zum f., gekommen sein. So lässt sich noch hier und da ein Grund der Aenderung vermuthen, bei einigen wie ἡ ὁδός ist er mir nicht deutlich, man wird aber diese von ihren Genossen nicht trennen dürfen, und darf also nicht etwa annehmen, dass in dem Mangel an Formunterscheidung zwischen m. und f. etwas Uraltes stecke. Vielmehr ist auch hier der Satz festzuhalten, dass man aus bezeugten Sprachperioden auf unbezeugte schliessen soll. Wie nun ὁ οἶμος durch An-

---

1) Denn so ist doch wohl der Nominativ anzusetzen nach Hesiod. Theog. 140.

lehnung an ἡ ὁδός zum f. gekommen ist, so wird auch ὁ ὁδός ein fem.
Vorbild gehabt haben, das uns verloren gegangen ist.

Uebrigens sind wir über die Thatsachen im Griechischen selbst
nicht genug unterrichtet. Die vollständigste Sammlung finde ich bei Buttmann, Ausf.
Sprachl. 148, der auch einiges zur Erklärung beibringt. Wenn erst
eine nach Literaturgattungen und Dialekten geordnete Sammlung vorliegen wird, wird man wie ich vermuthe auch bei diesen Wörtern zu
der Einsicht gelangen, dass sie ursprünglich m. waren und im Laufe
der Zeit zu f. geworden sind.

Diese wenigen Bemerkungen sollen natürlich den reichen Stoff
nicht erschöpfen, sie sollen nur die Methode zeigen, welche meiner
Ansicht nach bei Untersuchungen über den Geschlechtswechsel im
Griechischen anzuwenden ist.

Zweites Kapitel.

Die Numeri.

Hinsichtlich des Numerus ist ohne Weiteres klar, dass schon in der Grundsprache Singular, Dual und Plural vorhanden waren, und im Wesentlichen wie in den Einzelsprachen verwendet wurden. Ueber den Singular finde ich nur zu bemerken, dass der sing. bei Völkernamen im collectiven Sinne wie ὁ Δάκων, ὁ Λακεδαιμόνιος u. s. w. (worüber man vgl. E. Curtius, Archäol. Zeitung N. F. Band IX, 7) sich auch im asiatischen Theile der indogermanischen Sprachwelt findet. Spiegel, die altpersischen Keilinschriften, äussert sich darüber S. 170 so: „In Bezug auf die Namen der Länder haben sich verschiedene Gewohnheiten bei den alten Persern festgesetzt. Nur bei einem Theile derselben wird ein wirklicher Landesname gebraucht, wie Harauvatis, Haraiva, Uvārazm'is. Bei einem weit grösseren Theile wird der Name der Einwohner — und zwar im Singular — auch zur Bezeichnung des Landes gebraucht. So heisst Pārça ebensowohl der Perser als Persien, Māda der Meder und Medien u. s. f. Andere dagegen kommen nur im Pluralis vor, wie K'usiyā, Maciyā, Karkā. Wieder bei anderen wechselt der Singularis mit dem Pluralis ab, so findet man Yauna und Yaunā für die Griechen gebraucht, ebensowohl Çaka als Çakā für die Scythen, M'udraya und M'udrayā für Aegypten. Man sieht schon hieraus, dass es den alten Persern ebensowenig ungewohnt war, wie den alten Baktrern einen Singularis als Collectivum aufzufassen."

Der Dual scheint mir im Griechischen im Ganzen und Grossen den indogermanischen Gebrauch bewahrt zu haben.

Zur Begründung dieses Urtheils bespreche ich zunächst die Gebrauchssphäre und die Congruenzverhältnisse des Duals im Altindischen und Griechischen, und erwähne sodann eine Besonderheit des altindischen und iranischen Gebrauchs, die vielleicht noch Spuren im Griechischen hinterlassen hat.

Der Dual wird im Altindischen angewendet bei Gliedmassen des Körpers, z. B.: *akshī́ óσσε, kárnā* die Ohren und die Henkel eines Gefässes, *hánū* die Kinnbacken, *çípre* die Lippen, *nā́se* die Nase (eine kürzere Form in dem Verse *prishṭhé sádo, nasór yámah* auf dem Rücken der Sitz, in der Nase der Zaum Rv. 5, 61, 2), *áṃsā ὤμω, bāhū́ πήχεε, gábhastī* die beiden Hände, *pakshā́* die Flügel (aber *parṇá* nicht im Dual), *kaçaplakaú* die Hinterbacken, *pā́dā πόδε, kulphaú* die beiden Knöchel, *asthīvántau* die beiden Kniescheiben. Dabei ist zu bemerken, dass der Dual bei diesen Wörtern nicht wie im Griechischen auch durch den Plural vertreten werden kann, sondern dass wo ein solches Wort im Plural steht, immer von mehreren Wesen die Rede ist. Nur *paḍbhís* habe ich ebenso wie das griechische *ποσσí* auch da gefunden, wo man *padbhyā́m ποδοῖν* erwartet hätte.

Der Dual steht ferner bei sonstigen paarweis zusammenhängigen gleichen Wesen oder Dingen, z. B.: *yamā́* Zwillinge, *hárī* die beiden falben Götterrosse, *váhnī* und *sáptī* die beiden Rosse am Wagen, *gā́vā* ein Zweigespann von Rindern, ebenso *dhéne* und *anaḍvā́hau, ubhé dhúrau* die beiden Stangen zwischen denen das Zugthier geht, *cakré* die beiden Räder am zweirädrigen Wagen, *ā́rtnī* die beiden Bogenenden. Ferner bei allerhand paarweis auftretenden Geräthe beim Opfer, wie *ádrī* die beiden Presssteine, *ubhé dárvī* die beiden beim Opferguss gebrauchten Löffel u. a. m. Ebendahin gehören Ausdrücke wie *ubhé ándhasī* die beiden Ufer eines Flusses, *ubhaú árdhau* die beiden Welthälften, und allerhand Umschreibungen für „Himmel und Erde", als: *ródasī, dhā́manī, ubhā́ ksháyau, kshoṇī́,* vgl. auch *janúshī ubhé* die beiden Geschlechter d. i. Götter und Menschen. Ferner stehen im Dual allerhand mythische Wesen, wie *çvā́nau* die beiden Hunde des Yama, *açvínā* die beiden Açvinen, *ādityaú* Mitra und Varuna, u. s. w.

Ferner können zwei Begriffe, die im Gegensatz zu einander stehen, im Dual des höheren Begriffes vereinigt werden, z. B. *sác cā́sac ca vácasī paspṛidhāte* die beiden Worte, das wahre und das unwahre kämpften mit einander Rv. 7, 104, 12.

Es ist für die bisher erwähnten Duale bezeichnend, dass sie häufig das Wort *ubhaú* gleich *ἄμφω* bei sich haben.

Einen andern Sinn hat der Dual bei dem Zahlwort *dvā́ δύω* oder vielmehr *dvā́* mit dem Dual. Das Zahlwort hebt aus der Zahlenreihe ein, zwei, drei u. s. w. die Zweizahl hervor, z. B. Rv. 4, 33, 5: *jyeshṭhá āha camasā́ dvā́ karéti kánīyān trín kṛiṇavāméty āha, kaníshṭhá āha catúras karéti* der älteste sprach „mach zwei Schaalen" der jüngere

sprach „drei wollen wir machen", der ·jüngste sprach „mach vier ".
Die beiden Rosse des Indra heissen die *hárī*, soll aber nicht die Gepaartheit, sondern die Zahl hervorgehoben werden, so tritt die Zweizahl
hinzu, so in dem Verse Rv. 2, · 18, 4 *á dvábhyāṃ háribhyām indra
yāhy á catúrbhir á shaḍbhír hūyámānah* komm mit zwei Falben heran,
o Indra, mit vieren, mit sechsen, wenn du gerufen wirst. Es stimmt
also der indische Gebrauch zu dem griechischen, den G. Hermann so
formulirt hat „solo duali non addito *δύω* non uti Graecos nisi quum
ipsa rei ratio dualem quodammodo poscat ut in *ὄσσε χεῖρε ἵππω* voca-
bulis; atque ·*ἵππω* quidem ·sine *δύω* esse equorum par, currui adjun-
ctum, duos vero equos a grege quodam libere vagantes esse *δύω ἵππω*".
(Man vgl. auch Grimm's Wörterbuch unter „beide").

Nun scheiden sich freilich die beiden Gruppen, die ich so eben
aufgestellt habe, nicht so scharf, dass nicht gelegentlich die erste in
die zweite übergriffe, (ich finde z. B. Rv. 10, 62, 10 *dāsá* zwei Knechte
in einem Sinne gebraucht, dass man *dvá* dabei erwartet hätte), aber
für die ganz überwiegende Mehrzahl der mir bekannten Stellen steht
doch die Regel fest:

Man gebraucht im alten Sanskrit den Dual da, wo wir das Wort
„beide" anwenden., also sobald es sich um bekannte aus zwei Wesen
bestehende Einheiten handelt, sei es dass diese Einheiten bekannt sind,
weil die Wesen von Natur zusammengehören, sei es dass sie bekannt
sind, weil die Wesen vorher in der Rede erwähnt worden sind. Mit
dvá aber hebt man zwei Wesen aus der Zahlenreihe heraus.

Ebenso verhält es sich mit der Gebrauchssphäre des Duals im
Altbaktrischen, über den Spiegel, Sitzungsberichte der ·Königl. bayeri-
schen Akademie der Wissenschaften 1861, gehandelt hat. „Der blosse
Dual —ʼ heisst es daselbst — · steht überall bei Gegenständen, welche
paarweise vorhanden sind, oder von den Parsen so gedacht werden."

Vergleichen wir nun mit diesem altindischen und iranischen Gebrauch den Gebrauch des alten Griechisch unter Benutzung von Blackert,
de vi usuque dualis numeri apud Homerum, Marburg 1837 diss., und
Bieber, de duali numero apud epicos lyricos Atticos, Jena 1864 diss.,
so ergiebt sich Folgendes:

Bei Homer stehen im Dual die Wörter, welche Gliedmassen bezeich-
nen, wie *ὄσσε* (*akshī̆*), *ὀφθαλμώ*, *ὤμω* (*áṃsā*), *πήχεε* (*bāhû*), *χεῖρε, μηρώ,
ποδοῖιν* (*pádā*), *τένοντε*. Sodann gilt der Dual bei anderen zusammengehörigen Wesen oder Dingen wie *διδυμάονε παῖδε, ἵππω* (*áçvā*),
βόε (*gávā*), *δοῦρε*. Dass zwei nicht durch Natur oder Sitte zusammen-
gehörige, sondern nur für eine gewisse Zeit oder Handlung zusammen-

gefügte Dinge in den Dual treten, kommt bei Homer eben so selten
vor als im Veda. Ein solcher Fall ist λ 578:

καὶ Τιτυὸν εἶδον, γαίης ἐρικυδέος υἱόν,
κείμενον ἐν δαπέδῳ· ὁ δ' ἐπ' ἐννέα κεῖτο πέλεθρα,
γῦπε δέ μιν ἑκάτερθε παρημένω ἧπαρ ἔκειρον.

Auch der Gebrauch von δύο ist derselbe wie der des indischen
dvá, wofür es der Belege nicht bedarf; ebensowenig wie für die Thatsache, dass auch im Griechischen der Dual zwei vorher in der Rede
genannte Begriffe aufnimmt.

Neben dieser durchgängigen Gleichheit findet sich aber auch eine
erhebliche Verschiedenheit.

Im Griechischen ist nämlich das Verhältniss, welches uns im
Sanskrit bei *padbhyām* und *padbhís* begegnete, viel häufiger. Sogar
die Wörter welche Gliederpaare bezeichnen, stehen bei Homer häufiger
im Plural als im Dual. Man sagt neben χεῖρε auch ἐν χερσὶν ἔθηκεν,
neben ὀφθαλμώ auch ὀφθαλμοῖσιν ὁρᾶν, neben πόδε auch πόδας ταχύς
u. s. w. Natürlich hat der Wechsel seinen Grund. Der Dual wird eben
dann gesetzt, wenn die Dualität hervorgehoben, wenn Anschaulichkeit
bezweckt werden soll, wie wenn Homer sagt ἀμφὶ δὲ παιδὶ φίλῳ
βάλε πήχεε δακρύσασα „sie umfasste ihn mit beiden Armen" (vgl.
Bieber pag. 34). Indessen überall kommt man mit dieser Unterscheidung nicht durch. Man wird nicht läugnen können, dass öfter das
Bedürfniss des Metrums den Ausschlag gegeben hat. Zieht man dies
ab, so bleibt doch für das älteste Griechisch die Thatsache übrig,
dass die Namen der Gliederpaare, wie πόδε (auch wenn nur von einem
Menschen die Rede ist), durchaus nicht immer im Dual standen, sondern nur dann, wenn die Gepaartheit hervorgehoben werden sollte.

Es lässt sich soviel ich sehe nicht mit Bestimmtheit sagen,
ob das Sanskrit oder das Griechische in dieser Beziehung den proethnischen Zustand treuer repräsentiren. Es ist sehr wohl möglich dass
auch im Indogermanischen der Dual bei Paaren nur dann gebraucht
wurde, wenn die Gepaartheit ausdrücklich hervorgehoben werden sollte,
und bei dieser Annahme wäre der im Griechischen erscheinende Gebrauch dem Ursprünglichen näher als der altindische. Es ist aber
auch möglich, dass im Griechischen der Plural sich auf Kosten des
Dualis ausgebreitet hat.

Ich komme zu den Congruenzverhältnissen beim Dual. An diesem
Punkte fällt das Sanskrit als Vergleichungsobject aus, weil im Sanskrit
überall eine vollständige Congruenz hergestellt ist, wie denn überhaupt
das Sanskrit durch die ausnahmslose Durchführung der Congruenz

ausgezeichnet ist. Dagegen bietet das Zend zwei interessante Vergleichungspunkte, indem nämlich das Verbum neben einem nominalen Dual gelegentlich sowohl im Plural als im Singular erscheinen kann. Ueber den ersten Fall bemerkt Spiegel a. a, O. S. 204: „Wenn dem Dualis noch das Zahlwort dva beigegeben ist, so folgt gewöhnlich der Plural" (des Verbums). Das Zend stimmt also mit dem homerischen Griechisch überein, welches auch Ausdrucksweisen kennt wie:

τὸν δ' οὔ κε δύ' ἀνέρε δήμου ἀρίστω
ῥηϊδίως ἐπ' ἄμαξαν ἀπ' οὔδεος ὀχλίσσειαν M 447.

Mir scheint dieser Gebrauch des Pluralis ein sehr natürlicher, ja selbstverständlicher. Denn da diese Art von Dualis nur eine Unterabtheilung des Pluralis ist, so steht bei ihm legitimer Weise das Verbum im Plural. Ich bin also der Meinung, dass in dieser Beziehung das Zend und Griechische den ursprünglichen Zustand bewahrt haben, während das Sanskrit eine äusserliche Uniformirung eingeführt hat. Wenn nun freilich das Griechische noch einen Schritt weiter geht, nämlich auch dem echten Dual das Verbum im Plural zugesellen kann (z. B. δεινώ δέ οἱ ὄσσε φάανθεν), so darf man hierin wohl eine selbständige Neuerung des Griechischen erkennen, einen Schritt aus der ursprünglichen Bahn heraus, welcher sich durch Nachahmung der eben erwähnten Fälle erklären mag. Während das Sanskrit den Dual im Verbum überall eingeführt hat, so zeigt das Griechische einige Neigung, den Plural zu bevorzugen.[1] Ueber den zweiten Fall (Verbum im Singular neben Nomen im Dual) handelt Spiegel a. a. O. S. 205. Er giebt dort an, dass wenigstens in einem Falle das Verbum bei dva mainyū im Singular stehe. Ist der Fall ganz sicher (wofür er auch Justi s. v. mainyu gilt), so vergleicht er sich durchaus˘ dem homerischen: ἐν δέ οἱ ὄσσε δαίεται. Die Erscheinung ist nicht merkwürdiger, als wenn beim neutr. pl. das Verbum im Singular erscheint. Das im Dual zusammengefasste Paar ist eine Einheit. Man kann auch übersetzen: das Augenpaar leuchtet.

Fasse ich das über die verbale Congruenz Gesagte zusammen, so möchte ich vermuthen, dass in proethnischer Zeit bei dem Zahlwort dva das Verbum regelmässig im Plural stand, bei dem echten Dual regelmässig im Dual, gelegentlich auch im Singular. Was im Grie-

---

1) Bekanntlich ist überhaupt der Dual nur noch im Homerischen und Attischen im lebendigen Gebrauch, in den anderen Dialekten durch den Plural fast ganz verdrängt.

chischen von diesem Zustand abweicht, scheint der speciellen Entwicke-
lung des Griechischen anzugehören. Es bleibt noch ein Wort zu sagen über die nominale Congruenz.
Das Adjectivum steht im Gr. häufig im Plural, z. B. ὅσσε φαεινά
N 435, ἄλκιμα δοῦρε δύω u. s. w. Im Sanskrit kommt ein Gleiches
sicher nicht vor, im Zend ist es mir nicht bekannt. Ob dieser Gebrauch
alterthümlich ist oder nicht, darüber wage ich nicht zu ̄ entscheiden.
Dagegen scheint es mir wiederum eine Alterthümlichkeit des Griechischen
zu sein, wenn neben δύο häufig das Nomen im Plural steht. Im Sanskrit und Zend hat sich in diesem Punkte eine äusserliche Angleichung
des Nomens an das Zahlwort vollzogen, welche vielleicht schon im
Indogermanischen begonnen hat.

Zum Schluss erwähne ich noch eine dem Sanskrit und Iranischen
eigenthümliche Anwendung des Duals, von der das Griechische nur
unsichere Spuren aufweist: Zwei Begriffe, welche der Natur der Sache
nach zusammengehören, aber nicht mit demselben Worte bezeichnet
werden, lassen sich durch eine dualische Wendung ausdrücken, und zwar

a) nur das eine der beiden Wörter tritt in den Dual:
áhanī Tag und Nacht, eig. die beiden Tage (vgl. *áhaç ca kṛishṇám
áhar árjunaṃ ca* der schwarze Tag und der lichte Tag Rv. 6, 9, 1); *pitárā*
Vater und Mutter; dasselbe bedeutet *mātárā; dámpatī* Hausherr und
Hausfrau, eig. die beiden Hausherren; dasselbe bedeutet *viçpátī*.

b) beide Wörter treten in den Dual, z. B. *mātárāpitárā* und eine
Reihe von Götternamen, wie *dyávāpṛithivī'* Himmel und Erde, *sūryā-
candramásā* óder *sūryāmásā* Sonne und Mond, *mitrávárúṇā* Mitra
und Varuna, *indrāvíshṇu* und viele andere.

Meiner Meinung nach sind die unter b genannten Ausdrücke aus
den unter a genannten entstanden. Um „Himmel und Erde" auszudrücken genügte ursprünglich *dyávā*, welches auch so alleinstehend in
diesem Sinne vorkommt. Man sagt „die zwei Himmel" und verlässt
sich darauf, dass der Hörer den entsprechenden zweiten Begriff bei der
Hand hat. Später aber mochte es bequemer erscheinen, denselben doch
noch hinzuzufügen. Man gab ihm in Anlehnung an den ersten Begriff und in Nachahmung des dvandva-Compositums ebenfalls die Form
des Duals und so entstand diese sonderbare Ausdrucksweise „zwei
Himmel, zwei Erden" statt „Himmel und Erde." Doch ist die Gewohnheit, beide Wörter in den Dual zu setzen, sicher schon sehr alt, da
sie sich auch im Zend findet.

Sind nun von diesem Gebrauch auch im Griechischen Spuren vorhanden? Wackernagel in Kuhns Zeitschrift 23, 302 ff. (der übrigens die

2*

Erscheinung im Sanskrit sich anders zurecht legt, als eben geschehn ist) bejaht die Frage, indem er behauptet, dass *Αἴαντε* bei Homer ursprünglich nicht die beiden Aias, sondern Aias und Teukros bedeute. Er bezieht sich namentlich auf die Stelle *H* 175 ff. „Bei Schilderung — so sagt er — der von den Achäern, behufs des Zweikampfs mit Hektor, veranstalteten Loosziehung wird berichtet, dass sich unter anderen auch die *Αἴαντες ϑοῦριν ἐπιειμένοι ἀλκήν* zur Theilnahme erhoben hätten. Wenn es nun im Folgenden heisst (179) *Αἴαντα λαχεῖν*, (182) *κλῆρος Αἴαντος*, (187) *φαίδιμος Αἴας*, so schliesst das offenbar zwei loosende homonyme Aias aus; denn warum, wenn nicht auch sonst vollkommene Deutlichkeit vorhanden war, sagte der Dichter nicht „der Telamonier", wie er v. 179 *Τυδέος υἱόν* sagte? Es hat also nur ein Aias geloost; der andere in den *Αἴαντε* inbegriffene aber war ein nicht-Aias, somit Teukros." Indem ich Wackernagels interessante Erörterungen den Philologen zur Prüfung empfehle, erwähne ich noch eine andere Spur, die directer ist, wenn die Ueberlieferung beglaubigt ist. W. erwähnt des lateinischen Castores, und schliesst daraus auf ein griechisches *Κάστορε* im Sinne von *Κάστωρ* und *Πολυδεύκης*. Nun sagt Welcker, Griechische Götterlehre 1, 610 Folgendes: „Euripides hat den Dual *τὼ Κάστορε*, und eine späte Legende lässt den *Ζεύς* als *ἀστήρ τὼ Κάστορε* erzeugen." Ich vermag freilich weder die Stelle des Euripides, noch die Legende aufzufinden. Sollte aber Welcker *τὼ Κάστορε* aus der Luft gegriffen haben?

Endlich mag noch die Möglichkeit, dass die Plurale *οἱ δεσπόται* das lat. fratres (im Sinne von Bruder und Schwester) u. ähnl. an die Stelle alter Duale getreten sind, erwähnt werden. Warum Wackernagel a. a. O. 303 derartige Duale von den bisher erwähnten getrennt wissen will, sehe ich nicht ein.

Ueber den Gebrauch des Pluralis im Indogermanischen, namentlich über die pluralia tantum, über welche hier zu handeln sein würde, habe ich eingehendere Untersuchungen noch nicht angestellt. Ich begnüge mich daher an dieser Stelle über eine Erscheinung zu handeln, die in dieser Ausdehnung dem Griechischen allein eigenthümlich ist, nämlich die Verbindung des neutr. pl. mit dem Verbum im Singular.

Ich theile zunächst eine Uebersicht derjenigen Verbindungen dieser Art mit, die ich bei Homer gefunden habe, (die übrige Sprache habe ich nicht untersucht) und bemerke, dass die nur mit dem s. construirten Neutra garnicht, die mit dem pl. construirten durch *, und die beider Verbindungen fähigen durch ** bezeichnet sind.

*ἄγγεα Gefässe: πέσον ἄγγεα π 13; ναῖον δ' ὀρῷ ἄγγεα πάντα ι 222. — ἄεθλα Kampfpreis: ἱππῆας τάδ' ἄεθλα δεδεγμένα κεῖτ' ἐν ἀγῶνι Ψ 273; ähnlich Ψ 314; 640. Ebenso ἀέθλια Χ 160. — ἄλγεα Leid: λελείψεται ἄλγεα λυγρά Ω 742; τετεύξεται Φ 585. — ἄνθεα Blumen, Grün: ὅσα φύλλα καὶ ἄνθεα γίγνεται ὥρῃ ι 51; Β 468. — **ἅρματα Wagen: ἅρματα bedeutet Β 777 die ganze Wagenmenge der Myrmidonen und insofern ist der s. κεῖτο gerechtfertigt. Auffallender ist der s. Ψ 369, wo von mehreren einzelnen Wagen die Rede ist. Merkwürdig ist der pl. Ψ 504, obgleich ἅρματα hier einen Wagen bedeutet. — ἄστρα die Sternenschaar: ἄστρα δὲ δὴ προβέβηκε Κ 252; ähnlich μ 313; ξ 483; Θ 556; 559. — *ἄψεα Gelenke: λύθεν δέ οἱ ἅψεα πάντα δ 794; σ 189. — βέλεα Masse der Geschosse, Regen der Geschosse: ἀμφοτέρων βέλε' ἥπτετο Θ 67; Δ 85; Ο 319; Π 778; ganz ähnlich Ρ 631. — γοῦνα und γούνατα Kniee: τοῦ δ' αὐτοῦ λύτο γούνατα καὶ φίλον ἦτορ ω 345; vgl. Φ 114; 425; δ 703; ε 297; 406; σ 212; χ 68; 147; ψ 205; καὶ μοι φίλα γούνατ' ὀρώρῃ Κ 90; Ι 610; Χ 388; σ 133; βλάβεται δέ τε γούνατ' ἰόντι ν 34; Τ 166; ῥίμφα ἐ γοῦνα φέρει Ζ 511; νέρθε δὲ γοῦνα πήγνυται Χ 453; τοῦ δ' ὑψόσε γούνατ' ἐπήδα Φ 302. Der pl. findet sich nur in der Verbindung mit πόδες: γούνατα δ' ἐρρώσαντο πόδες δ' ὑπερικταίνοντο ψ 3 und φθήσονται τούτοισι πόδες καὶ γοῦνα καμόντα Ψ 444. Dagegen hat auch in dieser Verbindung der s. überwogen: in γούνατα τε κνῆμαι τε πόδες δ' ὑπένερθεν ἑκάστου Χεῖρές τ' ὀφθαλμοί τε παλάσσετο μαρναμένοιιν Ρ 386; Φ 611 ist nach Nauck σάωσαν zu schreiben. — **γυῖα Glieder: Der s. liegt vor: οὐ γὰρ ἔτ' ἔμπεδα γυῖα ποδῶν ἦν Ν 512; ὑπήριπε φαίδιμα γυῖα Ψ 691; τῆς δ' ἐλελίχθη γυῖα Χ 448; ἐντρέχοι ἀγλαὰ γυῖα Τ 385; Τ 165 und 170 kann γυῖα auch als Acc. gefasst werden. Der pl. liegt vor: φίλα γυῖα λέλυνται σ 242 und ähnlich Η 6; 16; Ν 85; Ο 435; ϑ 233; σ 238. — **δάκρυα Thränen, s.: βλεφάρων ἄπο δάκρυα πίπτει ξ 129; ῥέε δάκρυα τ 204; Ρ 438; χύτο δάκρυα Ψ 385. pl. δάκρυα θερμὰ χέοντο δ 523. — δέμνια das Lager: ὅθι οἱ φίλα δέμνι' ἔκειτο ϑ 277. — **δένδρεα Bäume, Gehölz: ὅθι δένδρεα μακρὰ πεφύκει ε 238; η 114; βρίθῃσι δὲ δένδρεα καρπῷ τ 112; δένδρεα χέε λ 588; mit pl.: ε 240. — *δέρματα Häute: τέσσαρα φωκάων ἐκ πόντου δέρματ' ἔνεικεν, πάντα δ' ἔσαν νεόδαρτα δ 437. — δέσματα Fesseln: οὐδ' εἴ πέρ τε σιδήρεα δέσματ' ἔχῃσιν α 204; ϑ 284. — **δοῦρα und δούρατα das Gebälk, in diesem Sinne immer mit s.: καὶ δὴ δοῦρα σέσηπε νεῶν καὶ σπάρτα λέλυνται Β 135; κανάχιζε δὲ δούρατα πύργων Μ 36; ähnlich ε 361; μ 441 (vgl. Ο 388). Auch δούρατα in der Bedeutung „Speere" hat den s. bei sich, wenn von einer unbestimmten Vielheit

gesprochen wird: τῷ μοι δούρατα τ' ἔστι Ν 264; πολλὰ δὲ Κεβριόνην
ἀμφ' ὀξέα δοῦρ' ἐπεπήγει Π 772 (gleich darauf freilich steht bei
χερμάδια der pl.). Ebenso steht der s. bei τά, welches einen du.
δοῦρε aufnimmt: ἄλκιμα δοῦρε τά οἱ παλάμηφιν ἀρήρει Π 139. Dagegen
wenn von einer Zahl einzelner Speere gesprochen wird, steht der pl.:
Ε 657; Δ 574. — **δράγματα Garben: τὰ δὲ δράγματα ταρφέα
πίπτει Δ 69; δράγματα πῖπτον ἔραζε Σ 552. — **δώματα Haus,
s.: δώματα καλὰ τέτυκτο Δ 77; vgl. ζ 300; ϱ 265; iu derselben Bedeutung auch mit dem pl.: ὅθι οἱ κλυτὰ δώματ' ἔασιν ε 381; Ν 22. —
**δῶρα Geschenke: κλυτὰ δῶρα παρῆεν ϑ 417; ähnlich Ω 176; pl.:
ϑεῶν ἔσαν ἀγλαὰ δῶρα η 132. — **ἔγχεα die Lanzen, nur von einer
unbestimmten Vielheit gebraucht und zwar mit s.: παρὰ δ' ἔγχεα μακρὰ
πέπηγεν Γ 135; ähnlich α 129; pl.: ἔγχεα δ' ἐπτύσσοντο ϑρασειάων
ἀπὸ χειρῶν Σειόμενα Ν 135. — **ἔϑνεα Schaaren, von Thieren und
Menschen gebraucht, und zwar s.: ἔϑνε' ἐγείρετο μυρία νεκρῶν λ 631;
dagegen pl.: ὅϑι ἔϑνεα ἔρχατο χοίρων ξ 73; τὰ δ' ἐπέρρεον ἔϑνεα
πεζῶν Δ 724. Ebenso Β 465 und Β 92: ὡς τῶν ἔϑνεα πολλὰ νεῶν
ἄπο καὶ κλισιάων Ἡϊόνος προπάροιϑε βαϑείης ἐστιχόωντο. Auch Β 87
ist nach Nauck mit Bentley ἴασι (nicht εἰσι) zu schreiben. — **εἵματα Kleidungsstücke, s.: εἵματα μέν μοι κεῖται ζ 26; ν 10; φ 53;
pl.: εἵματα μένον ζ 98. — ἕλκεα die Wunden, alles Wunde: σὺν δ'
ἕλκεα πάντα μέμυκεν Ω 420. — **ἔντεα Rüstung, und zwar mit s.:
τὸν δ' εὗρον παρά τε κλισίῃ καὶ νηὶ μελαίνῃ Εὐνῇ ἐνὶ μαλακῇ παρὰ
δ' ἔντεα ποικίλ' ἔκειτο Κ 75; 407; οἱ δ' εὗδον καμάτῳ ἀδηκότες,
ἔντεα δέ σφιν Καλὰ παρ' αὐτοῖσι χϑονὶ κέκλιτο Κ 472; vgl. Τ 386.
Dagegen pl.: ἀλλά τοι ἔντεα καλὰ μετὰ Τρώεσσιν ἔχονται Σ 130.
**ἔργα Werke, Dinge. Mit dem s.: πολλὰ δ' ὑπ' αὐτοῦ ἔργα
κατήριπε κάλ' αἰζηῶν Ε 92; ὄλωλε δὲ πίονα ἔργα δ 318; οὔτε βοῶν
οὔτ' ἀνδρῶν φαίνετο ἔργα κ 98; θαλάσσια ἔργα μεμήλει Β 614; ε 67;
πολεμήϊα ἔργα μέμηλεν μ 116; Ε 428; Β 338; δαιτὸς ἐπηράτα ἔργα
μέμηλεν Ι 228; φραδέος νόου ἔργα τέτυκται Ω 354; ϑέσκελα ἔργα τέτυκτο λ 610; καὶ λίην σέ γ' ἔμελλε κιχήσεσϑαι κακὰ ἔργα ι 477; ἦ τ'
αἰὲν ἀήσυλα ἔργα μέμηλεν Ε 876; τότ' ἂν τιτὰ ἔργα γένοιτο Ω 213;
ἀμφαδὰ ἔργα γένοιτο τ 391; ὅτιν' ἔργα τέτυκται Χ 450; ὅπως ἔσται
τάδε ἔργα Δ 14; Ζ 3; 61; Υ 116; vgl. auch δ 694. Dagegen mit
dem pl.: ἀγλαὰ ἔργα (Arbeiten) πέλονται κ 223; ἀμήχανα ἔργα γένοντο
Θ 130; Δ 310; οὐ γὰρ ἔτ' ἀνσχετὰ ἔργα τετεύχαται β 63; τάδε ἔργα
γένοντο ω 455. — **ἐρετμά die Ruder, s.: τῶν δ' ἄρα δεισάντων ἐκ
χειρῶν ἔπτατ' ἐρετμά μ 203, aber pl.: (ἐρετμά), τά τε πτερὰ νηυσὶ
πέλονται λ 125. — ἕρκεα das Zaunwerk: ἴσχει Ε 90. — *ἑρπετά

die kriechenden Thiere, Alles was da kreucht (vgl. ποιητά): ὅσσ' ἐπὶ γαῖαν ἑρπετὰ γίνονται δ 418. — **ἤματα Tage, s.: ἤματα πόλλ' ἐτελέσθη ω 143; περὶ δ' ἤματα μακρὰ τελέσθη κ 470. Dagegen mit dem pl.: ὅτε τ' ἤματα μακρὰ πέλονται χ 301; σ 367; vgl. auch φθίνουσιν νύκτες τε καὶ ἤματα λ 182. — ἤϊα Kost, Speisevorrath: ἐξέφθιτο ἤϊα πάντα μ 329; δ 363. — **ἡνία die Zügel, mit pl.: φύγον ἡνία σιγαλόεντα Δ 128; Ψ 465; ἐκ δ' ἄρα χειρῶν ἡνία ἠΐχθησαν Π 403. Dagegen mit dem s.: ἡνία δέ σφιν σύγχυτο Π 471. — θελκτήρια Zaubermittel: ἔνθα τε οἱ θελκτήρια πάντα τέτυκτο Ξ 215. — θέσφατα Weissagung: ἠ μάλα δή με παλαίφατα θέσφαθ' ἱκάνει ν 172; ι 507. — θύρετρα Thür: τόσ' ἔβραχε καλὰ θύρετρα φ 49; vgl. σ 386. — ἱστία Segel: τέταθ' ἱστία λ 11. — κάρηνα, καρήατα die Häupter: ἀνδρῶν πῖπτε κάρηνα Λ 500; 158; ὡς ἄρα πυκνὰ καρήαθ' ὑφ' Ἕκτορι δάμνατο λαῶν Λ 309. — κειμήλια Kostbarkeiten: κειμήλια κεῖται Ζ 47; Ι 382; Λ 132; δ 618; κεῖτο ξ 326; ο 101; 113; τ 295; φ 9; ἐξαπόλωλε δόμων κειμήλια· καλά Σ 290. — **κήδεα Noth, Sorge, mit s.: κήδε' ἐφῆπται Β 15; ἐφῆπτο Ζ 241; mit pl.: πόνος καὶ κήδε' ὀπίσσω ἔσσονται Χ 489; φίλοισι δὲ κήδε' ὀπίσσω Πᾶσιν, ἐμοὶ δὲ μάλιστα, τετεύχαται ξ 138. — κῆλα die Pfeile, der Pfeilregen (vgl. Μ 280): ᾤχετο κῆλα Α 53 und 383. — κήτεα die Meerungethüme: ἄταλλε δὲ κήτε' ὑπ' αὐτοῦ πάντοθεν ἐκ κευθμῶν Ν 27. — κρέα Fleisch: κρέα δ' ἀμφ' ὀβελοῖς ἐμεμύκει μ 395; σῖτός τε κρέα τ' ὀπτά φορύνετο χ 395. — **κτήματα Besitzthümer, mit s.: κτήματα κεῖται δ 127; ρ 532: κτήματα μὲν τά μοι ἔστι ψ 355; χ 220; ὅθι τοῦγε δόμοι καὶ κτήματ' ἔκειτο ξ 291; dagegen mit pl.: ὅθι πού μοι κτήματ' ἔασιν τ 411; κέονται δ 79; ἀθάνατοι γὰρ τοῦγε δόμοι καὶ κτήματ' ἔασιν δ 79. — **κύματα die Wellen, die Flut, mit s. u. pl.: τὸν δ' οὔποτε κύματα λείπει παντοίων ἀνέμων, ὅτ' ἂν ἔνθ' ἢ ἔνθα γένωνται Β 396; ὅθι κύματ' ἐπ' ἠϊόνος κλύζεσκον Ψ 61; ebenso pl. γ 299. — *λέπαδνα Riemen Ι 393. — λοετρά Bad: ὄφρα πέλοιτο Ἕκτορι θερμὰ λοετρά Χ 444. — μέτρον Maass: εἴκοσι δ' ἔστω μέτρα β 355. — *μέλεα Glieder: πλῆσθεν μέλεα Ρ 212. — μῆλα Kleinvieh: τρὶς γὰρ τίκτει μῆλα δ 86; ἐπήλυθε μῆλα πάντοθεν ἐξ ἀγρῶν ρ 170; μῆλα τὰ δὴ κατέκειτ' ἐσφαγμένα κ 532; ferner ι 184 und 438; λ 45; Ν 492. — μῆρα Schenkelstücke: αὐτὰρ ἐπεὶ κατὰ μῆρ' ἐκάη Α 464; γ 461; μ 364. — νήματα das Gewebe: μή μοι μεταμώνια νήματ' ὄληται β 98; τ 143. — νῶτα der Rücken: τετρίγει δ' ἄρα νῶτα Ψ 714. — ξύλα Brennholz: ὑπὸ δὲ ξύλα κάγκανα κεῖται Φ 364. — οἰκία Haus: φανείη Υ 64. — ὀνείατα Labsal: ὀνείατα μυρία κεῖται κ 9. — ὀνείδεα Schmach: ὀνείδεα πόλλ' ἅ μοι ἔστιν Γ 242. — *ὅπλα Takelwerk:

ὅπλα δὲ πάντα Εἰς ἄντλον κατέχυντο μ 411. — ὄρεα das Gebirge: ἐφάνη ὄρεα σκιόεντα η 268; τρέμε δ᾽ οὔρεα μακρὰ καὶ ὕλη Ν 18. ⊥ **ὅρκια Eid, Vertrag, mit s.: οὐκ ἔστι λέουσι καὶ ἀνδράσιν ὅρκια πιστά Χ 262: mit pl.: οὔτι τι νῶιν Ὅρκια᾽ ἔσσονται Χ 266. — ὀστέα das Gebein: λεύκ᾽ ὀστέα πύθεται α 161; κεῖται ω 76; ξ 136; λάκε δ᾽ ὀστέα Ν 616. — **οὔατα die Ohren, mit s.: οὔατα δ᾽ οὔ πω δαιδάλεα προςέκειτο Σ 378; mit pl.: οὔατα δ᾽ αὐτοῦ (des δέπας) Τέσσαρ᾽ ἔσαν Λ 634. — *οὔθατα die Euter: οὔθατα γὰρ σφαραγεῦντο ι 440. — *οὖρα Wurfweite: ὅσσα δὲ δίσκου οὖρα κατωμαδίοιο πέλονται Ψ 431. — παρήϊα das Wangenpaar: στῆθός τε παρήϊα τ᾽ ἀμφοτέρωθεν Αἱματόεντα πέλει τ 208; χ 405. — *πέδιλα die Sohlen: τά μιν φέρον α 101; ε 45; Ω 340. — πείρατα die Tauenden, Schlingen: ὀλέθρου πείραθ᾽ ἐφῆπτο χ 33; 41; ἐκ δ᾽ αὐτοῦ πείρατ᾽ ἀνῆφθω μ 51. — πέλωρα Gräuel: ὡς οὖν δεινὰ πέλωρα θεῶν εἰςῆλθ᾽ ἑκατόμβας Β 321. — πηδάλια Steuerruder: οὐδέ τι πηδάλι᾽ ἔστι θ 558. — ποδάνιπτρα Fussbad: οὐδέ τι μοι ποδάνιπτρα ποδῶν ἐπιήρανα θυμῷ Γίγνεται τ 344. — ποτητά das Fliegende, Alles was da fleucht (vgl. ἑρπετά): ποτητὰ παρέρχεται μ 62. — *πτερά die Flügel: ἔσαν πτερά Ω 319; πτερὰ πυκνὰ λίασθεν Ψ 879. — πυρά die Wachtfeuer: πυρὰ καίετο Θ 554; 561; Κ 12. — ῥέεθρα die Wellen, die Flut: ἔφλυε καλὰ ῥέεθρα Φ 361; ähnlich Φ 9; 218; 365. — ῥήγεα Gewänder: ἤτοι ἐμοὶ χλαῖναι καὶ ῥήγεα σιγαλόεντα Ἤχθετο τ 337; ζ 59. — σήματα Erkennungszeichen: ἔστι γὰρ ἡμῖν σήματα ψ 110. — *στόματα Münder: δέκα μὲν γλῶσσαι δέκα δὲ στόματ᾽ εἶεν Β 489. — σώματα die Leiber: ὧν ἔτι καὶ νῦν Σώματ᾽ ἀκηδέα κεῖται ἐνὶ μεγάροις Ὀδυσῆος ω 187. — τάλαντα Talente: κεῖτο δύω χρυσοῖο τάλαντα Σ 507. *τέκνα Kinder: οὕτω νῦν φίλα τέκνα φυλάσσετε Κ 191 u. sonst. — **τεύχεα die Rüstung, auch die Gesammtheit der Rüstungen einer zusammengehörigen Schaar, mit s.: ἧχι ἑκάστου Ἵπποι ἀερσίποδες καὶ ποικίλα τεύχε᾽ ἔκειτο Γ 328; vgl. Γ 195; Κ 504; Φ 318; π 284; χ 109; τεύχεα καλὰ παρέσσεται Σ 466; ἥρμοσε τεύχεα Ρ 210; ἔχε χρόα χάλκεα τεύχεα Χ 322; ἀμφὶ δὲ πᾶσιν Τεύχεα ποικίλ᾽ ἔλαμπε Δ 432; ἐκ χειρῶν ἔπτατο τεύχεα ω 534; ferner in den Wendungen: βράχε τεύχεα (vgl. Τ 21) und ἀράβησε δὲ τεύχε᾽ ἐπ᾽ αὐτῷ. Den pl. findë ich gebraucht bei einer Rüstung Σ 197 ὅ τοι κλυτὰ τεύχε᾽ ἔχονται, von vielen Rüstungen: πολλὰ δὲ τεύχεα καλὰ πέσον Ρ 760; δεύοντο ψάμαθοι δεύοντο δὲ τεύχεα φωτῶν Ψ 15; ähnlich Φ 302; vgl. λ 74. — τόξα der Bogen: εἰ μὴ ἐγὼ τάδε τόξα φαεινῷ ἐν πυρὶ θείην, Χερσὶ διακλάσσας· ἀνεμώλια γάρ μοι ὀπηδεῖ Ε 217. — *φάσγανα Schwerdter: πολλὰ δὲ φάσγανα ... ἄλλα μὲν ἐκ χειρῶν .. πέσον Ο 714. — *φρείατα

Brunnen: πᾶσαι κρῆναι καὶ φρείατα μακρὰ νάουσιν Φ 197. — *φῦλα
Stämme: ἀλλ' ὅτε γηράσκωσι πόλιν κάτα φῦλ' ἀνθρώπων ο 363; κέκλυτε
μυρία φῦλα P 220. — *χείλεα die Ränder: χρυσῷ δ' ἐπὶ χείλεα
κεκράανται ο 116; δ 133; 616. — *χερμάδια Feldsteine: χερμάδια ...
ἐστυφέλιξαν Π 774. — χρήματα Besitzthum: χρήματα δ' αὖτι κακῶς
βεβρώσεται β 203.
Dazu kommen die häufigen Verbindungen von Verben mit Neutris
von Adj. u. Pron., von denen ich nur einige Beispiele mittheile: περὶ
γὰρ κατὰ παντόθεν ἔστη ξ 270; ἐπεὶ τὰ χερείονα νικᾷ Α 576; παρὰ
δ' ἄσπετα κεῖται ν 424. Sehr häufig erscheint πάντα, und zwar
gewöhnlich mit s., z. B. τὰ δὲ δὴ νῦν πάντα τελεῖται β 176; τὰ δ' αὖ
Διὶ πάντα μελήσει Ψ· 724; aber auch mit pl., z. B. πάντα μελόντων
ρ 594; σ 266. Ebenso πολλά mit s., z. B. ἔστι δέ μοι μάλα πολλά
I 364. Sehr häufig sind τά und ταῦτα (und ἅ) mit s. u. pl., z. B.
ἵνα περ τάδε τοι σόα μίμνῃ Ω 382; τά τ' ἐπ' ἀνθρώποισι πέλονται
ν 60; ταῦτα θεῶν ἐν γούνασι κεῖται α 267; μή μοι ταῦτα μετὰ φρεσὶ
σῇσι μελόντων Σ 463. Oft ist auch das Subjekt garnicht bezeichnet,
z. B. in Wendungen wie: ὥς μοι δοκεῖ εἶναι ἄριστα, νῦν δ' οὐκέτι
φυκτὰ πέλονται ξ 489 u. a. m.

Ueberblickt man nun diejenigen Wörter, welche das Verbum nur
im s. bei sich haben, so zeigt sich, dass diese fast durchaus solche
Mehrheiten darstellen, welche zugleich als Einheiten erscheinen, daher
auch eine' grosse Zahl derselben nur im Plural auftritt (vgl. die nütz-
liche Dissertation von Juhl de numeri pluralis usu homerico Halle
1879). Dem Sinne nach kann man sie etwa in folgende Gruppen zer-
legen: 1) Körpertheile: παρήια γοῦνα νῶτα μῆρα ὀστέα und κρέα. Bei
νῶτα und κρέα würde uns Deutschen der s. überhaupt natürlicher
scheinen, als der pl., bei anderen wie γοῦνα erinnern wir uns der Thatsache, dass neben dem pl. auch der du. erscheint, der ja auch eine
Einheit ausdrückt. 2) Naturerscheinungen, die eine aus vielen Einzelwesen bestehende Einheit darstellen: ἄστρα ὄρεα ῥέεθρα (vgl. λοετρά
ποδάνιπτρα und ἄπας das Wasser im Sanskrit) ἄνθεα. Auch πυρά
die Gesammtheit der Wachtfeuer ⁻kann man mit ἄστρα unter eine Gruppe
bringen. Sodann μῆλα κήτεα ποτητά, die heerdenweise erscheinen.
3) Werkzeuge aller Art, die aus vielen und trennbaren Theilen bestehende
Einheiten ausmachen: οἰκία ἕρκεα θύρετρα δέσματα πείρατα νήματα
δέμνια ῥήγεα ἱστία πηδάλια τόξα und etwa noch σήματα. 4) Vorräthe und
Massen aller Art: ἧια θελκτήρια ὀνείατα κειμήλια χρήματα τάλαντα
ἄεθλα βέλεα κῆλα. Auffällig ist für unseren Geschmack, dass die
Häupter der Fallenden (κάρηνα) und die Leiber der Todten (σώματα)

je als eine einheitliche Masse gedacht werden. 5) Endlich äussere Vorgänge und Erscheinungsreihen wie πέλωρα oder innere Vorgänge und Erlebnisse wie ἄλγεα ὀνείδεα.

Es ist kein Zweifel, dass in allen den angeführten Fällen die innere Congruenz vollkommen gewahrt ist, wenn das Verbum im s. steht. Betrachtet man nun auf der anderen Seite diejenigen, welche nur den pl. des Verbums kennen, so ergiebt sich wenigstens bei mehreren derselben der Grund für die Pluralität sehr deutlich. Wenn man die Stellen unter δέρματα (τέσσαρα φωκάων ἐκ πόντου δέρματ' ἔνεικεν, πάντα δ' ἔσαν νεόδαρτα), πτερά, στόματα (δέκα μὲν γλῶσσαι δέκα δὲ στόματ' εἶεν) τέκνα, φάσγανα vergleicht, so wird man finden, dass es sich in ihnen um solche Mehrheiten handelt, die gerade im Gegensatz gegen die Einheit gedacht werden sollen. Ebenso zeigt sich oft bei den Wörtern, welche das Verbum im s. und pl. zulassen, dass der pl. dann steht, wenn die Vielheit der einzelnen Wesen hervorgehoben werden soll (vgl. unter δοῦρα, ἔγχεα, οὔατα). Freilich liegen sowohl bei den mit dem pl. als den mit s. und pl. verbundenen ziemlich viele Stellen vor, in welchen ein innerer Grund für die Wahl des Numerus nicht zu erkennen ist.[1]

Demnach finden wir bei Homer folgenden Zustand: Es giebt eine Anzahl von pl., in welchen der Gedanke der Vereinigtheit, andere in denen der Gedanke der Mehrerleiheit überwiegt, bei den ersteren steht das Verbum im s., bei den anderen im pl. Zwischen beiden existirt ein Mittelgebiet, bei dem keine der beiden Auffassungen als allein geboten erscheint, bei dem also beide Constructionen möglich sind, ohne dass eine wahrnehmbare Sinnesdifferenz hervortrete. Auf die Wahl der einen oder anderen Construction mag das Metrum nicht ohne Einfluss gewesen sein.

Vergleichen wir nun die verwandten Sprachen, so findet sich im ältesten Sanskrit etwas Analoges. Es kommen im Rigveda einige Stellen vor, an denen klärlich das Verbum im s. neben dem Neutrum im pl. steht (vgl. Benfey Or. u. Occ. 1, 590 und Bollensen Z. D. M. G. 22, 613). Sicher sind folgende: ákāri ta indra gótamebhir bráhmāṇi hiermit sind dir o Indra von den Gotamas Gebete dargebracht worden Rv. 1, 63, 9; sárvā tā .. devéshv astu alles dieses gehöre den Göttern 1, 162, 9; ná te vivyañ mahimánaṃ rájāṅsi der Luftraum fasst nicht

---

1) Auch muss man erwägen, dass manche der angeführten Wörter zu selten vorkommen, als dass für sie eine Regel sich auffinden liesse.

deine Grösse 7, 21, 6. Da nun das Sanskrit sonst die äussere Congruenz
mit einer ausserordentlichen Strenge wahrt, so kann diese gelegentliche Abweichung von der Congruenz nur als Alterthümlichkeit aufgefasst werden, welche sich gegenüber dem sonst vorhandenen Bestre-
ben, die Congruenz vollständig durchzuführen, nur noch in wenigen
Exemplaren gerettet hat.

Somit erscheint es mir wahrscheinlich, dass das älteste Griechisch
den indogermanischen Zustand am treuesten erhalten hat, und dass in
den übrigen Sprachen, welche diese Verbindung des neutr. pl. mit dem
Verbum im s. nicht kennen, die Rücksicht auf die äussere Congruenz
die Gleichbehandlung aller Plurale herbeigeführt hat.

Drittes Kapitel.

Die Casus.

Hinsichtlich alles dessen, was über die Casus im Allgemeinen zu sagen ist, verweise ich auf Hübschmann zur Casuslehre, München 1875. Ausdrücklich bemerke ich noch, dass im Folgenden nur von den Casus des Nomens die Rede sein soll. Es werden also solche Casusendungen, welche ursprünglich nur dem Pronomen angehören, wie $-\vartheta\varepsilon\nu$, hier noch nicht erwähnt werden, wohl aber der Casus auf $-\varphi\iota$, der ursprünglich dem Nomen eigen ist.

Der Vocativ.

Es ist darüber gestritten worden, ob für den Vocativ von Anfang an im Indogermanischen eine besondere Form vorhanden gewesen sei, oder ob er sich (was Benfeys Ansicht ist, Abh. der Ges. d. Wiss. zu Göttingen Band 17, 31) erst aus dem Nominativ entwickelt habe. Diese Streitfrage ist für die gegenwärtige Untersuchung gleichgültig. Mir genügt es zu constatiren, dass jedenfalls schon in vorgriechischer Zeit bei einer Reihe von Stämmen eine besondere Form des Vocativs (wenigstens im sing.) vorhanden war.

In der Verwendung des Vocativs findet sich eine merkwürdige Parallele zwischen Sanskrit und Griechisch, auf die Benfey zuerst aufmerksam gemacht hat. Wie $\varGamma$ 277

$$\mathrm{Z}\varepsilon\tilde{\upsilon}\ \pi\acute{\alpha}\tau\varepsilon\varrho\ \text{'}\mathrm{I}\delta\eta\vartheta\varepsilon\nu\ \mu\varepsilon\delta\acute{\varepsilon}\omega\nu\ \varkappa\acute{\upsilon}\delta\iota\sigma\tau\varepsilon\ \mu\acute{\varepsilon}\gamma\iota\sigma\tau\varepsilon$$
$$\text{'}\mathrm{H}\acute{\varepsilon}\lambda\iota\acute{o}\varsigma\ \vartheta\text{'}\ \delta\varsigma\ \pi\acute{\alpha}\nu\tau\text{'}\ \dot{\varepsilon}\varphi\circ\varrho\tilde{q}\varsigma\ \varkappa\alpha\grave{\iota}\ \pi\acute{\alpha}\nu\tau\text{'}\ \dot{\varepsilon}\pi\alpha\varkappa\circ\acute{\upsilon}\varepsilon\iota\varsigma,$$

so werden auch im Veda Vocativ und Nominativ durch ca verbunden, und zwar im Sinne zweier Vocative z. B. *vāyav índraç ca cetathah sutānām* Vāyu und Indra! ihr achtet auf die Trankopfer Rv. 1, 2, 5. Der Vocativ wurde offenbar als eine Art Satz für sich, nicht als ein fügsames Glied des Satzes betrachtet, und man ging deshalb ungern daran, ihn mit ca $\tau\varepsilon$ anzufügen, sondern wählte an seiner Stelle den Nom., der ja in der Form so häufig mit ihm zusammenfällt.

Ob es als eine aus proethnischer Zeit herstammende Eigenthümlichkeit betrachtet werden kann, wenn der Voc. gelegentlich im Sanskrit und im Griechischen prädicativ erscheint, ist zweifelhaft.

Der Accusativ.

In den Grammatiken pflegt man zahlreiche Gebrauchsweisen des
Accusativs, wie A. des äusseren Objects, des inneren Objekts, des
Erstreckens, des Zieles, der Beziehung u. s. w. zu unterscheiden.
Neuerdings ist aber von mehreren Seiten darauf hingewiesen worden, dass dem A. des äusseren Objects gegenüber die sämmtlichen
übrigen Gebrauchsweisen sich leicht zu einer Gruppe vereinigen lassen,
so dass z. B. Hübschmann zwei grosse Abtheilungen macht, den nothwendigen Accusativ (was man sonst Accusativ des äusseren Objects
nennt) und den freiwilligen A., der das Uebrige umfasst. Diese beiden
Gruppen vereinigen sich dann wieder in dem Grundbegriff. Man
betrachtet aber als den Grundbegriff des Accusativs, dass „er eine
Ergänzung oder nähere Bestimmung des Verbalbegriffs bezeichnet“
(Hübschmann S. 133). Und in der That ist dieser Grundbegriff der
einzige, von dem aus sich die Einheit des accusativischen Gebrauchs
demonstriren lässt. Wie der Accusativ in der alten Wortfolge unmittelbar vor dem Verbum stand, so diente er auch dazu, dasselbe unmittelbar zu ergänzen. Ursprünglich dient er weder zur Bezeichnung des
Objectes, noch des Zieles, noch der Beziehung u. s. w., sondern lediglich zur Ergänzung des Verbums. In welchem Sinne diese Ergänzung
zu verstehen sei, blieb dem Verständniss des Hörenden überlassen.

Nun zeigt aber die Vergleichung der verschiedenen indogermanischen
Sprachen, dass verschiedene Anwendungstypen des einen Accusativs
sich schon in indogermanischer Zeit festgesetzt haben müssen.

In die griechische Sprache ist also kein einheitlich empfundener
Accusativgebrauch, sondern eine Anzahl einzelner Gebrauchstypen
überliefert worden. Ob wir mit unseren Eintheilungen nun überall die alten Gebrauchstypen richtig treffen, kann natürlich zweifelhaft sein.

Es soll deshalb noch besonders hervorgehoben werden, dass
ich mit meiner Eintheilung nur die möglichste Uebersichtlichkeit
bezwecke.

Diese glaube ich zu erreichen, wenn ich zuerst den einfachen
Accusativ mit Anwendung der Hübschmannschen Zweitheilung betrachte,

dann den doppelten Accusativ, und endlich den Accusativ im adverbialen Sinne.

Was also zunächst den n o t b w e n d i g e n A c c u s a t i v (d e n
O b j e c t s a c c u s a t i v b e i t r a n s i t i v e n V e r b e n) betrifft, so haben
die Grammatiker wegen der ungeheuren Fülle des Stoffes sich nicht
die Mühe genommen, sämmtliche Acc. bei transitiven Verben aufzu-
zählen, was Hübschmann bei dem beschränkten Stoff des Zend thun
konnte. Versuchte man es für das Griechische, so würde man bald
daran verzweifeln, die Masse nach Bedeutungskategorien zu ordnen,
man würde vielmehr auf den Ausweg verfallen müssen, den Hübschmann betreten hat, indem er sagt: „Für die Eintheilung der Objects-
accusative finde ich keinen anderen — äusserlichen, einen inneren giebt
es nicht — Grund als die Verba bei denen er steht. Da aber für den
Accusativ die materielle Bedeutung dieser Verba vollkommen gleichgültig ist, so ordne ich sie nicht nach dieser, — um nicht den Schein
zu erregen als käme sie hier irgendwie in Betracht — sondern nach
ihrer alphabetischen Reihenfolge an, eine Anordnung, die, so schlecht
und unwissenschaftlich sie sonst sein mag, mir hier am besten zu
passen, am wenigsten zu Missverständnissen führen zu können scheint."
Es ist unter diesen Umständen nicht zu verwundern, wenn die Grammatiker (vgl. auch Miklosich S. 373) sich begnügen, solche Verbindungen
von Verben mit Accusativen anzuführen, welche in ihrer eigenen
Sprache nicht üblich sind, also in den für Deutsche geschriebenen
griechischen Grammatiken die Verba Nutzen, Schaden und ähnliche.
Selbstverständlich muss man bei diesem Verfahren im Sinne behalten,
dass es lediglich in praktischen Rücksichten seine Begründung findet,
insofern damit nur beabsichtigt wird, den Lernenden auf gewisse Verschiedenheiten der griechischen und der modernen deutschen Schrift-
sprache aufmerksam zu machen.

Wie schwierig es übrigens ist, die Unterabtheilungen des Accusativs genau auseinanderzuhalten, sieht man aus dem Umstand, dass die
Gelehrten hinsichtlich mancher Accusative zweifelhaft sind, ob sie sie
bei dem Accusativ des Objects oder dem des Inhaltes unterbringen
sollen, z. B. πόϑεν πλεῖϑ' ὑγρὰ κέλευϑα γ 71 erwähnt Kühner bei den
Objectsaccusativen, während Escher, der Accusativ bei Sophocles, Leipzig
1876 S. 17 zu dieser Anordnung bemerkt, bei Kühner § 409, 5—7
würden durch künstliche Erklärung intransitive Verba zu transitiven
gestempelt. Die Frage kann so viel ich sehe nur sein, ob die Griechen
einen Accusativ wie πλεῖν ϑάλασσαν kraft ihres Sprachgefühls näher
mit Wendungen wie πίνειν τὸ ὕδωρ oder ϑέειν δρόμον in Verbindung

brachten, eine Frage, die ich nach meiner Empfindung gegen Kühner entscheiden würde.[1] Dass der Gebrauch des nothwendigen Accusativs (oder der Accusativ des äusseren Objects) proethnisch ist, bedarf keiner Bemerkung.

Anhang zum Objectsaccusativ.

Im Sanskrit, Zend, Slavischen, Lateinischen können in grösserer oder geringerer Ausdehnung Substantiva, welche dem Verbum, genauer gesprochen dem Infinitiv oder dem Participium ihrer Bedeutung nach nahe stehen, wie Inf. oder Part. mit dem Acc. verbunden werden, z. B. *datá rádhāṅsi* „dator divitias" u. s. w., vgl. Miklosich S. 376, Hübschmann S. 189, Synt. Forsch. III, 6.

Auch das Griechische kennt ja diese Construktion, z. B. *ἐπιστή-μονες ἦσαν τὰ προσήκοντα* Xen., *ἔξαρνός εἰμι τὰ ἐρωτώμενα* Pl. u. einige bekannte Beispiele bei Dichtern (vgl. Schneidewin-Nauck zu Aias 176). Abstrakte Substantiva construirt nach Art des lateinischen „quid tibi hanc curatio 'st rem?" scheinen im Griechischen kaum vorzukommen, höchstens liesse sich Oed. Col. 584 vergleichen.

Nach Einsicht der citirten Literatur wird man, denke ich, der Vermuthung beistimmen, dass dieser Gebrauch in die indogermanischen Zeiten zurückreicht, aber im Idg. ausgedehnter war als im Griechischen. Zweitens aber wird man vermuthen dürfen, dass im Indogermanischen selbst diese Adjectiva und Substantiva ihre Construction mit dem Accusativ nur in Anlehnung an die Verba erhalten haben.

Für die verschiedenen Unterabtheilungen, des sog. freiwilligen Accusativs giebt es nach dem Gesagten keine natürliche Reihenfolge. Mir scheint es praktisch, die von Kühner gewählte beizubehalten.

Für den Accusativ des inneren Objectes (*ἀρίστην βουλὴν βουλεύειν, κοιμήσατο χάλκεον ὕπνον, Ὀλύμπια νικᾶν*) hat Kühner S. 261 ff. Belege verzeichnet. Er bemerkt zugleich „in keiner Sprache hat sich der Gebrauch dieses Accusativs so umfangreich und zugleich so ungemein sinnreich ausgebildet, wie im Griechischen." Es wird wohl richtig sein, dass das Griechische diesen Typus mehr bevorzugt, als andere idg. Sprachen, sicher aber ist, dass er nicht in Griechenland entstanden ist, sondern aus der Urzeit stammt. Das Sanskrit kennt ihn z. B. *jīved vaiçyasya jīvikām* er lebe das Leben eines Vaiçya (bei Manu), *ājíṃ dhāvanti* sie

---

1) Die Verwandlung des Accusativs in den Nominativ bei passiver Construction giebt keine Entscheidung, s. Kühner S. 265 Anm. 2 gegen S. 258 Anm. 7.

laufen einen Wettlauf u. a. m. Interessant ist eine Verbindung, welche mir Schröder aus der Maitrāyaṇī-Saṃhitā 1, 8, 1 nachweist, wo von dem udumbara-Baum gesagt wird: *lóhitaṃ phálaṃ pacyate* s. v. a. er trägt rothe Frucht. Dieselbe Wendung findet sich auch sonst. Man vergleiche auch die Fülle von Belegen aus slavischen Sprachen bei Miklosich 385 ff. und was er aus den verwandten Sprachen beibringt, dazu noch Hübschmann S. 196.

Somit kann an dem Alter dieses Typus nicht gezweifelt werden. Als besonders lehrreich führe ich noch an, dass auch dieser Accusativ von Verben auf Adjectiva sich fortgepflanzt hat, z. B. ἄτιμος τὴν τοιαύτην ἀτιμίαν u. a., bei Kühner S. 265 Anm. 1.

Der Accusativ bezeichnet ferner bei Verben der Bewegung diejenige Ergänzung des Verbums, welche wir als Ziel specialisiren, ein alter Typus, der in den meisten indogermanischen Sprachen vorliegt, übrigens durch den deutlicheren präpositionalen Ausdruck zurückgedrängt wird. Im Sanskrit ist er häufig in allen Stilarten. Vgl. Miklosich S. 391 ff.

Dann wieder können wir in unserer Auffassung die unmittelbare Verbindung des Acc. mit dem Verbum specialisiren als Erstreckung über Raum und Zeit, ebenfalls ein indogermanischer Typus.

Der Accusativ des erklärenden Objects oder der Beziehung hat, wie man aus der Zusammenstellung bei La Roche S. 12 ff. am besten ersieht, in der homerischen Sprache sein Hauptgebiet in folgender Gedankenconstellation. Gewisse Zustände und Eigenschaften von Personen erscheinen an einzelnen Theilen der Person, afficiren aber zugleich die ganze Person. In Folge dieses Verhältnisses kann man entweder die Person oder den Theil derselben zum Subject machen. Man sagt also: der „Fuss schmerzt mich," oder „ich habe Schmerzen am Fuss," „die Augen der beiden gleichen sich," oder „die beiden gleichen sich an den Augen." Das Griechische bevorzugt in diesem Falle die persönliche Construction und setzt das betroffene Glied als unmittelbare Ergänzung zum Verbum in den Accusativ: ἀλγῶ τὸν πόδα, κεφαλήν τε καὶ ὄμματα καλὰ ἔοικας κείνῳ u. s. w. Natürlich beschränkt sich nun aber die Anwendung dieses Accusativs nicht auf das bezeichnete Vorstellungsgebiet allein, sondern es werden dem einmal geschaffenen Typus ähnliche Wendungen nachgebildet, man setzt in den Accusativ nicht nur Glieder und sichtbare Eigenschaften von Personen, sondern auch geistige Eigenschaften u. s. w. Ausser mit intransitiven und passiven Verben wird bekanntlich dieser Accusativ auch mit Adjectiven verbunden wie βοὴν ἀγαθός. Wie diese Ausdehnung des Gebrauchs

zu verstehen ist, ergiebt sich theils aus der oben (S. 32) gemachten
Beobachtung, theils aus einer Betrachtung der Beispiele bei la Roche
und Kühner. Es kann nicht zweifelhaft sein, dass die Adjectiva sich
den Verben angeschlossen haben, und zwar auf doppeltem Wege, einmal indem ein Adjectiv mit dem Verbum *sein* dem Verbum gleich
gilt, und die Construction dann von dem prädicativen Adjectiv auf
das attributive übertragen wurde, und sodann durch das Participium,
indem man von dem Acc. bei ἔοικα zu dem Acc. bei ἐοικώς und von
da zu dem Acc. bei ἴσος gelangt.

Es handelt sich nun um das Alter dieses Gebrauches. Wenn ich
bisher nur von dem griechischen gesprochen habe, so ist das geschehen,
weil der Acc. des Inhalts nur in dieser Sprache häufig vorkommt, keineswegs aber in der Meinung, er sei in dieser erst entstanden. Im Gegentheil bin ich der Ansicht, dass die ganze hier an griechischen Beispielen
klar gelegte Entwicklung schon in proethnische Zeiten zu verlegen sei.
Zwar im Sanskrit weiss ich diesen Accusativ nicht zu belegen, ausser
dass etwa das Adverbium *nāma* (gleich ὄνομα) darauf zurückzuführen
wäre, im Lateinischen betrachtet man ihn als Gräcismus, ob er im
Slavischen ursprünglich ist (Miklosich S. 392), vermag ich nicht zu
entscheiden, aber im Zend (Hübschmann S. 202) ist er vorhanden, und
es ist besonders zu beachten, dass H. nur solche A. bei prädicativen
Adjectiven, nicht bei Verben anführt, so dass also auch diese Erweite-
rung sich in proethnischen Zeiten vollzogen haben muss.

In der That lässt sich auch nicht absehen, warum gerade dieser
Gebrauch des A., der ebenso natürlich ist wie die anderen, da er ja
ursprünglich auch nur eine unmittelbare Ergänzung des Verbums ist,
dem Indogermanischen gefehlt haben sollte. Und auf der anderen Seite
lässt sich der Grund angeben, warum dieser Typus in den indogermanischen Sprachen die ihn nicht besitzen, verloren gegangen ist. Dieser
Grund ist die Concurrenz des Instrumentalis, der mit ungefähr derselben Wirkung gebraucht werden kann. Im Griechischen findet man
nicht selten den instr. Dativ (also den alten Instrumentalis) mit dem
Accusativ wechseln, wie εὐρύτερος ὤμοισιν u. ähnl., ebenso im Zend,
im Sanskrit aber hat der Instrumentalis den echt casuellen (noch nicht
adverbialen) Gebrauch dieses Accusativs verdrängt, ganz im Einklang
mit der Entwickelung des indischen Stils überhaupt, welcher nicht
eine solche Mannichfaltigkeit von Satztypen kennt, wie der griechische.
Dass sich dieser Gebrauch des Accusativs im Griechischen erhielt,
ward durch den Umstand unterstützt, dass der A. in dieser besonderen
Constellation durchaus unmissverständlich ist.

Der doppelte Accusativ.

Die Construction des doppelten Accusativs kommt entweder so zu Stande, dass zwei Accusative, ein sachlicher und ein persönlicher als Ergänzung zum Verbum treten, oder so, dass der eine A. dem Prädicat angehört. Kühner sagt darüber Folgendes: „Alsdann verschmilzt der A. der Sache mit dem Verb gleichsam zu einem zusammengesetzten Verb, und mit diesem Verb verbindet sich der gewöhnliche Objectsaccusativ. Die Verschmelzung eines Verbalbegriffs mit einem substantivischen in Einen Verbalbegriff und die Construction desselben als eines einfachen Verbalbegriffs kann als ein Idiom der griechischen Sprache angesehen werden." Der erste Theil dieser Behauptung trifft für die Mehrzahl der Fälle das Richtige, für einige nicht, insofern die beiden Accusative auch koordinirte Ergänzungen des Verbums sein können, z. B. in dem von Escher S. 73 angeführten Verse Soph. Ai. 1108: κόλαζ' ἐκείνους τὰ σέμν' ἔπη.

Adverbialer Gebrauch des Accusativs.

Auf die Anfügung des adverbialen an den lebendigen Gebrauch des Accusativs — die Grenze übrigens zwischen beiden Gebrauchsweisen ist fliessend — hat Kühner viel Fleiss verwendet, daneben ist noch Escher S. 31 ff. mit Nutzen zu vergleichen. Ich gebe hier zunächst einen Ueberblick, durch welchen die Entstehung des adverbialen Gebrauchs aus den Unterabtheilungen des lebendigen Accusativgebrauches anschaulich werden soll, sodann eine Uebersicht nach formellen Gesichtspunkten.

Besonders viel adverbialer Gebrauch von Adjectiven entsteht aus dem Accusativ des Inhaltes. Der erste Schritt ist, dass an Stelle des Subst. mit Adj. der Acc. Neutr. des Adj. tritt, z. B. heisst es ἄπρηκτον πόλεμον πολιμιζέμεν A 121, aber ἄλληκτον πολεμιζέμεν „etwas Unaufhörliches kämpfen" B 452. Auch der Plural erscheint: τί νύ σ' ἔτρεφον αἰνὰ τεκοῦσα schreckliche Dinge, (Erfahrungen, Schmerzen) gebärend. Der Unterschied zwischen den Numeri schwindet leicht, weil es sich bei diesen Ausdrücken nicht um bestimmte Einzelerscheinungen handelt, sondern um solche Aeusserungen, Handlungen, Erscheinungen, welche beliebig als Einheiten oder Vielheiten aufgefasst werden können, z. B. in ὀξέα κεκληγώς fasst man die auf einander folgenden einzelnen Schreie in's Auge, in ἡδὺ γελᾶν Süsses lachen (vgl. er lacht sich ein's) sieht man das Lachen als eine Handlung an. Natürlich verwischen sich diese zarten Grenzlinien, der Unterschied der Numeri schwindet, so dass Adverbien singularisch und pluralisch sein können, und über die Auswahl nicht mehr syntactische, sondern aesthetische Gründe entscheiden. Neben dem Numerus verschwindet auch der Casus aus dem Gedächtniss, ebenfalls deshalb, weil keine 'bestimmten Einzeldinge vorgestellt werden. In σμερδαλέον κονάβησαν empfindet man den Accusativ nicht mehr als lebendigen Casus (sie lärmten Schreckliches) der ganz denselben Sinn hätte, wie der Acc. eines Substantivs, sondern nur als die Art und Weise des Lärmens beschreibend. So entsteht der Begriff des Adverbiums, und aus dieser Loslösung von Numerus und Casus erklären sich die Schicksale dieser Kategorie, z. B. die Verbindung mit Adjectiven. Μέγα Ϝίαχε oder μεγάλ' ἴαχε heisst: das Meer toste gewaltiges Tosen, toste Gewaltiges und endlich: gewaltig. Nachdem μέγα so zum Adverbium geworden ist, verbindet es sich auch mit solchen Verben, zu denen es nicht in einem Accusativverhältniss steht. Dem Satze μέγα Ϝίαχε „toste gewaltig" werden Sätze nachgebildet wie μένεος δὲ μέγα φρένες ἀμφιμέλαιναι πίμπλαντο Α 103, wo μέγα als Acc. nicht mehr zu verstehen wäre, und endlich wird μέγα auch mit Adj. verbunden, wie μέγα πλούσιος u. s. w. Solche Adverbialisirungen sind unendlich häufig. Ich erwähne namentlich noch die Neutra von Pronominibus wie τόσσον ἐχώσατο, τοῦτο χαίρει, auch τί warum ist ebenso zu erklären. Τοῦτο χαίρει ist, wie Kühner richtig bemerkt, so viel als ταύτην τὴν χαρὰν χαίρει, τοῦτο also ist der Inhalt und Gegenstand der Freude, was praktisch genommen ziemlich gleichbedeutend ist mit dem Grunde, der Veranlassung der Freude. So kommt in τοῦτο der Sinn „darum" in τί „warum" u. s. w., wobei man nie vergessen darf, dass die Nachahmung der wichtigste Faktor bei der Sprachentwickelung ist. Hierher gehören u. a. Ausdrücke wie τὴν ταχίστην „auf das Schnellste." Ursprünglich heisst es ὁδὸν πορεύεσθαι, dafür tritt ein ταχίστην πορεύεσθαι mit leichter Ergänzung von ὁδόν, und dann adverbialisirt sich ταχίστην.

Der hier beschriebene Vorgang ist im Griechischen durchaus lebendig, er war es aber auch schon in vorgriechischer Zeit. Auch im Sanskrit und Zend werden in gleicher Weise Adverbien geschaffen. Der griechische Vorgang ist also nur die Fortsetzung eines proethnischen.

Kühner führt sodann Adverbial-Ausdrücke der Zeit an, wie ἐννῆμαρ, νύκτωρ (dessen Bildung nicht ganz durchsichtig ist) u. a.. Natürlich ist ἐννῆμαρ φερόμην nicht anders aufzufassen als δύο τ' ἤματα καὶ δύο νύκτας κείμεθα, man nennt ἐννῆμαρ nur Adverbium, weil es ein isolirter Casus ist. Das Gleiche liegt in anderen indogermanischen Sprachen vor, z. B. Sanskrit *náktam* Nachts. Dahin gehört auch δηρόν

u. s. w. Adverbia wie πρῶτον δεύτερον ὕστερον, Sanskrit *prathamám*
u. ähnl. entstanden wohl aus appositionellen Accusativen, denn καὶ
εἴρετο δεύτερον αὖτις heisst eigentlich: „er fragte als Zweites.“ Dass
neben dem Sing. auch der Plr., neben πρῶτον auch πρῶτά erscheint,
kann nach dem oben Gesagten nicht befremden.

Mit den Accusativen des erklärenden Objects bringt Kühner mit
Recht Accusative wie εὖρος ὕψος μέγεθος βάθος γένος ὄνομα in Verbindung, welche ebenfalls im Sanskrit und Zend ihr Analogon haben,
z. B. im Zend drājo an Länge, maso an Grösse, nãma dem Namen
nach (Hübschmann S. 202). Im Sanskrit hat der Instrumentalis auch
diesem A. Abbruch gethan, indessen ist doch nā́ma dem Namen nach
übrig geblieben, z. B. *nā́mucim nā́ma mā́yinam* den Zauberer mit
Namen Namuci Rv. *vicrítau nā́ma tā́rake* die zwei Sterne mit Namen
Vicṛ́itau Av.

Uebrigens lässt sich keineswegs in allen Fällen mit Sicherheit
sagen, welcher speciellen Anwendung der A. im Adverbium seinen
Ursprung verdanke; es kann ja auch vorkommen, dass ein Acc. auf
mehreren Wegen zum Adverbium gelangt. Z. B. rechnet Kühner τἄλλα
zu den zuletzt erwähnten Accusativen, gewiss mit Recht, wenn man
an die Worte des Aias denkt: ὦ παῖ γένοιο πατρὸς εὐτυχέστερος, τὰ
δ' ἄλλ' ὅμοιος, aber an anderen Stellen ist τἄλλα aus dem sog. Acc.
des Inhaltes herzuleiten, z. B. in einer Stelle des Thukydides (6, 63)
die mir zufällig in die Hand kommt: ἐφύβριζον ἄλλα τε καὶ εἰ u. s. w.
sie höhnten in anderem und indem sie fragten, ob u. s. w. Scheidet
man die accusativischen Adverbia nach formalen Kategorien, so sind sie
a) Neutra von Adjectivis, und zwar Sing. und Plur. Der Dual
erscheint nicht, weil es sich, wie oben bemerkt, um solche Vorgänge,
Aeusserungen und Erscheinungen handelt, welche als einheitlich oder
unbestimmt vielartig angesehen werden können.

b) Acc. von Adj. femininaler Form, bei denen ein femininales
Substantivum zu ergänzen ist. Erwähnt sind Fälle wie τὴν ταχίστην
sc. ὁδόν. Ebenso ist aufzufassen τύψον σχεδίην sc. πληγήν E 830 u. a. m.
An solche Formen wie σχεδίην haben sich die zahlreichen griech. Adverbia
auf -δίην angeschlossen, welche femininale Accusative von Adj. sind,
wenn auch, wie Curtius Grundz. 592 ff. bemerkt, nicht zu jedem
Adverbium das Adj. vorhanden ist. War der Typus einmal vorhanden,
so fand er auch in seiner Isolirtheit Nachahmung. Dass übrigens ein
solcher Adverbialtypus sich allmählich ausbildet, ist wiederholt
bemerkt. Man kann nicht genau den Moment angeben, mit welchem
der Erstarrungsprocess vollzogen ist, und es kann also bisweilen darüber

gestritten werden, ob ein solcher Accusativ noch lebendig sei, oder nicht. An der Annahme einer Ellipse nehme man keinen Anstoss. Dass Substantiva wegbleiben können, wenn sie selbstverständlich sind, unterliegt keinem Zweifel, man vgl. Wendungen wie κερτομίοισι προσηύδα, ἐς μίαν βουλεύσομεν und viele andere.

c) Accusative Sing. von Substantiven. Ausser den oben genannten wie εὖρος ὄνομα kommen namentlich solche in Betracht, welche aus dem appositionellen Acc. zu erklären sind. Dahin gehört χάριν. Bei Homer erscheint nicht selten φέρων χάριν als Appositionssatz, z. B.

μή μοι σύγχεε θυμὸν ὀδυρόμενος καὶ ἀχεύων Ἀτρεΐδῃ ἥρωι φέρων χάριν

I 611. Es erscheint aber auch χάριν allein, ohne φέρων, in gleicher Verwendung, nicht als ob φέρων einfach weggelassen wäre, sondern indem man χάριν „als eine Gefälligkeit" in freier Weise als Apposition zu der in einem ganzen Satze ausgedrückten Handlung auffasst, z. B.:

ὅς τις δὲ Τρώων κοίλης ἐπὶ νηυσὶ φέροιτο
σὺν πυρὶ κηλείῳ, χάριν Ἕκτορος ὀτρύναντος,
τὸν δ' Αἴας οὔτασκε O 744.

Man könnte den Nom. χάρις erwarten, der aber offenbar desshalb nicht gesetzt ist, weil nicht in einer Person, sondern in der von dieser vollzogenen Handlung — also dem Nicht-Subject — die Gefälligkeit gegen Hektor beruht. In diesem appositionellen Gebrauche ist nun χάριν selbstständig geworden und von den übrigen Casus isolirt. Doch werden Adjective wie σήν noch mit χάριν verbunden. Ebenso sind δωρεάν προῖκα δίκην zu ihrer adverbialen Bedeutung gekommen.

Der Genetiv.

In dem was man im Griechischen Genetiv nennt, sind zwei Casus vereinigt, nämlich der alte Genetiv und der alte Ablativ (vgl. meine Schrift: Ablativ, Localis, Instrumentalis etc. Berlin 1867). Ich handle zuerst von dem Theile, welcher dem Genetiv des Indogermanischen entspricht.

Ueber die Entstehung des Genetivs findet sich bei Kühner noch die sonderbare Ansicht, dass der Genetiv aus dem Subject oder Object eines Satzes entstanden sei, z. B. τὸ τοῦ ῥόδου ἄνθος aus τὸ ῥόδον ἀνθεῖ, ἡ τοῦ πατρὸς φιλία aus ὁ πατὴρ φιλεῖ u. s. w. Ich sehe nicht, was irgend zur Begründung dieser Hypothese beigebracht werden könnte. Dagegen ist zuzugestehen, dass man sich die Ausdrücke subjectiver und objectiver G. ganz gut verdeutlichen kann, wenn man überlegt, dass bei anderer Ausdrucksweise der eine Subject, der andere Object des Satzes sein würde.

Eine Ansicht, welche bei den Linguisten beliebt ist, geht dahin, dass der Genetiv eigentlich ein Adjectivum sei, welches freilich zu seinem Substantivum nicht in Congruenzverhältniss trete. Um die etymologische Begründung dieser Ansicht steht es schlecht, namentlich möchte ich bei dieser Gelegenheit bemerken, dass die immer noch hin und wieder auftauchende Bemerkung, δήμοιο sei ursprungsgleich mit δημόσιο - durchaus unrichtig ist. Nach bekanntem Gesetz ist ja das σ in δημόσιο aus τ entstanden. Eine innere Wahrscheinlichkeit aber lässt sich dieser Vermuthung nicht absprechen. Denn die Gebrauchsweisen des Genetivs lassen sich aus einer etwaigen Adjectivnatur bequem herleiten. Das zeigt sich zunächst bei der Verbindung des

Genetivs bei Substantiven.

In verschiedenen indogermanischen Sprachen erscheinen Adjective gleichbedeutend mit gewissen Genetiven, z. B. *tvāshṭrá viçvárūpa*, *Viçvarūpa* der Sohn *Tvashtars, Σθενελήϊος υἱός*, conjux Hectorea u. s. w. Namentlich ist dieser Gebrauch im Slavischen häufig, wofür reiche und interessante Belege bei Miklosich S. 7 ff. So kann man also auch wohl behaupten, der Genetiv bei Substantiven stehe im Sinne eines Adjectivs. Mit etwas anderen Worten sagt dasselbe Hübschmann S. 268: „Durch den Genetiv werden zwei nominale Redetheile in die engste Verbindung mit einander gesetzt, ohne dass die Art der Beziehung irgendwie angegeben wird." Ob die Beziehung des Substantivs zum Genetiv die des Besitzers zum Besitze, des Verursachers zum Verursachten, des Theiles zum Ganzen sei, dies und vieles Andere wird nicht ausgedrückt, sondern hinzuverstanden; vgl. darüber u. a. die Bemerkungen von Kühner S. 285, der nur darin irrt, dass er den Begriff der Trennung und Scheidung unter den Genetiv subsumiren möchte, während dieser Begriff in Wahrheit zum Ablativ gehört.

Diese Verbindung eines Substantivums mit einem Genetiv ist natürlich uralt, doch differiren die Gewohnheiten der Sprachen im Einzelnen. Vergleicht man z. B. das Sanskrit und Griechische mit einander, so wird man auf Seite des Sanskrit ein minus finden, einmal weil im Sanskrit die verbale Construction von Substantiven häufiger ist als im Griechischen — so kann man z. B. sagen *mám kámena* „aus Liebe zu mir" —, theils weil das Sanskrit nicht selten da Composition anwendet, wo die übrigen Sprachen genetivische Verbindungen bevorzugen. Lege ich bei der Vergleichung die Kategorien zu Grunde, welche Curtius in seiner Schulgrammatik aus praktischen Gründen aufstellt, so finde ich die erste *Σωκράτης ὁ Σωφρονίσκου υἱός* im S.

wie im Gr., die zweite ἡ οἰκία τοῦ πατρός ebenso. Unter 3 führt
Curtius τεῖχος λίθου und δέπας οἴνου an. Ob zu dem sog. Genetiv des
Stoffes sich im alten Sanskrit schlagende Analoga finden, weiss ich
nicht zu sagen, in anderen indog. Sprachen, z. B. im Litauischen sind
sie vorhanden (Kurschat, Grammatik der littauischen Sprache § 1496),
zu δέπας οἴνου dagegen stimmen Wendungen wie *mádhunas dṛítis* ein
Schlauch Meth. Die vierte Kategorie, den partitiven G. kennt das S.
wie das Gr. Unter 5 steht bei Curtius ὁ φόβος τῶν πολεμίων in subjectiver und objectiver Hinsicht, beides im Sanskrit ebenso, z. B
yamásya mā yamyàṃ kắma ắgan mich *Yamī* hat Liebe zu *Yama*
ergriffen Rv. 10, 10, 7; *devắnām ắgas* ist gleich θεῶν ἄγος u. a. m.
Für die noch weiter von Curtius angeführten Kategorien weiss ich —
vielleicht zufällig — treffende Analoga nicht anzuführen.

Zu dem sog. partitiven Gen. sind wohl auch mit Kühner die
Gen. bei Adverbien des Ortes und der Zeit zu rechnen (§ 414 c.). Zu
γῆς in ποῦ γῆς führt Hübschmann ein genaues Analogon aus dem Zend
an. Mit τρὶς τῆς ἡμέρας vergleicht sich im Sanskrit *tríḥ samvatsará-*
sya dreimal im Jahre. Auch diese Verbindungen scheinen proethnisch.

Der Genetiv bei Verben.

Ein grosser Theil des Genetivs bei Verben lässt sich verstehen,
wenn man ihn mit dem Accusativ in Parallele stellt, wobei an den
Ausspruch von Jacob Grimm erinnert werden mag: „der Accusativ
zeigt die vollste entschiedenste Bewältigung eines Gegenstandes durch
den im Verbo des Satzsubjects enthaltenen Begriff. Geringere Objectivi-
sirung liegt in dem Gen., die thätige Kraft wird dabei gleichsam nur
versucht und angehoben, nicht erschöpft.“ Es liegt auf der Hand, dass
auch dieser Gebrauch der Annahme, der Gen. sei ein Adjectivum, nicht
widerstrebt. „Des Kalbes essen“ kann ursprünglich gewesen sein:
„Kälbernes essen.“

Wie man aber auch hierüber urtheilen mag, jedenfalls kann man
den Parallelismus zwischen Accusativ und Genetiv zur Feststellung der
Terminologie und Anordnung benutzen. Ich nenne also den in diesem
Abschnitt zu besprechenden Gen. den accusativischen, und ordne
ihn nach ähnlichen Gesichtspunkten wie den Accusativ. Dabei will ich
mich der Bedeutungskategorieen unter den Verben bedienen, welche
Kühner aufgestellt hat.

Es kommen deshalb zuerst diejenigen Gen. in Betracht, welche
dem Acc. des äusseren Objects entsprechen, d. i. bei den Verben der

Mittheilung, z. B. *dā* geben, *dádad usríyānām* der Kühe gebend Rv.
7, 75, 7, *yaj* opfern, *ájyasya yajet* er soll Butter opfern und andere
Verba ähnlicher Bedeutung, vgl. Siecke, de genetivi in lingua sanscrita
imprimis vedica usu, Berlin 1869 (diss.) 36, Kühner 294. Sodann die
Verba des Geniessens, Essens, Trinkens, Sättigens, *πίνειν γεύεσθαι* u. s. w.
(Kühner 305), im Sanskrit *ad* und *aç* essen, *pā* trinken, *jush γεύεσθαι*
u. s. w. (Siecke 35). Auf derselben Stufe stehen die Gen. bei Verben
des sinnlichen und geistigen Wahrnehmens K. 308, womit indische
Verba, wie *çru* hören, *cit* bemerken, *vid* wahrnehmen, zu vergleichen
sind, S. 47. So auch die Gen. bei Verben des Erinnerns und Vergessens
K. 313, im Sanskrit *kar* gedenken, *man* an etwas denken, *smar* sich
erinnern S. 50. Auch die Verba des Herrschens, welche Kühner fälschlich mit den Verben des Uebertreffens zusammenstellt, die vielmehr mit
dem ablativischen Gen. verbunden werden, haben seit uralter Zeit den
Genetiv bei sich S. 56. Wir können uns den Unterschied zwischen
Acc. und Gen. anschaulich machen, wenn wir übersetzen: Gewalt haben
an jemand. Theils mit dem Acc. des äusseren, theils mit dem Acc. des
inneren Objects sind die Gen. bei den sog. verba affectuum (Kühner S. 324)
in Parallele zu stellen. Dass der Kern auch dieser Verbindungen proethnisch ist, zeigt die Construction von *prī* sich freuen, *tarp* sich
ergötzen, *dvish* hassen, *druh* nachstellen u. s. w. (S. 39 u. 42).

Die Verba der Rache, Vergeltung, Anklage, Verurtheilung haben
im Lat. denselben Genetiv, aus dem Sanskrit weiss ich etwas genau
entsprechendes nicht anzuführen.

Mit dem Acc. des inneren Objects lässt sich der Gen. nach *ὄζειν*,
z. B. *ὄζων τρυγὸς τρασιᾶς ἐρίων περιουσίας* (Arist.) vergleichen. Man
findet Acc. und Gen. bei denselben Verben, z. B. bei Anacreon *πόθεν*
μύρων πνέεις und bei Homer *μένεα πνείοντες*, bei Pindar Ol. 3, 23: *οὐ*
καλὰ δένδρε' ἔθαλλεν χῶρος, bei Homer ε 72: *λειμῶνες μαλακοὶ ἴου*
ἠδὲ σελίνου θήλεον, Stellen bei denen man das Treffende des oben
citirten Grimmschen Ausspruches über den Unterschied von Acc. und
Gen. deutlich empfindet. Aus den verwandten Sprachen liegt mir nichts
direct Vergleichbares vor. Jedenfalls aber entfernt sich auch dieser
Gen. nicht von jenem accusativischen Gebrauche des Gen., den wir
nach dem bisher Beigebrachten schon für die proethnische Zeit annehmen
müssen.

Mit dem Acc. des Zieles ist in Parallele zu stellen der Gen. des
Zieles bei den Begriffen des physischen und geistigen Tastens, Greifens,
Langens, des hastigen Bewegens, des geistigen Strebens und Verlangens,
des Zielens nach etwas (K. 301). Der Gen. des Zieles findet sich

namentlich auch im Slavischen (Miklosich 501). Ob er im Sanskrit anzuerkennen ist, soll hier nicht erörtert werden. Zur Erklärung dieses Gebrauches wolle man sich an den sog. Accusativ des Zieles erinnern. Sowohl in dem Acc. wie in dem Gen. liegt nur eine Ergänzung des Verbums, die wir als Ziel auffassen. Der Genetiv in ὡρμήϑη δ' Ἀκάμαντος Σ 488 ist nicht anders zu erklären als der Acc. in ὁρμωμένῳ νερτέρας πλάκας Soph. Oed. Col. 1576. Andere Verba, die Kühner anführt, können, wie er selbst bemerkt, als Transitive mit dem Acc. verbunden werden, z. B. ἐπιμαίεσϑαι, so dass man dann die Analogie des Objectsaccusativs anziehen muss. Indessen ist schon bei dem Accusativ gezeigt, dass alle diese Scheidungen nur relativen Werth haben. Der Gen. verbindet sich mit dem Verbum in gleich unmittelbarer Weise wie der Accusativ, unterscheidet sich aber von dem letzteren in der von Grimm definirten Weise.

An diese Verba schliessen sich nahe an die Verba der Annäherung und des Begegnens (Kühner 302). Ich bemerke dazu nur, dass bei ihnen auch der Accusativ erscheinen kann, z. B. ἀντήσω γὰρ τοῦ δ' ἀνέρος Π 423 und ἐμὸν λέχος ἀντιόωσαν Α 31.

Die Analogie des doppelten Accusativs ist bei denjenigen Verben heranzuziehen, welche mit einem Acc. und Gen. verbunden werden.

Dahin gehören namentlich die Verba des Füllens (Kühner 304, der aber fälschlich auch die Verba des Mangels erwähnt, welche vielmehr mit dem Abl. construirt werden). Im Sanskrit werden par anfüllen und ähnliche Verba mit dem Gen. oder Instr. construirt, wie ja auch im Griechischen der instrumentale Dativ auftritt. Die gleiche Construction liegt auch in anderen Sprachen vor, so dass an dem proethnischen Character der Construction πιμπλάναι τί τινος nicht gezweifelt werden kann. Zur Verdeutlichung des Entstehens dieses proethnischen Typus denke man an den doppelten Acc. bei Berauben. Wie man sagt: „jemand berauben etwas," so sagt man auch: „jemand beschenken, füllen etwas," dieses etwas aber, weil man dabei nur einen Theil einer grösseren Masse im Sinne hat, tritt in den Genetiv.

Dieselbe Analogie dürfte anzuwenden sein bei den von Kühner 320 erwähnten Ausdrücken: ποιεῖσϑαι τιμᾶσϑαι τι πολλοῦ, die Verba des Kaufs und Verkaufs u. ähnl. Derselbe Genetiv liegt auch sonst in indogermanischen Sprachen vor, so im Lat. und Slavischen (Miklosich S. 508). Das Sanskrit hat bei den Verben des Kaufens u. s. w. den Instrumentalis, der auch im Griech. vorkommt, (z. B. ἔνϑεν ἄρ' οἰνίζοντο κάρη κομόωντες Ἀχαιοί, ἄλλοι μὲν χαλκῷ, ἄλλοι δ' αἴϑωνι σιδήρῳ

u. s. w.), doch findet sich ein Anknüpfungspunkt an die genetivische
Construction des Griech. in der von Pānini überlieferten Verbindung
von *div* spielen mit dem Gen. des Einsatzes, z. B. *çatasya dīvyati*
„er spielt um hundert," wie im Griech. τρίποδος περιδώμεϑον, ἀργυρίου
πρίασϑαι u. s. w. Nach der bisher erprobten Erklärung des Gen. bei
Verben müssen wir auch in diesem Falle auf die Analogie des Accusativs zurückgehen. In der That findet er sich im Sanskrit, z. B. *gắm
dīvyante* sie spielen mit einander um eine Kuh. Dieser Acc. ist eine
unmittelbar verständliche Ergänzung des Verbums, für den der Gen.
dann eintreten konnte, wenn sich um etwas handelte, das als der Theil
eines grösseren Ganzen erschien, z. B. Gold. Dabei bezeichnen natürlich weder Acc. noch Gen. den Einsatz oder Preis als solchen, sondern
nur eine Ergänzung des Verbums, welche selbstverständlich nur in
solchen Fällen in dieser einfachen Form auftreten kann, in welchen ein
Missverständniss nicht zu befürchten ist. Eine Schwierigkeit nun könnte
wohl eintreten, wenn noch ein Accusativ hinzukommt, dann hätte man
einen Accusativ des Gegenstandes, und einen des Preises. Das Zend
hat eine solche Schwierigkeit nicht gescheut (vgl. Hübschmann S. 201
unten) im Griechischen aber steht neben dem Acc. des Gegenstandes
niemals mehr der Acc. des Preises, sondern stets der Gen. So stammt
denn vermuthlich auch dieser Typus des Genetivs aus proethnischer
Zeit. Im Griechischen hat sich der Typus befestigt und erweitert, im
Sanskrit ist er durch den Instrumentalis verdrängt worden.[1]

Uebersieht man nun die hier vorgeführten Verba und vergleicht
mit dem griechischen Gebrauch den lateinischen, so findet man den
letzteren viel enger. Dass diese Enge nicht das Alterthümlichere ist,
macht die Vergleichung mit dem Deutschen, Slavischen und namentlich
dem Sanskrit wahrscheinlich. Aber auch das Sanskrit erreicht nicht
ganz den Reichthum des Griechischen. Zwar mag mir manches aus
dem Sanskrit entgangen sein, immerhin aber ist mir wahrscheinlich,
dass auch bei genauerer Durchforschung des Sanskrit sich ein minus
auf Seiten dieser Sprache im Vergleich mit dem Griechischen heraus-
stellen wird. Wo liegt nun das Aelteste? Mit Sicherheit weiss ich
diese Frage nicht zu beantworten, doch erscheint mir wahrscheinlich,
dass das Griechische dem indogermanischen Zustand am nächsten
kommt. Von Interesse sind namentlich die Verba des Berührens,
Fassens, Langens, Erreichens, welche, so viel ich sehe, im Sanskrit
nicht mit dem Gen. verbunden werden, sondern mit dem Acc. Ihrem

---

1) Den Gen. des Spiels im Slavischen s. Miklosich S. 511.

Sinne nach aber könnten sie, wenn die Grimmsche Unterscheidung des Accusativ- und Genetivsinnes, wie ich nicht zweifle, das Richtige trifft, ganz wohl den Genetiv bei sich haben. Es kommt mir nun natürlicher vor, anzunehmen, dass der häufigste Objectscasus, der Acc., im Sanskrit sich auf diese Verba ausgedehnt habe, als zu glauben, dass das Griechische die natürliche Construction dieser Verba ex propriis eingeführt habe. Somit erscheint es mir wahrscheinlich, dass die Hauptmasse aller dieser griechischen Constructionen proethnisch sei.

Der prädicative Genetiv.

Bei dem Verbum sein erscheint ein Gen., bei dem wir das Verbum durch zugehören, angehören, zukommen u. s. w. übersetzen. Dass dieser Typus proethnisch ist, kann keinem Zweifel unterliegen (vgl. für das Sanskrit Siecke 32, für das Zend Hübschmann 273). Was die Erklärung betrifft, so sagt Grimm: „Bei den Verbis sein und werden findet sich ein Gen., den man den prädikativen nennen möchte, weil er sich leicht in ein substantives oder adjectives Prädikat auflösen lässt." In der That liegt diese Auflösung begrifflich sehr nahe. Ἐγένετο Μεσσήνη Λοκρῶν können wir bequem übersetzen: Messene war (wurde) lokrisch. So wäre auch in diesem Falle die Auffassung des Genetivs als eines Adjectivums möglich, nur dass das Adjectivum hier wie ein Nominativ aufzufassen wäre, während wir die Gen. bei den übrigen Verben nach Analogie von Accusativen beurtheilt haben. Freilich könnte man auch die Vermuthung aufstellen, dass in uralten Zeiten auch bei dem verb. subst. die unmittelbare Ergänzung im Acc. habe stehen können, worüber ich mir an dieser Stelle kein Urtheil erlaube.

Der Genetiv bei Adjectiven.

Im Sanskrit findet sich der Gen. bei Adjectiven, wie priyá lieb, bei Participien, wie pūrṇá voll u. a. m. (Siecke p. 29). Im Rigveda habe ich unter den eigentlichen Adjectiven nur priyá gefunden, bei Pāṇini werden noch andere angeführt, die Siecke verzeichnet. Offenbar ist priyá wie ein Substantivum construirt, indrasya priyás heisst ein Indrascher Freund. So ist auch die Construction von φίλος im Gr. aufzufassen. Der Gen. fungirt als ein Adjectivum. Dagegen bei dem Participium pūrṇá voll ist die Construction mit dem Instr. oder Gen. von dem Verbum herzuleiten. Namentlich im Sanskrit kann man ja häufig sehen, wie das Adj. seine Rection von dem zu ihm gehörigen

Verbum bezieht, z. B. *jágmi* hingehend zu mit A. oder L., *jághni* schlagend, *dadí* gebend, *didŗikshú* sehen wollend mit dem A. und viele andere. Ebenso ist griech. πλέος u. s. w. zu beurtheilen und überhaupt die Adjectiva, welche kundig, eingedenk, mächtig, fähig, werth u. s. w. bedeuten.

Auch hier wieder lässt sich also nachweisen, dass der Typus proethnisch ist, aber er ist im Griechischen, wie es scheint, erweitert worden.

Der sogenannte locale und temporale Genetiv.

Ich habe früher die Meinung geäussert, dass eine Anzahl von Genetiven bei Homer, die als ortsbestimmend erscheinen, als Vertreter des alten Localis anzusehen sein, habe aber jetzt diese Ansicht, bewogen durch die Einwände anderer und eigene weitere Studien aufgegeben. Ich kann, (da ich jetzt auch den absoluten Gen. nicht mehr mit dem absoluten Loc. des Sanskrit vergleiche, sondern mit Classen als eine speciell griechische Entwicklung ansehe) jetzt nicht mehr die Ansicht theilen, dass im griechischen Gen. auch ein Rest des alten Loc. stecke, sondern finde in ihm nur den alten Genetiv, vereinigt mit grossen Stücken des alten Ablativs. Ich hatte früher ALJ. S. 29 folgende griech. Gen. als Vertreter des Loc. betrachtet: Ortsangaben, wie ἢ οὐκ Ἄργεος ἦεν ᾽Ιχαιικοῦ γ 251. Jetzt lege ich mit Hentze, Philologus 28 Bd. 3 S. 513 Gewicht darauf, dass in den hierher gehörigen Fällen eine Negation steht, die man etwa als „nirgend" übersetzen kann, und fasse also Ἄργεος so auf, wie γῆς in ποῦ γῆς. Ferner habe ich die bekannte Wendung ἕζετο τοίχου τοῦ ἑτέρου setzte sich hin an die andere Seite, locativisch aufgefasst. Jetzt möchte ich die Frage aufwerfen, ob etwa eine Weiterbildung des Gen. bei den Verben des Strebens nach etwas hier vorliegen möchte. Endlich habe ich λελουμένος ᾽Ωκεανοῖο, θέρεσθαι πυρός u. ähnl. hierher gezogen. Eine recht befriedigende Erklärung weiss ich auch jetzt nicht zu geben, und begnüge mich daher, den Leser auf die Erörterung von Hentze a. a. O. zu verweisen.

Ferner ist zu erwähnen, dass ich den Gen. πεδίοιο in θέειν πεδίοιο früher als Nachklang des Instrumentalis aufgefasst habe. Mit Unrecht, denn es führt im Gr. keine Brücke vom Instr. zum Gen. Es wird also, da an den Ablativ ebenso wenig zu denken ist, auch dieser Typus aus dem echten Gen. zu erklären sein. Eine Anknüpfung an den „partitiven" Genetiv haben Hentze a. a. O. und la Roche, Homerische Studien 180 versucht. Darf man die Construction an den ursprünglichen Sinn des Gen. anknüpfen, so wäre sie nicht schwer zu erklären.

Denn nach dem was ich über das Verhältniss des Gen. zum Acc. erörtert habe, wäre πεδίοιο θέειν ein Analogon zu πλεῖν θάλασσαν. Ob aber die Construction uralt sei, das ist eine Frage, zu deren Beantwortung, so viel ich sehe, das Material fehlt. Ich lasse also die Erklärung dahingestellt.

Wie Genetive, wie αὐτοῦ ποῦ u. s. w. zu deuten sind, ist mir ebenfalls nicht recht klar. Proethnisch scheint mir dieser Gebrauch nicht zu sein. Sollte er etwa in Anlehnung an die Gen., wie νυκτός u. s. w., erst im Griechischen aufgekommen sein?

Ueber diese temporalen Gen. habe ich Folgendes zu bemerken: Θέρους χειμῶνος ἡμέρας νυκτός u. s. w. (Kühner p. 323) bedeuten bekanntlich „im Sommer, im Winter" u. s. w. Dieselbe Gebrauchsweise liegt, wenn auch nicht bei so viel Wörtern vorkommend, im Sanskrit vor, z. B. *aktós* in der Nacht, *vástos* am Tage. Im Zend dasselbe (Hübschmann 279). Siecke und Hübschmann sehen auch in diesem Falle den Gen. als ein Adjectivum an: („er kam Nachts" wird ausgedrückt als „es kam als der in der Nacht, als der nächtliche"), was ja freilich mit sonstigen griechischen Gewohnheiten stimmt. Wie man nun auch diesen Gebrauch zurechtlegen mag, jedenfalls ist er keine Erfindung des Griechischen, sondern proethnisch.

Somit ergiebt sich als das Resultat dieser Erörterung, dass als ein proethnischer Typus nur der temporale Genetiv mit Sicherheit zu betrachten ist. Ob auch ein localer Gen. in vorgriechischen Zeiten vorhanden war, diese Frage wage ich nicht zu bejahen. Ich glaube deshalb diejenigen Genetive, welche, wie αὐτοῦ ποῦ entschieden local sind, eher als specielle modernere Errungenschaften des Griechischen auffassen zu sollen. Andere Genetive, die ich früher als locale auffasste, deute ich jetzt anders, leugne aber nicht, dass auch bei meiner jetzigen Auffassung manche Schwierigkeiten übrig bleiben.

Von dem echten Genetiv sind im Griechischen kaum Adverbien hergeleitet. Die Pronominaladverbien, wie ποῦ πανταχοῦ u. s. w sind schon erwähnt.

Kühner führt noch ἔνης an, und ergänzt dabei richtig ἡμέρας. Pott hat wohl zuerst gesehen, dass ἔνη heisst „der alte Tag," wie νέα „der neue."

Hiermit sind die hauptsächlichsten Gebrauchsweisen des Gen. im Griechischen erwähnt, welche dem Gebiet des reinen Gen. anzugehören scheinen. Es hat sich uns dabei Folgendes ergeben:

Als proethnisch ist in der Mehrzahl seiner Gebrauchsweisen erwiesen der Typus des Gen. bei Substantiven, ebenso des Gen. bei Verben sehr verschiedener Bedeutung, des Gen. bei Adjectiven und der temporale Gen., während über das Alter des sog. localen Genetivs Zweifel bleiben. Es scheint mir nun gar keinem Zweifel unterworfen, dass diese höchst verschiedenartigen Gebrauchsweisen als im Sprachbewusstsein innerlich getrennte Typen überliefert worden sind. Das Gemeinsame war die Form des Gen., dass aber ein Zusammenhang des Sinnes zwischen den verschiedenen Functionen empfunden sein sollte, ist nach dem was wir an unserem eigenen Sprechen beobachten können, ganz unglaublich. Die gleiche Ueberlieferung in getrennten Typen muss, da die verschiedenen Gebrauchsweisen, wie gezeigt worden ist, schon in der Grundsprache vorhanden waren, auch für diese angenommen werden. Nun aber will uns der Gedanke nicht in den Sinn, dass eine derartige Vielheit von allem Anfange an da gewesen sei, sondern wir suchen hinter der Vielheit die Einheit des Begriffes, oder historisch ausgedrückt: wir fragen, welchen Sinn die Form des Genetivs bei ihrer Entstehung hatte. Zur Beantwortung dieser Frage hat man die Hypothese aufgestellt, der Gen. sei ursprünglich der Stamm eines Adjectivums, und sucht aus dieser Hypothese heraus die Bildung der verschiedenen Typen zu begreifen.

So bin auch ich im Vorstehenden verfahren, doch bin ich der Sinnesweise nicht unzugänglich, welche ein Eingehen auf solche Ursprungshypothesen überhaupt abweist. Stellt man sich streng auf den historischen Standpunkt, so gehört ja eine Betrachtung über den Grundbegriff überhaupt nicht in die Syntax der Einzelsprache, für die es genügend ist, die etwaigen neuen Gebrauchstypen von den alten zu sondern. Die Ermittlung des Grundbegriffs mag dann der indogermanischen Flexionsgeschichte überlassen bleiben.

Wenn ich es dennoch vorgezogen habe, meiner Darstellung eine glottogonische Hypothese zu Grunde zu legen, welche, wie ich zugestehe, nicht demonstrirbar ist, so ist das geschehen, weil sich auf diesem Wege ein übersichtliches Gesammtbild des Genetivgebrauches erzielen liess.

Der ablativische Bestandtheil des Genetivs.

Der Ablativ des Indogermanischen bezeichnete, wie aus der Vergleichung der indogermanischen Sprachen unzweideutig hervorgeht, dasjenige von dem etwas weggeht oder ausgeht, den Trennungs- oder Ausgangspunkt (vgl. meine oben S. 37 angeführte Schrift). Im Lateinischen hat er sich mit dem Instr. und Loc., im Griechischen

mit dem Genetiv vereinigt. Ich führe zunächst im Anschluss an meine
eben citirte Schrift diejenigen Verbindungen an, in welchen im Griech.
der ablativische Genetiv erscheint, und erörtere dann die Gründe des
Zusammenfallens der beiden Casus. Es erscheint der Ablativ bei den
Verben, welche bedeuten: kommen von her, aufstehen von (wie
βάϑρων ἵστασϑε Soph.), weichen (χάζοντο κελεύϑου Hom.), fernhalten,
fliehen (τῆς νόσου πεφευγέναι Soph.), verlustig gehen, berauben. Dazu
die Adjectiva κενός, γυμνός, welche übrigens eine Brücke zwischen Gen.
und Abl. bilden. Hierher gehört auch das homerische δεύομαι, attische
δέομαι, und activisch δεύω und δεῖ. Im Anschluss an Leo Meyer in
Kuhns Zeitschrift 14, 87 meine ich, dass δεύομαι ursprünglichst bedeutet
„sich von etwas fern halten" (vgl. sanskr. dūrá fern) δεύω „fern sein
von, verfehlen," also: ἐδεύησεν δ' οἴηιον ἄκρον ἱκέσϑαι ι 540 bedeutet:
er war (noch gerade) fern davon, verfehlte es, das Steuerruder zu
treffen. So heisst denn τί δεῖ eigentlich: was ist fern, fehlt noch?
dann: was ist nöthig? Natürlich meine ich nicht, dass bei Homer, wo
das Verbum schon ein langes Leben hinter sich hat, noch diese Bedeutung durchscheine, ich habe nur zeigen wollen, wie aus der durch
die Etymologie erschliessbaren Grundbedeutung die bei Homer auftretenden Gebrauchsweisen sich entwickelt haben mögen. Die Construction von δεῖ mit dem Accusativ der Sache und dem Gen. der
Person, welche im Griechischen keineswegs alt ist (s. Krüger, Poet.
Dial. Syntax § 57, 16 Anm. 2) hat sich wahrscheinlich nach χρή με τινός
gerichtet. Dieses selber aber ist, wenn es ursprünglich ein Nom. Sing.
war, durch eine Art von Abkürzung zu dieser Construction gekommen.
Die ursprüngliche Construction scheint gewesen zu sein: χρειώ με τινὸς
ἵκει das Bedürfniss nach etwas kommt zu mir. Da aber der Begriff des
Kommens nicht lebhaft und anschaulich empfunden wurde, so konnte
γίγνεσϑαι und εἶναι dafür eintreten, mit Beibehaltung der Construction.
Ist aber χρή ein ꞓechtes Verbum (was ich dahin gestellt sein lasse), so
ist die Annahme, dass es auf die Construction von δεῖ eingewirkt habe,
natürlich ebenso unbedenklich. Es haben ferner ablativische Construction
die Verba: ausziehen, fernhalten, lösen, retten, schützen (vgl. σώσας
μὲν ἐχϑρῶν τήνδε Καδμείαν χϑόνα Soph.), dann mit etwas anderer Wendung des Sinnes: herrühren von, herstammen, erzeugt werden aus.
Mir erscheint es, wenn man den Gebrauch der verwandten Sprachen
und die vicarirenden Präpositionen erwägt, wahrscheinlich, dass in
Wendungen, wie πατρὸς ἐσϑλοῦ πεφυκέναι (Eur.) πατρός ablativischer
Genetiv sei (vgl. ἐξ und ἀπό bei γεγονέναι, Kühner p. 318 Anm. 3),
es ist aber anzuerkennen, dass hier eine Brücke vom Abl. zum Gen.

vorliegt, und bei Participien mit passiver Bedeutung vielleicht auch der reine Gen. angenommen werden kann. Ferner findet sich der Abl. bei den Verben: ergiessen (vgl. *πίθων ἠφύσσετο οἶνος* Hom.), trinken aus einem Gefäss, bringen von her, empfangen. *Δέχεσθαι* wird entweder mit dem Abl. dessen von dem, oder dem Loc. dessen bei dem man etwas empfängt, verbunden. Die Construction von *ἀκούω* verstehe ich folgendermassen: Wenn nur ein Casus bei *ἀκούω* steht, so ist dies, sobald es sich um das Gehörte handelt, der accusativische Gen. (*ἀκούω κραυγῆς*), auch bei einer Person kann dieser Gen. ohne Bedenken angenommen werden, wie auch wir sagen „Jemand hören," dagegen wenn zwei Casus mit *ἀκούω* verbunden sind, bleibt, da der Acc. für den Gegenstand in Anspruch genommen ist, für die Person nur der Ablativ übrig. Ich meine also, dass in *τόγε μητρὸς ἐπεύθετο*, der Gen. *μητρός* ein ablativischer sei. (Die Belege bei Kühner S. 309, vgl. auch 310 Anm. 8). Ferner kommen in Betracht die Verba: übertreffen, nachstehen, vorziehen. Ursprünglich im Ablativ scheint auch der Stoff zu stehen, aus dem etwas gebildet wird (*γαίης σύμπλασσε* Hes.), doch ist hier wieder die Grenze gegen den Gen. fliessend.

Soweit der Ablativ in naher Verbindung mit Verben. Es bleibt noch übrig der Abl. bei Comparativen. Die Vergleichung des Sanskrit, Zend, Lat. machen es unzweifelhaft, dass dieser griechische Gen. ein Ablativ ist. Auch der Superlativ in gleicher Verwendung wie der Comp. ist proethnisch. Ferner bemerke ich noch, dass die Construction mit dem reinen Casus die ältere ist, jünger der Ersatz durch *ἤ*. Im Sanskrit findet sich eine ähnliche Partikel nicht. Wie *ἤ* zu dieser Verwendung gekommen sei, ist noch nicht recht ermittelt (auch durch Schömann nicht). Endlich habe ich Abl. loc. instr. S. 19 noch die Frage angeregt, wie denn Gen., wie *μέτεισιν οὐ μακροῦ χρονοῦ* Soph. El. 478; *τὸν ἄνδρ' ἔοικεν ὕπνος οὐ μακροῦ χρόνου ἕξειν* Phil. 821; *ἥξοντα βαιοῦ κοὐχὶ μυρίου χρόνου* Oed. Col. 397 aufzufassen sein. Im Sanskrit heisst *saṃvatsarāt* „nach Verlauf eines Jahres," und es liessen sich also die griechischen Gen. vielleicht als Abl. fassen. Ich wage nicht darüber zu urtheilen, weil es mir an Kenntniss des Vorkommens dieser Gen. im Griech. selbst fehlt.

Adverbia aus dem Ablativ.

Aus dem Ablativ sind die Adverbia auf - *ως* zu erklären. Es ist ein sicheres Ergebniss der vergleichenden Sprachforschung, dass - *ως* der Ausgang des Ablativs zweiter Declination ist, und dem indischen - *āt* entspricht, (wobei es gleichgültig ist, wie man sich das Verhältniss des griechischen ς zu dem indogermanischen T-Laut denkt). Es gebührt also der Ausgang -ως ursprünglich auch nur Adj. dieser Declination, und ist von ihnen auf die anderen übertragen, ἡδέως, σωφρόνως u. s. w. sind eine Nachahmung von καλῶς u. ähnl. Dass man diesen Thatbestand auch noch am Griechischen verfolgen kann, insofern bei Homer noch die Adverbien von Adj. zweiter Decl. überwiegen, ist öfter ausgeführt worden. Wie hat man sich nun den Uebergang vom Ablativ zum Adverbium zu denken? Zunächst ist wohl klar, dass bei einem Adverbium wie καλῶς nicht etwa ein Substantivum zu ergänzen ist, welches dann Masc. oder Neutr. sein könnte, sondern dass καλῶς Ablativ des Neutrums des selbständig gebrauchten Adjectivums ist, in der Art, wie wir beim Accusativ Adverbien aus Neutris der Adjectiva entstehen sahen. Wie soll man nun aber den Uebergang der Casus-Bedeutung zur adverbiellen sich vorstellen? Ich vermuthe, dass die Ablative von Pronominibus den Anstoss gegeben haben. Wir haben nämlich auch im Sanskrit einige Ablative von Pronominibus in adverbialer Bedeutung, namentlich *át, tát* und *yát*. *át* hat nach Grassmann die Bedeutungen: darauf, dann, da, nun, ferner. *Tát* (τώς), das nur einmal belegt ist, heisst „auf diese Weise," und *yát* (ὡς), das ebenfalls selten ist „in soweit als, so lange als." Es haben also die dem griechischen τώς und ὡς entsprechenden Ablative auch im Sanskrit nicht locale, sondern irgendwie modale Bedeutung. Die Entwicklung der Bedeutung von *tát* dürfte dann diese gewesen sein: „von diesem aus, aus dieser Veranlassung, unter diesen Umständen, auf diese Weise," wobei man immer bedenken muss, dass die Bedeutungsentwicklung nicht genau die logische Strasse geht, sondern vielmehr von der Association der Vorstellungen dictirt wird. Sind nun einmal τώς und ὡς vorhanden, so entstehen auch πῶς, und man kann sich leicht vorstellen, wie auf ein πῶς mit καλῶς u. ähnl. geantwortet wird. Dazu kommt dann, dass diese Bedeutung um so festeren Fuss fassen konnte, weil die anderen Gebrauchsweisen des Ablativs, auf andere Formen, namentlich den Genetiv, übertragen wurden.

Vermuthungen über die Gründe des Zusammenfliessens von Ablativ und Genetiv.

An der Thatsache, dass in dem griechischen Gen. sich der proethnische Gen. und Ablativ vereinigen, kann meines Erachtens nicht gezweifelt werden. Es fragt sich nun, wie hat sich diese Vereinigung vollzogen?

Dass die Bedeutung eines Casus von einem anderen absorbirt wird, ist keine seltene Erscheinung. So ist im Altpersischen der Dativ verschwunden und seine Funktionen sind auf den Gen. übergegangen. In diesem Falle giebt das spätere Sanskrit einen Schlüssel, insofern im späteren Sanskrit allerhand Funktionen des Dativs auf den Genetiv übergegangen sind, so dass man z. B. *dā* geben nicht mehr mit dem Dativ der Person, sondern mit dem Gen. verbindet. Demnach dürfte im Altp. der Gang der gewesen sein, dass der Dativ ebenso wie im Sanskrit allerhand Gebrauchsweisen an den Gen. abgegeben hat, und endlich als eine selten angewendete Form in Vergessenheit gerathen ist, so wie z. B. in gewissen deutschen Dialekten das einfache Präteritum durch das zusammengesetzte aus dem Gedächtniss der Sprechenden verdrängt worden ist. Auch in den romanischen Sprachen liegt der Process der Casusverarmung vor. Ich verweise diejenigen Leser, welche sich über die keineswegs einfache Frage orientiren wollen, auf einen Aufsatz von Ascoli „das romanische Nomen" in seinen trefflichen „kritischen Studien zur Sprachwissenschaft". Weimar 1878. Wenn man aus diesem Aufsatz ersehen hat, wie viel Mühe es gekostet hat, über einen gleichsam unter unseren Augen vollzogenen Process in's Klare zu kommen, so wird man sich nicht wundern, wenn auf dem uns hier beschäftigenden ungleich dunkleren Gebiet nur tastende Vermuthungen gewagt werden.

Man kann zweierlei Motive als wirksam denken, äussere und innere. Beide scheinen bei dem Aussterben des Ablativs wirksam gewesen zu sein.

Im Indogermanischen gab es — soweit man aus den vorhandenen Sprachen schliessen kann —, im Plural eine vom Genetiv verschiedene Form des Ablativs, welche ihrerseits mit dem Dativ zusammenfiel, wie im Lateinischen. Im Singular hatten die Stämme mit kurzem a (die sog. zweite Declination) eine besondere Form mit dem Ausgang -āt. Ob die anderen Stämme eine besondere Form des Ablativs hatten, darüber kann gestritten werden. Mir scheint es mit Rücksicht auf das Sanskrit und den Gāthādialekt wahrscheinlich, dass das nicht der Fall war, ich fasse mithin die zendischen und lateinischen Ablative, welche nicht den ă-Stämmen angehören, als Weiterbildungen dieser Sprachen auf und bin der Meinung, dass bei den übrigen Stämmen für Gen. und Abl. die gemeinsame Endung -as vorhanden war.´ Ist diese Auffassung richtig — was freilich, wie schon angedeutet ist, Zweifeln unterliegt — so zeigt das Sanskrit den Zustand, welcher dem indogermanischen entspricht.

Man könnte unter diesen Umständen sogar die Frage aufwerfen, ob denn wohl die Kategorie des Ablativs im Sprachbewusstsein der Inder festen Halt hatte, es wird aber kein Kenner des Sanskrit daran zweifeln, dass diese Frage mit ja zu beantworten ist. Die so ausserordentlich zahlreichen a-Stämme boten dieser Kategorie eine sehr bedeutende äussere Stütze. Wäre das nicht der Fall, hätten die Inder ein deutliches Bewusstsein vom Ablativ als einem besonderen Casus nicht gehabt, so müsste man erwarten, dass der Gen., welcher bei den anderen Stämmen mit dem Ablativ identisch ist, auch bei den a-Stämmen häufig mit ihm verwechselt würde. Dieser Fall nun ist in der älteren Sprache äusserst selten (Siecke pag. 59 hat selbst das Wenige was er anführt nicht als durchgängig sicher bezeichnet), in der späteren etwas häufiger, so z. B. wenn *bhī* fürchten nicht bloss wie im Veda mit dem Abl., sondern auch mit dem Gen. construirt wird. Dieser Vorgang nun ist für das Griechische belehrend. Das Griechische hat den Abl. plur., den es doch mit überkommen hat, früh verloren, um so leichter konnte die dem Abl. und Gen. der nicht-a Stämme gemeinsame Endung ος ein Zusammenfallen der Kategorie des Abl. u. Gen. auch bei den a-Stämmen veranlassen. Weil man sagte χάζεσθαι νηός, so sagte man auch χάζεσθαι κελεύθου.[1] Dazu dürfte nun noch gekommen sein, dass aus inneren Gründen sich die Grenze zwischen Abl. und Gen. verwischte. Dass die Gebrauchsweisen des Abl. und Gen. sich in einigen Punkten berühren müssen, kann man schon aus dem Umstande schliessen, dass es den Grammatikern, welche von der unhistorischen Auffassung eines einheitlichen griechischen Gen. ausgehen, doch bis zu einem gewissen Grade gelingt, den alten Ablativ beim Genetiv unterzubringen; wichtiger als dieser Umstand ist, dass einzelne Berührungen sich ungesucht auch demjenigen darbieten, der kein Interesse daran hat, alle Gebrauchsweisen der beiden Casus unter einen einheitlichen Grundbegriff zu nöthigen. Solche Berührungen finden sich z. B. bei den Verben und Adjectiven der Fülle und des Mangels. Wenn πλέος mit dem Gen. verbunden wird, so wird man auch sein Gegenbild κενός so construiren, eine Gleichmachung zu der um so eher Veranlassung gegeben ist, als gerade Gegensätze zu wirksamem Contrast parallel neben einander gestellt zu werden pflegen. Sodann haben wir den Abl. des Ursprungs als Nachbarn des Gen. kennen gelernt. In

---

1) Dabei wird natürlich davon abgesehen, dass die Formen νηός und κελεύθου im urgriechischen eine etwas andere Lautgestalt, ναϝός und κελεύθοιο gehabt haben. Der Ablativ wäre κελεύθω(ς) gewesen.

πατρός τραφείς könnte man *πατρός* als Gen. empfinden und übersetzen der Erzeugte des Vaters (während *πατρός* vermuthlich urspr. Ablativ ist). Wie *τραφείς* fasst man aber auch *γεγονέναι* auf, und so kommen die Verba, welche den Ursprung bedeuten, zu einer Verbindung mit dem Gen. Ferner haben wir einen Abl. des Stoffes kennen gelernt in *γαίης σύμπλασσε* u. ähnl. Es giebt aber neben Substantiven auch einen Gen. des Stoffes, so dass auch in diesem Falle die Ablativconstruction ans der Vorstellung der Redenden schwinden mochte. In diesen und ähnlichen Fällen sehen wir wie den überlieferten Genetivconstructionen alte Ablativconstructionen einverleibt wurden, so dass der Kreis des Ablativs immer kleiner wurde, bis endlich auch der Ablativ als grammatische Kategorie, als Theil der inneren Sprachform aus dem Gedächtniss der Sprechenden schwand.

Zum Verschwinden des Ablativs mögen ferner die Präpositionen wie *ἐξ ἀπό* u. s. w. beigetragen haben. Die Präpositionen wurden, wie gezeigt werden wird, im Laufe der Zeit immer wichtiger, es ward also natürlich auch der Drang geringer, neben und hinter der Präposition *ἐξ* oder *ἀπό*, welche allein schon das Ablativische hinreichend andeutete, noch in der Casusendung dieselbe Kategorie zur Anschauung zu bringen.

Endlich sei darauf verwiesen, dass auch der Casus auf -*φι* sich auf Kosten des Ablativs ausgedehnt hat.

Der Dativ.

Die Darstellung des Dativs bei Kühner schliesst sich an Rumpel an, und theilt mit diesem den Fehler, die historische Grundlage des griechischen Dativs zu ignoriren. Beide suchen für den Dativ einen einheitlichen Grundbegriff, und übersehen dabei, dass der Casus nicht ein einheitlicher, sondern ein zusammengesetzter ist, und zwar zusammengeflossen aus dem alten Dativ, Localis und Instrumentalis. Für den Singular lässt sich bekanntlich aus der Formenlehre noch der Beweis führen. Der Dativ der dritten Declination ist der Form nach ein Localis,[1] in der ersten und zweiten Declination hat in den meisten Dialekten der Dativ überwogen und ist die Form des Loc. nur in vereinzelten Exemplaren übrig geblieben, dagegen im elischen, arkadischen und wohl auch kyprischen Dialekte ist, so viel wir aus den geringen Resten sehen können, die Form des Dativs gegenüber der des Loc. zurückgetreten, so dass man für diese Dialekte nicht mehr von einem Dativ reden kann, der den alten Loc., sondern von einem Loc., der den

---

1) Doch vgl. G. Meyer in Bezzenbergers Beiträgen 1, 81.

alten Dativ in sich aufgenommen hat. Der Instrumentalis auf -ā des Indogermanischen ist zwar wahrscheinlich beim griechischen Nomen nicht mehr vorhanden, hat aber seine Spuren in Adverbialbildungen wie ἅμα zurückgelassen, dagegen ist der indogermanische Instr. auf -φι im homerischen Dialekt noch vorhanden. Ueber den Plural will ich hier keine Untersuchung anstellen, sondern nur die Vermuthung aussprechen, dass in der Form des Dat. pl. die alten Loc. und Instr. der Form nach zusammengeflossen sind. Wie dies aber auch sich verhalten mag, durch den Singular ist sichergestellt, dass auch das Griechische noch den Instr. und Loc. besass, und dass diese Casus nicht etwa in den andern indogermanischen Sprachen später nachgebildet worden sind. Ausserdem wird sich zeigen, dass in dem Gebrauch der drei Casus sich so viel Verbindungsglieder auffinden lassen, dass ein Zusammenfliessen der früher getrennten Gebrauchsmassen als natürlich erscheint Somit erscheint mir die Hypothese, dass in dem griechischen Dativ sich Dativ, Loc. und Instr. vereinigt haben, als hinreichend gesichert, und ich scheide also in der Darstellung diese drei Casus.

1) Der echte Dativ.

Den Dativ des vedischen Sanskrit habe ich in Kuhns Zeitschrift 18, 81 ff. behandelt, den zendischen Hübschmann S. 213 ff. Es erhebt sich auch bei diesem Casus die Frage nach dem Grundbegriff. Ich habe a. a. O. mit mehr Sicherheit als ich jetzt vertreten möchte, behauptet, die Grundbedeutung des Dativs sei die „Neigung nach etwas hin." Ich gebe jetzt Hübschmann recht, der die Auffassung des Dativs als eines rein grammatischen Casus für ebenso oder vielleicht mehr berechtigt erklärt. Danach wäre der Dativ der Casus, welchem die Aussage gilt. Ich vermag zwar so wenig wie Hübschmann eine Entscheidung zwischen den beiden Möglichkeiten mit Sicherheit zu treffen, neige aber jetzt mehr zu der Auffassung des Dativs als eines rein grammatischen Casus, weil mit dem echten Dativ keine Präpositionen verbunden werden (vgl. unten die Lehre von den Präpositionen).

Die Anordnung richtet sich wieder nach wesentlich praktischen Erwägungen. Ich lege diejenige zu Grunde, welche ich in Kuhns Zeitschrift a. a. O. gewählt habe, mit denjenigen kleinen Modificationen, welche meine veränderte Auffassung des ursprünglichen Dativbegriffs bedingt.

a) Der Dativ in enger Verbindung mit Verben oder Adjectiven. Es kommen namentlich in Betracht die Verba mit dem Begriff: Geben und Verwandtes, zeigen, sprechen zu, seine Aufmerksamkeit auf etwas richten, gnädig sein, helfen, zürnen, ebenso bei Adjectiven ähnlichen Sinnes, wie im Sanskrit *priyá* lieb u. a. Alle diese Verba erscheinen im Sanskrit wie im Griech. mit dem Dativ, und diese Constructionen sind also proethnisch. Bei einigen griechischen Verben, wie bei denen des Streites und der Gemeinschaft kann die Frage entstehen, ob der Dativ oder Instrumentalis vorliege, was bei diesem Casus erörtert werden soll. Manchmal kann die Beziehung des Verbums zum Dativ eine solche sein, dass wir sie als local auffassen (ähnlich wie das beim Accusativ entwickelt worden ist), z. B. im Sanskrit bei gehen, streben, sich neigen zu hin u. a. Auch im Griech. liegen solche Wendungen vor, z. B. ϑεοῖσι δὲ χεῖρας ἀνέσχον Γ 318, wobei man nicht an einen ursprünglichen loc. zu denken hat (vgl. unten).

Sicher dativisch ist die Verbindung mit dem Verbum substantivum, welche im Sanskrit ganz in derselben Weise vorliegt wie im Griechischen. Es bezeichnet der Dativ, wie Kühner treffend bemerkt, die Person für welche etwas vorhanden ist. Beispiele aus dem Sanskrit s. Kuhns Zeitschrift a. a. O. 91.

b) Der Dativ steht in loserer Beziehung zum Verbum oder der ganzen Aussage.

Dahin gehören der sog. Dativ des Interesses, commodi, incommodi (Beispiele aus dem Sanskrit s. a. a. O. S. 89), namentlich aber der finale Dativ, den ich a. a. O. 93 ff. mit vielen Beispielen aus dem Sanskrit belegt habe. Er wird uns bei der Behandlung des Infinitivs wieder begegnen.

Nicht selten findet sich bekanntlich im Griech. der Dativ bei Substantiven in einem solchen Sinne, dass man an seiner Stelle auch den Gen. erwarten könnte, z. B. ἁ Ϝϱάτϱα τοῖϱ Ϝαλήιοις καὶ τοῖς ἩϱϜαφίοις. Ueber die Analoga zu diesem Dativ in den verwandten Sprachen, namentlich dem Slavischen, vgl. Brugman, Ein Problem der homerischen Textkritik S. 138 ff. Mir scheint dass dieser Dativ, der vielleicht schon proethnisch ist, nur darum möglich geworden ist, weil die geläufige Construction des Dativs mit dem verbum subst. im possessiven Sinne vorschwebte.

2) Der locale Dativ.

Ueber den Loc. des Sanskrit habe ich ALJ. S. 28 bemerkt: „Nach Pāṇini dient der siebente Casus dazu, um alles das zu bezeichnen, was als Sphäre, Bezirk, Ort einer Handlung im weitesten Sinne, oder wie Böhtlingk es jetzt im Wörterbuche ausdrückt, als Behälter einer Handlung angesehen werden kann" und fügte dann hinzu, dass man· mit

Recht den Loc. des Zieles (z. B. *αἱματόεσσα δὲ χεὶρ πεδίῳ πέσεν*) als besondere Art abzweige. Nun macht Holzmann in der Zeitschrift für Völkerpsychologie und Sprachwissenschaft X, 182 ff. mit Recht darauf aufmerksam, dass eine solche Gliederung natürlich nur einen praktischen Zweck verfolgen kann und dass der Ausdruck Loc. des Zieles nicht so verstanden werden darf, als sei der Loc. der Casus des „schlechthinnigen Zieles," auch sei nicht etwa der Loc. ein Wo- und Wohin-Casus zu gleicher Zeit, sondern er habe immer ohne jegliche Beziehung auf Ruhe und Bewegung, auf Wo und Wohin die Berührung bezeichnet, mochte diese nun als von vornherein vorhanden, oder als durch eine Thätigkeit herbeigeführt dargestellt werden. Indem ich mich diesem Raisonnement anschliesse, möchte ich mich etwas einfacher so ausdrücken: der Loc. bezeichnet nicht bloss den Punkt wo sich etwas befindet, sondern auch den Punkt wo etwas eintrifft. Wenn man im Sanskrit sagt: *ráthe tishṭhati* „er steht auf dem Wagen" und dann von den Açvinen: *ruhátaṃ ráthe* „steigt auf den Wagen," so ist der Loc. *ráthe* beide Male derselbe, und es ist nur Sache unserer Auffassung, wenn wir aus den Verben der Bewegung einen Theil der Bewegung auch auf den Loc. übertragen.

Nach dieser Vorbemerkung wird es unschädlich sein, wenn ich auch jetzt noch den Loc. des Verweilens und den des Eintreffens aus praktischen Gründen unterscheide.

Wenn ich ALJ. S. 28 innerhalb der ersten Abtheilung des Loc. nach unserer Uebersetzung durch in, auf oder an unterschieden habe, so sollte damit natürlich auch nur der Uebersichtlichkeit gedient sein. Der Loc. selbst ist eben nicht so specialisirt wie eine unserer Präpositionen.

a) Indem ich jetzt von dieser letzteren Zerfaserung des Begriffs absehe, und hinsichtlich des Materiales auf die bekannten Abhandlungen von Capelle u. a. verweise, will ich hier nur einige Loc. von Ortsbezeichnungen und Personen anführen, und einige Verba namhaft machen, bei denen mir der locale Dativ zu stehen scheint. Bekannt sind homerische Wendungen, wie Ἑλλάδι οἰκία ναίων, αἰθέρι ναίων, ἔστι δέ τις νῆσος μέσσῃ ἁλί, ἥμενος Οὐλύμπῳ, ὅντινα γαστέρι μήτηρ κοῦρον ἐόντα φέροι u. s. w. — lauter Wendungen, in die man einen eigentlichen Dativ nur mit der grössten Gezwungenheit hineinerklären könnte. Zweifelhaft kann man manchmal bei Personen sein. So wird z. B. τοῖσι in τοῖσι δὲ μύθων ἦρχε u. ähnl. gewöhnlich nicht als Loc., sondern als echter Dativ verstanden, aber wahrscheinlicher ist mir die Auffassung als Loc., namentlich, wenn der Redende nur einen Zuhörer

hat. Auch spricht für die Auffassung als Loc. z. B. *K* 445: *ἠὲ κατ' αἶσαν*
ἔειπον ἐν ὑμῖν ἠε καὶ οὐκί. Dass man bei einer Reihe von solchen
Sätzen, wie sie Kühner S. 349 anführt, in Zweifel gerathen kann, ist
insofern erfreulich, als man sieht, wie leicht die Kategorieen des Dativs
und des Loc. in einander fliessen konnten. Von Verben, bei denen der Loc.
steht, führe ich an empfangen:
Ich habe ALJ. 39 gezeigt, dass im Sanskrit die Person von der (eigentlich bei der) man etwas empfängt, im Loc. (natürlich auch im Abl.)
stehen kann. Ebenso scheint mir der Dativ bei *δέχεσθαι* zu fassen,
z. B. *Θέμιστι δὲ καλλιπαρῄῳ δέκτο δέπας O* 88, ebenso in einer
bekannten in Olympia 1876 gefundenen Inschrift: *Δέξο Ϝάναξ Κρονίδα
Ζεῦ Ὀλύνπιε καλὸν ἄγαλμα ἰλήϜῳ θυμῷ τῷ Λακεδαιμονίῳ* (Cauer 1) und
sonst. *O* 88 kommt Here in den Olymp zurück, die Götter sehen sie
und trinken ihr zu: *οἱ δὲ ἰδόντες*

      πάντες ἀνῄϊξαν καὶ δεικανόωντο δέπασσιν.

    ἥ δ' ἄλλους μὲν ἔασε, Θέμιστι δὲ καλλιπαρῄῳ Δέκτο δέπας κτλ.

Aus diesen Worten könnte man vielleicht schliessen wollen, es sei eine
besondere Liebenswürdigkeit von Here gewesen, dass sie gerade aus
Themis Becher getrunken habe, und also übersetzen: der Themis zu
Ehren nahm sie den Becher, aber man erfährt sogleich aus den folgenden Worten den Grund: *πρώτη γὰρ ἐναντίη ἦλθε θέουσα.* Es scheint
mir also, dass die prosaischere Auffassung „von Themis" (eig. bei
Themis) den Vorzug verdiene. Herrschen: Wenn Verba des Herrschens und dazu gehörige Adjective, die ja gewöhnlich mit dem Gen.
verbunden werden, den Dativ zu sich nehmen, so scheint mir dieser
Dativ der loc. zu sein, z. B. *πολλῇσιν νήσοισι καὶ Ἀργεϊ παντὶ ἀνάσσειν*
u. a. m. Die locale Auffassung wird namentlich nahe gelegt durch die
vicarirenden Präpositionen *ἐν* und *μετά*, wie *μετὰ δὲ τριτάτοισιν ἀνάσσειν.*
Man sagt also „unter den Leuten König sein," aber freilich „Jeman-
dem Führer sein" *ἡγεῖσθαί τινι.* Es scheint mir daher, dass bei Kühner
S. 352, 6 Verschiedenartiges unrichtiger Weise gleich erklärt wird.
Uebrigens beachte man auch, dass diese Construction der Verba des
Herrschens im Griechischen eine Antiquität ist. Wie diese Verba sind
nun auch entsprechende Adjective construirt: *ἔξοχος ἡρώεσσιν, ἀριπρε-
πέα Τρώεσσιν* u. s. w. Trinken: Im Sanskrit sagt man gelegentlich
trinken in einem Gefäss, wie im Griech. (z. B. Xenophon) *πίνειν ἐν
ποτηρίῳ.* So habe ich ALJ. S. 33 auch *δῶκε σκύφον ᾧπερ ἔπινεν ξ* 112
aufgefasst. Ich gebe zu, dass auch die instrumentale Auffassung möglich ist, aber natürlicher scheint mir zu sagen, dass man mit dem
Munde, mit den Lippen trinkt, aber nicht mit einem Becher, sondern

aus, oder wie die Griechen auch sagen können in einem Becher. Diese letztere Ausdrucksweise wird sehr anschaulich, wenn man nicht an ein Schnapsglas, sondern an eine Schale oder einen respectablen Becher denkt, in den man einen Theil des Gesichtes hineinsteckt, während man trinkt.

Das Verbum sich freuen, sanskr. *tarp*, τέρπεσθαι hat den Gen. bei sich, aber im Sanskrit auch den Instr. und Loc. Der letztere Casus findet sich im griechischen Dativ, wenn es § 245 heisst:

μῆνα γὰρ οἶον ἔμεινα τεταρπόμενος τεκέεσσιν
κουριδίῃ τ' ἀλόχῳ καὶ κτήμασιν.

Ganz ähnlich Φ 45

ἔνδεκα δ' ἤματα θυμὸν ἐτέρπετο οἷσι φίλοισιν.

Freilich könnte man wohl auch an den Instr. denken, der echte Dativ aber scheint mir trotz Kühner 350 (oben) sehr unwahrscheinlich. Die Situation fordert an beiden Stellen, dass die Hauptperson es ist, die geniesst und sich freut, die Kinder, Freunde u. s. w. sind das woran dieselbe sich freut. Dass auch bei dem Verbum „vertrauen" wahrscheinlich einmal der Loc. des Gegenstandes, auf den man vertraut, hat stehen können, habe ich ALJ. erörtert.

Bei den Verben waschen und besiegen kommt der Instrumentalis als Concurrent des Loc. mit in Betracht. Die locale Auffassung ist also nicht sicher.

b) Den Loc. des Eintreffens finde ich in Ausdrücken, wie χαμαί βάλε, πεδίῳ πέσε, κυνέῃ βάλε u. s. w. (vgl. Holzmann a a. O.). Obgleich der Unterschied zwischen dem Loc. πεδίῳ πέσε und dem Dat. θεοῖσι χεῖρας ἀνέσχον garnicht subtil ist, insofern in dem einen Ausdruck das Eintreffen, in dem anderen die Richtung nach etwas hin bezeichnet ist, ist es doch auch klar, dass die Wendungen an einander grenzen und auch dazu dienen konnten, die Casusvermischung herbeiführen zu helfen.

An Adverbien, welche aus dem Loc. gebildet werden, sind vor Allem isolirte Casus von Substantiven, wie αἰεί πέρυσι u. s. w. zu erwähnen.

Die aus Substantiv- und Adjectivstämmen gebildeten Adverbia auf -ει und -ι bedürfen noch einer gründlichen historischen Behandlung.

3) Der instrumentale Dativ.

Als Grundbegriff des Instr. habe ich ALJ. 50 das Zusammensein angegeben und die einzelnen Gebrauchsweisen des sociativen Instr. folgendermassen geordnet: „(der Instr. bezeichnet) 1) mehrere Personen oder andere selbständig gedachte Wesen, welche mit einer Hauptperson verbunden sind; 2) die Umstände, welche eine Handlung begleiten oder die Eigenschaften, welche an einem Dinge haften; 3) diejenigen Theile des Raumes oder der Zeit, über welche sich eine Handlung ununterbrochen erstreckt." Diesen letzteren Gebrauch hat Miklosich an die Spitze gestellt, und alle übrigen Gebrauchsweisen daran angeschlossen. Es ist möglich dass er Recht hat, möglich aber auch, dass — wie Hübschmann andeutet — in dem Instr. des Indogermanischen schon mehrere alte Casus vereinigt sind. Da ich diese Frage hier nicht zu erörtern habe begnüge ich mich, zu constatiren, dass der Instr. des Indogerm., wie die Vergleichung namentlich des Sanskrit, Zend und Slavischen lehrt, prosecutiven, sociativen und instrumentalen Sinn hatte.

Im Griechischen ist der alte Instr. theils durch den Casus auf -φι vertreten, theils im Dativ aufgegangen. Nur von dem letzteren soll an dieser Stelle die Rede sein.

Den prosecutiven Instr. der im Sanskrit häufig ist, z. B. *antárikshena yāti* „er wandelt durch die Luft hin" habe ich im Griechischen nicht gefunden. Früher verglich ich damit den griech. Gen. πεδίοιο θέειν, habe aber diese Vergleichung schon oben S. 44 zurückgenommen.

Der sociative Instr. ist häufig. Ich erwähne zuerst den freieren Gebrauch, und dann denjenigen, der sich ganz eng an gewisse Verba und Adjectiva anschliesst.

Im Sanskrit finden wir besonders häufig, dass in den Instrumentalis Personen oder sonstige selbständige Wesen treten, welche mit einer Hauptperson verbunden sind, zu der sie in einem mehr oder weniger untergeordneten Verhältnisse stehend gedacht werden, z. B. *indro vásubhiḥ pári pātu nah* „Indra mit den Vasus schütze uns." Aus dem Griech. habe ich damit verglichen: ἦ νῦν δὴ Τροίηθεν ἀλώμενος ἐνθάδ' ἱκάνεις νηί τε καὶ ἑτάροισι πολὺν χρόνον λ 163. Die Stellung macht es mir wahrscheinlich, dass in diesem Satze in der That νηί τε καὶ ἑτάροισι trotz α 182 zu ἀλώμενος gehört, ebenso wie das unmittelbar daneben stehende πολὺν χρόνον. Ist diese Auffassung richtig, so kann ἑτάροισι nur sociativ gedeutet werden. Es würde aber jedenfalls σύν bei sich haben, wenn es nicht von νηί in's Schlepptau genommen würde, welches auf der Grenze des sociativen und instrumentalen Gebrauches steht. Sicher sociativ sind die Dative mit dem attributiven αὐτός, z. B. ἀλλ' αὐτοῖς ἵπποισι καὶ ἅρμασιν ἄσσον ἰόντες Πάτροκλον κλαίωμεν Ψ 8; νῆες ἑάλωσαν αὐτοῖς ἀνδράσι u. ähnl Die Uebersetzung „mitsammt" trifft den Sinn, es ist mir aber nicht klar, warum gerade in der Verbindung mit αὐτός sich der sociative Sinn

erhalten hat. Daran schliessen sich — übrigens ein auch im Lateinischen gebräuchlicher Typus — militairische Ausdrücke, wie wenn
Thukydides sagt: ἐπορεύοντο τρισχιλίοις μὲν ὁπλίταις ἑαυτῶν, ἱππεῦσι
δὲ ἑξακοσίοις, vgl. Kühner S. 378. Sociativ, wenn auch nicht mehr
anschaulich räumlich, ist doch wohl auch zu fassen πέτετο πνοιῇς
ἀνέμοιο M 207, neben ἅμα πνοιῇς ἀνέμοιο. Man stellte sich doch wohl
ursprünglich die Flügel des Windes und den Adler um die Wette mit
einander und neben einander fliegend vor.

Der indog. Instr. bezeichnet sodann die Umstände, welche als
Begleiter einer Handlung gedacht werden, z. B. φθόγγῳ ἐπερχόμεναι
u. s. w. (vgl. ALJ. 52).

Der sociative Instr. verbindet sich eng mit gewissen Verben und
Adjectiven, welche eine Gemeinschaft irgend welcher Art ausdrücken.
Diese Verbindungen sind insofern von besonderem Interesse, als man
bei ihnen das Zusammenfliessen des Instr. mit dem Dativ gut beobachten kann.

Dahin gehören namentlich das Verbum ἕπεσθαι zusammen sein
mit, mit oder ohne ἅμα, gleich dem indischen sac mit Instr. (vgl. ALJ.
S. 55) ὁμιλεῖν, dahin Ausdrücke wie ἀλλήλοις σπονδὰς ἐποιήσαντο
(Xen.) u. a. m., ebenso Adjective, wie ὅμοιος κοινός, wie denn das
sanskr. tulya gleich mit dem Instr. (oder Gen.) verbunden wird. Es liegt
aber auf der Hand, dass diese Gebrauchsweisen sich auch aus dem Begriffe
des Dativs ganz wohl herleiten lassen, und man würde es vielleicht für
das Griechische unbedenklich thun, wenn nicht solche Uebereinstimmungen
wie die zwischen sac, zend. hac (Hübschmann S. 255) und ἕπεσθαι
(für welches durch die Verbindung mit ἅμα die sociative Construction
noch besonders erwiesen wird) und das Danebenstehen der Construction
mit dem instrumentalen - φι zeigten, dass in das Griechische diese
Verba und Adjectiva noch oder wenigstens auch noch mit instrumen-
taler Construction eingetreten sein müssen. Ebenso steht es mit den
Verben, welche wetteifern und kämpfen bedeuten. Im Sanskrit verbindet sich mit yudh kämpfen der Instr., z. B. pitaívá putréna yuyudhé,
bhrátā bhrátrā der Vater kämpfte mit dem Sohne, der Bruder mit
dem Bruder Çat. Br. 4, 1, 5, 3. So darf man wohl auch für die
griechischen Verba gleicher Bedeutung dieselbe Construction als die
ursprüngliche ansehen, wenn auch früh die Ersetzung durch die dativische
Construction stattgefunden haben mag.

Lediglich aus dem alten Instr. ist, wie mir scheint die instrumentale
Bedeutung des Dativs zu erklären. Ich habe ALJ. S. 57 zuerst einige
Wendungen angeführt, welche den Uebergang von dem Begriff der

Begleitung zu dem des Mittels veranschaulichen können (der ja auch
in unserem „mit" sich vollzogen hat), wie: mit einem Wagen fahren
u. s. w., und habe dann eine Reihe von Ausdrücken angeführt, in denen
nach allgemeiner Ansicht der instrumentale Dativ, genauer gesprochen
der Instrumentalis im Dativ vorliegt. Indem ich auf diese Aufzählung
verweise, bemerke ich nur, dass dabei Wendungen, wie: mit den
Augen sehen, mit den Ohren hören, mit dem Munde essen, trinken,
sprechen, mit einer Waffe schlagen, mit dem Ball spielen, mit einem
Gewande bekleiden, schmücken, fesseln, benetzen, salben, kaufen für
(eig. mittels) und viele andere in Betracht kommen, die schwerlich
durch eine Aufzählung erschöpft werden können. Hier bemerke ich im
Einzelnen noch Folgendes:

Gelegentlich kann man im Zweifel sein, ob nicht vielleicht der
alte Loc. vorliegt, da die Präposition ἐν bisweilen vicariren kann, z. B.
ἐν ὀφθαλμοῖσιν ὁρᾶν, doch ist in den übrigen indogermanischen Sprachen,
so viel ich sehe, die instrumentale Auffassung die übliche.

In manchen Wendungen liegt die Sache so, dass der ganze Inhalt
der Handlung im Instrumentalis aufgeht, der Art, dass ein Acc. des
Inhaltes (wenn auch natürlich von anderer Grundauffassung aus) sich
mit diesem Instr. deckt. Dahin gehören: εὕδειν ὕπνῳ, φόβῳ δείσαντες,
ὗσαι ὕδατι u. s. w., s. Kühner S. 265 Anm. 4. Auch dieser Typus ist
proethnisch, vgl. lat. lapidibus pluit u. s. w. und namentlich das Slavische bei Miklosich S. 715.

Bei Comparativen bezeichnet der Instr. dasjenige Quantum, um
welches (eigentlich mittels dessen) a über b hervorragt.

Dass schliesslich auch der Beweggrund und die Art und Weise
sich mit dem Grundbegriff des Instr. vermitteln lassen, bedarf keiner
weiteren Ausführung (vgl. ALJ. 67 und Kühner S. 380, 382).

Wie die Verbindung des Instr. mit dem Passivum entsteht, wird
bei dem Passiv erörtert werden. Hier will ich nur bemerken, dass
auch bei dieser Verbindung das Zusammenfliessen des Instr. und Dat.
beobachtet werden kann. Im Sanskrit kann bei dem sog. part. fut. pass.
die handelnde Person im Dativ stehen, im Zend (Hübschmann S. 223)
auch bei dem pass. part auf -ta, z. B. „yahmâi khshnûtô — tbishtô
bavaiti mithrô, eigentl.: für wen Mithra ein Befriedigter — ein Belei-
digter ist, d. i. sachlich: von wem Mithra befriedigt, beleidigt ist."
So kommen sich Instr. und Dat. in der Verbindung mit dem Passivum
entgegen.

Von Adverbien, die aus dem alten Instrumentalis herzuleiten
sind, erwähne ich dem Gebrauch nach isolirte Casus von Substantiven,

wie κομιδῇ σπουδῇ, sodann femininale Instr. von Adjectiven, wie κοινῇ ἰδίᾳ bei denen bekannte Substantiva zu ergänzen sind. Das älteste Sanskrit kennt eine Form des Adverbiums, welche als Paralelle zu diesen griechischen Adverbien, nicht der Form, sondern des Sinnes wegen herangezogen werden kann, nämlich die Adverbien auf -uyā́, Instrumentale des fem. von Adject. auf -ú, z. B. amuyā́ āçuyā́ dhṛishṇuyā́ raghuyā́. Wie diese Adverbia entstanden sind, kann man z. B. aus Rv. 1, 29, 5 ersehen: sám indra gardabhám mṛíṇa nuvántam pāpáyā amuyā́ zerschmettre o Indra den Esel der auf so unheilvolle Weise brüllt. pāpáyā amuyā́ heisst eigentl. „mit dieser schlechten,“ natürlich vācā́ „Stimme.“

Es ist mir nicht unwahrscheinlich, dass die griechischen Adverbia auf -α, wie τάχα ebenfalls Instr. sind, doch sind sie ihrem Baue nach noch nicht gehörig untersucht.

Der Casus auf φι(ν).

Dass das Suffix -φι(ν) nicht etwa wie -θεν und -θι ursprünglich dem Pronominalgebiet angehört, beweist der Umstand, dass es so gut wie nie bei Pronominibus erscheint. In der griechischen Literatur findet es sich nur bei Homer und Nachahmern homerischer Poesie, und zwar, wie ich Abl. Loc. Instr. gezeigt habe, an den bei weitem meisten Stellen im Sinne des alten Instr., Loc. und Abl. Es giebt freilich einige Stellen, für welche nur die Auffassung als Genetiv (Φ 295, wohl auch .τιτυσκόμενος κεφαλῆφι Λ 350, obwohl hier allenfalls der Localis zu vertheidigen wäre) oder als Dativ (B 363) allein möglich scheint. Vermuthlich hat man an diesen Stellen eine nicht berechtigte Ausdehnung des ursprünglichen Gebrauches dieses Suffixes anzunehmen, welches, wie die Beziehung desselben auf Singular und Plural zugleich zeigt, schon für homerische Dichter eine Antiquität war, bei deren Verwendung ihr eigenes Sprachgefühl sie nicht mehr ganz sicher leitete. Das auffälligste Verlassen des Ursprünglichen würde vorliegen, wenn ὠρανίαφι in dem Alcmanschen Fragment, Bergk 59 Μῶσα Διὸς θύγατερ ὠρανίαφι λίγ᾽ ἀείσομαι wirklich als Vocativ fem. aufzufassen wäre, wie mit der Scholiasten-Ueberlieferung auch Ahrens dor. 239 urtheilt.

Schwierig ist die Beantwortung der Frage, mit welchen Suffixen der verwandten Sprachen -φι(ν) zusammenzustellen sei. Mir scheint, dass Schleicher das Richtige getroffen hat, welcher annimmt, dass ein dem Instr. plur. auf -bhis gegenüberstehender Instr sing. auf -bhi für das Indogermanische anzunehmen sei, dem dann der Casus auf -φι(ν) entsprechen würde. An der Annahme zweier Instrumentale natürlich nicht gleicher aber verwandter Bedeutung für das Indogermanische darf man nicht Anstoss nehmen, wie oben S. 58 angedeutet worden ist.[1] Ist diese Combination richtig, so würde man anzunehmen haben, dass -φι(ν) ursprünglich instrumentalen Sinn gehabt habe, und dass sich den überlieferten Instrumentalconstructionen eine Anzahl ablativischer und locativischer angeschlossen habe. Selbstverständlich aber konnte sich diese Bildung neben den Dativen und Genetiven, die ihr Concurrenz machten, nicht lange halten, und ist sehr früh aus dem Gebrauche geschwunden.

---

1) Die Untersuchung über die einstigen Casus des Indogermanischen ist noch nicht abgeschlossen. Vielleicht ist der indische Casus auf ī, z. B. in *svī kar* u. s. w. mit ὀλιγη in ὀλιγηπελέων zu vergleichen, und daraus ein weiterer Casus des Indogermanischen zu erschliessen.

Viertes Kapitel.

Die Adjectiva.

Ein besonderes Femininum bilden im Indogermanischen die Adjectiva auf -a mittels Verlängerung dieses -a und sodann diejenigen, welche das Femininsuffix -ĭ haben. Im Griechischen erscheinen diese Feminina in folgender Gestalt (vgl. Kühner 405 ff.):
Die Verlängerung des -a ergiebt im Femininum -ā (η), z. B. Sanskrit *āmás āmấ āmấm* lautet ὠμός ὠμά·(η) ὠμόν.

Das -ĭ erscheint im Griechischen als -ια, und zwar ist dies entweder rein erhalten in
-ώς, -υῖα, -ός, entsprechend dem Indischen -*ván*, -*úshī*, -*vát*
oder das -ĭ hat auf die vorhergehende Silbe gewirkt in
μέλας, μέλαινα (aus μέλαν-ια), μέλαν
oder es ist in dem vorhergehenden Consonanten aufgegangen in
-ϝεις, ϝεσσα, -ϝεν, entsprechend dem Indischen -*vān*, -*vatī*, -*vat*
und in den Participien auf
-ων, -ουσα, -ον, entsprechend dem Indischen in -*an*, -*antī*, -*at*
u. s. w.

Auch kann ein Wechsel des Stammsuffixes beim Femininum eintreten, z. B.:
πίων, πίειρα, πῖον gleich *pívā*, *pívarī*, *pívan*.

Auf der Uebergangsstufe von zwei zu drei Endungen (jedoch so, dass die letztere Gewohnheit bei weitem überwiegt) stehen im Sanskrit und im Griechischen die Adjectiva auf -u, -*ú*. Wir finden im Sanskrit z. B. *cárus* lieb als m. und f., neben *tanús* dünn m., das f. *tanús*. Das gewöhnliche ist die Endung -ī, z. B. *svādús* süss, f. *svādvī*. Ebenso zeigt sich im Griechischen ἡδύς ἀυτμή, πουλὺν ἐφ᾽ ὑγρήν u. ähnl., während bei weitem das geläufigste das f. auf -εῖα ist.

Zweier Endungen sind im Sanskrit und Griechischen folgende Adjectiva:
Die Adjectiva auf -i, wie *çúci* rein mit dem m. f. *çúcis*, n. *çúci*. So im Griech. τρόφις, τρόφι und einige andere. Bei diesen tritt

offenbar aus lautlichen Gründen das Femininsuffix nicht an. Ferner sind zweier Endungen die Adjectiva auf - as, - ες. Aus dem Griechischen sind von einfachen Adjectiven nur etwa ψευδής -ές, σαφής -ές anzuführen, denen im Sanskrit auch nur wenige einfache zur Seite stehen. Dagegen zahlreich sind in beiden Sprachen die Composita. Brugman in Kuhns Zeitschrift 24, 31 hat wie mir scheint sehr wahrscheinlich gemacht, dass diese Wörter nicht ursprünglich Adjectiva gewesen, sondern aus neutralen Substantiven zu Adjectiven umgeschaffen worden sind. Immerhin fällt aber diese Umwandlung schon in indogermanische Zeiten, es sind also, σαφής, ψευδής in das Griechische als Adjectiva übergegangen.

Hiernach darf man behaupten, dass die Fähigkeit der griechischen Adjectiva sich den Substantiven verschiedenen Geschlechtes vollkommen oder theilweise anzupassen nur die Fortsetzung eines schon im Indogermanischen vorhandenen Zustandes darstellt.

Fragen wir nun danach, inwieweit das Griechische von diesem aus vorgriechischer Zeit überlieferten Zustande abweicht, so fallen sofort eine Anzahl bekannter Adjective wie ἥσυχος, ον auf, welche kein Femininum zu bilden vermögen. Der Thatbestand ist freilich nicht in wünschenswerther Weise bekannt, denn es fehlt an geordneten Sammlungen, die diese Wörter durch alle Dialekte, Kunstsprachen und Schriftsteller hindurch verfolgten, so dass ich mich begnügen muss, einige Gesichtspunkte zur Erklärung beizubringen.

Bekannt sind zunächst einige Einzelheiten bei Homer, wie πικρὸν ἀποπνείουσαι ἁλὸς πολυβενθέος ὀδμήν δ 406; κλυτὸς Ἀμφιτρίτη ε 422; (wozu noch einiges ähnliche Lobeck zu Aias 224); ὀλοώτατος ὀδμή δ 442. In diesen und ähnlichen Fällen sieht man den Grund für die Setzung der Masculinform in den Bedürfnissen des Metrums, mit Recht wie ich glaube. Dann — wie wir sehen werden — gab es im Griechischen eine nicht geringe Anzahl von einfachen und componirten Adjectiven, die im f. - ος haben, so dass sich wohl eine Entschuldigung für derartige Wagnisse finden lässt. Ueberhaupt wird man wohl die Vorstellung, als ob das Metrum so gar keinen Einfluss auf die Gestaltung der äusseren Sprachform habe ausüben können, wieder etwas beschränken müssen.

Indessen nicht um diese Frage kann es sich hier handeln, die bei jeder Literaturgattung und jedem Autor besonders erwogen werden muss, sondern um diejenigen Adjectiva, welche regelmässig und in der ganzen Gräcität nur zwei Endungen haben. Diese führt Kühner S. 412 auf.

Ich vermag keineswegs bei allen zu erklären, woher es komme, dass sie kein Femininum bilden, aber bei einer Anzahl derselben ist es deutlich.

Es sind ursprünglich Substantiva auf -ος, die als Apposition zu einem anderen Substantivum traten, und die dem führenden Substantivum wohl die geringere formelle Abbeugung zum Neutrum nachthaten, aber nicht die grössere zum Femininum. Dergleichen Wörter sind: ἥμερος etwa „Pflegling," und an ἥμερος mag sich das gleichbedeutende τιϑασός (vielleicht auch der Gegensatz ἄγριος) angeschlossen haben; λοίδορος Lästerer, auch ἔκηλος und ἥσυχος sind wohl Subst. Im Deutschen fehlen uns die edlen Substantiva der Art (die Slaven haben sie, vgl. Miklosich S. 6 ff.), man kann aber unedle wie Faulpelz u. ähnl. vergleichen. Κολοβός heisst der Hämmling; χέρσος heisst urspr. jedenfalls das Emporstarren, die Starrheit, der Stein. Man könnte — wenn auch Sophokles das Wort als adj. empfunden haben wird — Antigone 250 στύφλος δὲ γῆ καὶ χέρσος noch übersetzen: das Land war Stein und Dürre (στυφλός aber möchte ich für ein altes Adjectivum halten, welches durch χέρσος angezogen wurde); ἔωλος heisst wohl die Neige, also ἔωλος δόξα ein Ruf, der nur noch eine Neige ist.

Ausser diesen giebt es noch eine Anzahl von Adjectiven auf -ιος, -ειος, -αιος, -ιμος, die zweier Endungen sein können. Die Specialuntersuchung wird zu zeigen haben, wie im Einzelnen sich diese Thatsachen erklären, im Allgemeinen finde ich zu bemerken, dass alle diese Wörter griechische Specialbildungen sind, dass also eine Ableitung dieser Eigenthümlichkeit aus vorgriechischer Zeit nirgend an die Hand gegeben ist. Möglicherweise hat auf diese Wörter, die alle mehr als zweisilbig sind, das Beispiel der Composita gewirkt. Bei den adjectivischen Compositis gilt folgendes Grundgesetz:

Diejenigen adjectivischen Composita, deren Schlussglied ein Substantivum auf -ος oder ον ist, bilden kein Femininum, z. B. ῥοδοδάκτυλος, καλλίσφυρος, dagegen diejenigen, deren letztes Glied ein Adjectivum (Participium) dreier Endungen ist, bilden ein Femininum, z. B. ἀγακλειτός. Wer die homerischen Composita mustert, wird diese Behauptung im Allgemeinen bestätigt finden, wenn auch nicht abzuleugnen ist, dass manche Composita der zweiten Gattung auch der Analogie der ersten folgen können. Ich möchte also, vorbehaltlich genauerer Untersuchung, das Resultat so formuliren:

Während im Sanskrit und Zend die Adjectiva auf -a durchaus dreier Endungen sind, hat das Griechische eine Reihe von solchen Adj. zweier Endungen. Die Quelle derselben sind Substantiva auf -ος, die adjectivirt wurden. Da daneben auch Composita auf -ος existirten, welche mit Femininis verbunden werden konnten, so bildete sich durch das Zusammenwirken dieser beiden Thatsachen der Typus von Adjectiyen auf -ος zweier Endungen aus. Diesem Typus schlossen sich nun eine Anzahl von ursprünglichen Adjectiven an, und zwar solche, welche mit jenen Substantiven der Bedeutung nach associirt wurden, zweitens solche, welche mit den Compositis wegen ihrer Form associirt wurden. Dazu treten noch bei Dichtern die Antriebe, welche im Metrum liegen. —

Ueber die Comparation der Adjectiva kann nur im Rahmen einer Stammbildungslehre gehandelt werden.

Fünftes Kapitel.

Das Augment und die Genera des Verbums.

Als man vom Sanskrit nur das Mittelalter, noch nicht das Alterthum kannte, hegte man wohl die Meinung, dass das indische Verbum von dem griechischen etwa so verschieden sei, wie das lateinische. Von dieser Ansicht geht z. B. Aken in seinen verdienstlichen Untersuchungen über griechische Tempus- und Moduslehre aus. Seitdem man das altindische Verbum (vgl. meine Schrift: Das altindische Verbum, Halle 1874) und das altiranische Verbum (vgl. Bartholomae, das altiranische Verbum, München 1878) kennt, weiss man, dass diese Ansicht durchaus irrig ist. Nirgends tritt die Aehnlichkeit des Griechischen mit den asiatischen Sprachen entschiedener hervor, als auf dem Gebiet des Verbums. Wie die Vergleichung der indogermanischen Sprachen lehrt, gliederte sich das verbum finitum des Indogermanischen nach vier Tempusstammen, dem des Praesens, Perfectum, Aorist, Futurum. Diese Tempusstämme erschienen in vier Modis, dem Indicativ, Conjunctiv, Optativ, Imperativ. Es ist wahrscheinlich, dass die drei letztgenannten bei dem Praesensstamm unendlich viel häufiger waren, als bei den übrigen. Der Personalendungen gab es neun, drei für jeden Numerus. An den Personalendungen kam zum Ausdruck der Unterschied des Genus Verbi nach Activ und Medium. Der Indicativ der historischen Tempora wurde gekennzeichnet (oder konnte gekennzeichnet werden) durch das Augment. Demnach ist fast das gesammte griechische Verbum proethnisch. Eine Verarmung gegenüber dem indogermanischen Verbum zeigt sich bei den Personalendungen, insofern der Dual nicht mehr so vollständig gekennzeichnet ist, und eine Bereicherung (abgesehen von Einzelheiten, die sich im Laufe der Darstellung ergeben werden) bei den Genera des Verbums, insofern einige Passivformen geschaffen worden sind, während, wie es scheint, eigene Formen für das Passivum, oder doch die im Griechischen üblichen Passivformen im Indogermanischen nicht vorhanden waren.

Ich handle hintereinander vom Augment, den Genera Verbi, den Tempora, den Modi.

5 *

Das Augment.

Die Eigenthümlichkeit der homerischen Sprache, dass der Indicativ der Augmenttempora auch — und zwar ohne eine Differenz des Sinnes [1] — augmentlos erscheinen kann, theilt auch die Sprache der Veda's, während die Prosa der Inder die augmentlosen Indicative ebenso wenig kennt, wie die Prosa der Griechen. Auf dem iranischen Gebiete zeigt das Altpersische durchweg den augmentirten Indicativ, das Zend dagegen kennt das Augment bis auf einige Reste überhaupt nicht. Es darf aber bei dem Charakter der uns erhaltenen Zend-Literatur aus diesem Umstande nicht gefolgert werden, dass auch die Umgangs- und Prosasprache der Ostiranier das Augment im Indicativ entbehren konnte, und es scheint mir deshalb wahrscheinlich, dass in der gewöhnlichen Rede der Indogermanen das Augment der stete Begleiter gewisser Indicative war, dass aber in der Poesie dasselbe, mit Rücksicht auf das Metrum auch weggelassen werden konnte. Diese Weglassung war um so eher möglich, als das Augment ursprünglich ein selbständiges betontes Wörtchen gewesen sein wird, an welches sich das Verbum anlehnte. Somit darf die Freiheit, den Indicativ auch augmentlos zu gebrauchen, welche wir bei Homer finden, als auf alter Ueberlieferung beruhend angesehen werden. Die augmentlosen Indicative haben aber im Sanskrit, Zend und im Altpersischen hinter *mā* noch einen anderen Sinn, nämlich conjunctivischen, weshalb ich sie in diesem Gebrauch im Altindischen als „unechte Conjunctive" bezeichnet habe. Im Altindischen bedeutet also *bhárat* nicht bloss wie *ábharat* „er trug," sondern auch „er trage." Dass auch diese Verwendung urindogermanisch sei, scheint mir sehr wahrscheinlich. Denn es ist doch das Natürlichste, diejenigen zum Imperativ gerechneten Formen, welche sich von den entsprechenden der Indicative historischer Tempora nur durch die Abwesenheit des Augmentes unterscheiden, also im Griechischen λύετον und λύετε als sog. unechte Conjunctivformen zu betrachten.

Wie im Indogermanischen dieser Gebrauch entstanden sei, ob er in eine Zeit zurückreicht, in welcher ein Augment noch garnicht vorhanden war, oder ob er im Gegensatz gegen den Sinn der augmentirten Formen entstanden ist, wird sich schwer entscheiden lassen und habe ich jedenfalls hier nicht zu erörtern.

Die, wie es scheint, uralte Verbindung dieser Formen mit *mā* μή wird uns noch beim Imperativ beschäftigen.

---

[1] Die Versuche, eine solche aufzufinden, scheinen mir misslungen zu sein.

Das Medium.

Dass die Unterscheidung der Endungen in active und mediale schon aus indogermanischer Zeit stammt, ist durch die vergleichende Sprachforschung erwiesen. Das Griechische ist die einzige Sprache Europas, welche den alten Zustand treu bewahrt hat.

Ueber die älteste Bedeutung der medialen Endungen hat man durch die Etymologie Aufschluss zu gewinnen versucht, indess ohne sicheren Erfolg. Die weit verbreitete Ansicht, dass die medialen Endungen durch Doppelsetzung derjenigen pronominalen Elemente entstanden seien, welche den Endungen des Verbums zu Grunde liegen, dass also z. B. φέρεται in der Endung ται den Pronominalstamm *ta* zweimal enthalte, und zwar einmal als Subject, das andere Mal als Object, so dass φέρεται bedeute „er trägt sich," und also der reflexive Sinn durch die Etymologie als der älteste aufgezeigt werde — diese Ansicht kann nicht als erwiesen gelten. Auch für die andere Hypothese, wonach die Endungen des Mediums aus denen des Activums durch Steigerung des Vocals hervorgegangen seien, lassen sich genügende Gründe nicht beibringen. Ist also keine der etymologischen Hypothesen so sicher, dass man dieselben als Grundlage einer Geschichte des Medialbegriffes brauchen könnte (so viel Wahrscheinlichkeitsgründe auch für die eine oder andere der vorgebrachten Vermuthungen beigebracht werden können), so bleibt nichts übrig als den Gebrauch der Formen zu befragen.

Durch directe Vergleichung des Gebrauches übereinstimmender Wurzeln lässt sicht etwa Folgendes ermitteln:

Es giebt im Sanskrit, wie im Griechischen Verba, welche nur die active, solche, welche nur die mediale Form, und solche, welche beide Formen kennen. Sucht man aber nach etymologisch übereinstimmenden Verben, welche als Belege für diese drei Kategorieen dienen könnten, so fällt wenigstens für die beiden ersten die Zahl der reinlichen Belege nur gering aus. Im Sanskrit nämlich, wie im Griechischen kommt es häufig vor, dass ein Verbum, welches in der Mehrheit seiner Formen dem einen Genus angehört, mit vereinzelten Bildungen in das andere herübergreift, im Sanskrit, wie im Griechischen scheidet sich Activ und Medium bisweilen nach Temporibus, in beiden Sprachen ferner sind die Zeiten und Schriftsteller zu beachten, und auf beiden Gebieten hegen die Philologen gegen einige Dichter den Verdacht, dass bei der Wahl zwischen activer und medialer Form die Rücksicht auf das Metrum öfter die Entscheidung gegeben habe.

Für die erste Kategorie (nur active Form) lassen sich allenfalls beibringen: *as* sein, dessen Medium nur im componirten Futurum, wie *çayitáse* zu *çī* liegen vorkommt, in Anlehnung an den medialen Gebrauch von *çī*. Das entsprechende *εἰμί* hat freilich einige mediale Formen. — *bhū* sein ist im Rv. (wo es unendlich häufig ist) nur activ, ebenso *φύω*. — *ad* essen ist nur activ, neben *ἔδω* existirt aber *ἔδομαι* als fut., wie denn das Griechische überhaupt eine Vorliebe für mediale Futura hat. Aehnlich verhält es sich mit *pā* trinken, das im Rv. in der überwältigenden Majorität der Formen nur das Act. kennt und *πίνω*. — *i* gehen flectirt in der dem griechischen *εἰμι* entsprechenden Bildung nur activ, wie dieses. — (Auch *gā* gehen hat im Rv. nur active Formen, womit der überwiegende Gebrauch des Activums bei den aus *βᾱ*- gebildeten griechischen Formen stimmt; *ἔβη* z. B. gleich *ágāt* ist uralt, *ἐβήσετο* scheint eine griechische Neubildung). — *mih* harnen soll sein gelegentliches Medium dem Metrum verdanken, gewöhnlich ist es activ wie *ὀμιχέω*. — Allenfalls liesse sich noch *çru = κλυ* anführen, da *çru* zwar mediale Formen kennt, aber nur im passivischen Sinne, so dass man geneigt sein könnte, diese Formen bei diesem Verbum für indische Specialbildungen zu halten.

Für die zweite Kategorie (nur mediale Form) habe ich mir notirt: *ās* sitzen gleich *ἧμαι*; *çī* liegen gleich *κεῖται*, doch tauchen bei *çī* gelegentlich active Formen auf. Ferner mit nicht mehr ganz übereinstimmender Wurzelbedeutung: *nas* gleich *νέομαι*, worüber Grassmann Folgendes bemerkt: „der Begriff „mit Lust herangehen" hat sich im Griechischen zu dem der Heimkehr, Einkehr, im Sanskrit zu dem des liebevollen Herangehens gestaltet." Ob *mánye* gleich *μαίνομαι* sei, lasse ich dahingestellt.

Die dritte Kategorie (active und mediale Formen) lässt sich durch viele etymologisch gleiche Verben belegen. Ich führe nur einige an, um zu zeigen, wie tiefgreifend die Uebereinstimmung ist. *dhā τίθημι* hat im Activ dieselben Bedeutungen wie *τίθημι*, wie man in Grassmanns Wörterbuch s. v. bequem übersieht, für das Medium führt Grassmann an „in Hand, Arm, Leib, Mund nehmen, in's Auge fassen," vgl. *κρέα θέμενος ἐπὶ τὰ γόνατα, ἐν ὄμμασι θέσθαι* (Pindar); ferner „Kleid, Schmuck sich anlegen," vgl. *τίθεσθαι τὰ ὅπλα*. Oft passt die Uebersetzung sich anlegen, sich verschaffen, so im Sanskrit „sich Ruhm, Kraft,) Herrschaft, Eigenthum verschaffen, etwas als Eigenthum erlangen," vgl. *θέσθαι γυναῖκα* u. s. w. Ueber *bhar φέρω* heisst es bei Grassmann, *bhar* habe im Activum die Bedeutungen: tragen, führen, hegen, unterhalten, ziehen, entführen (vgl. *ἄγειν καὶ φέρειν*), bringen, darbringen u. s. w. „Die folgenden Bedeutungen — sagt er weiter — treten nur im Medium hervor: 1) etwas für sich davon tragen, erlangen,

2) sich schnell fortbewegen (ferri.). Zu 1 vergleiche man Wendungen, wie: τοῦ μὲν δὴ πάμπρωτα παρ᾽ ἀγλαὰ δῶρα φέροιο Δ 97. Für 2 wird allerdings nur eine Stelle aus dem Ṛigveda angeführt, so dass man zweifeln kann, ob wirklich bei dieser Wurzel das Medium in diesem neutralen Sinne belegt ist. Dass es überhaupt im Sanskrit so vorkommt, ist sicher. Unter 1 *ci* hat Grassmann folgende Bemerkung: „*ci* aneinanderreihen, schichten; hieraus entwickelte sich der Begriff „zahlen" (die zur Zahlung dienenden Gegenstände aneinanderreihen, schichten), wie ihn das griech. τίω darbietet; daraus ging dann im Medium die Bedeutung „sich zahlen lassen" hervor, insbesondere eine Geldschuld oder Bussgeld (*ṛṇá*), daher „strafen" ganz wie im Griechischen; hieraus endlich, gleichfalls im Medium, der Begriff verdammen, als schuldig oder sündig erkennen."

Zur Ergänzung dessen, was sich durch directe Vergleichung ermitteln lässt, wird eine Skizze des Gebrauches der Medialformen im Altindischen willkommen sein. In der nationalen Grammatik der Inder finden wir ziemlich ausführlich von dem Gebrauch des Mediums gehandelt, wobei wir denselben Kategorieen begegnen, die uns aus der griechischen Grammatik geläufig sind. Auch Einzelangaben finden sich in nicht geringer Zahl (wie z. B. die, dass ein componirtes Verbum in dem und dem Sinne mediale Form habe, in anderem active u. s. w.), und es wird eine für die Geschichte der indischen Grammatik belehrende Arbeit sein, nachzuweisen, aus welchem Theile der Literatur sich diese Einzelangaben bestätigen lassen. An dieser Stelle begnüge ich mich, einige oberflächliche Zusammenstellungen aus der ältesten Sprache mitzutheilen.

Es giebt im Ṛigveda eine Reihe von Verben, welche nur in activer Form vorkommen. Dahin gehören: *ad* essen; *an* athmen; *av* erquicken; *as* sein; *ah* sprechen; *i* gehen in der εἶμι ensprechenden Formation; *krudh* zürnen; *kshi* wohnen, herrschen; *gam* gehen, aber in der Verbindung des Verbums mit *sám* „zusammen" erscheint ein reciprokes Medium; *gā* gehen; *jīv* leben; *dru* laufen; *pat* fliegen; *par* hinüberfahren; *pā* schützen; (*pā* trinken nicht ausnahmslos); *bhid* spalten; *bhū* sein; *vas* verweilen; *vā* wehen; *vid* wissen; *sad* sitzen (aber nicht ausnahmlos, da *sídasva* und *sediré* vorkommt) u. a. m.

Auf der anderen Seite giebt es Verba, die nur die mediale Form kennen. Dahin gehören: *ās* sitzen; *indh* anzünden; *īḍ* anflehen; *īṛ* herrschen; *ūh* achten, beobachten; *kam* lieben; *trā* retten; *nas* sich gesellen zu Jemand; *nu* brüllen; *pū* flammen; *bādh* verdrängen, verjagen; *mah* schenken; *man* meinen; *vas* anziehen; *çī* liegen (mit seltenen Ausnahmen); *spardh* kämpfen; *hā* weichen u. a. m.

Diejenigen Verba ferner, welche die active und mediale Form
kennen, lassen sich der Bedeutung des Mediums nach in folgende
Gruppen ordnen:

1) Es findet sich kein recht deutlicher Unterschied der Bedeutung
zwischen Activ und Medium. Dahin gehören z. B. *dhāv* laufen; *kram*
schreiten; *gā* singen; *naksh* hingelangen zu; *ruh* ersteigen; *sthā* stehen
u. a. Dabei ist namentlich darauf hinzuweisen, dass nicht selten ver-
einzelte Formen medial auftreten, während das übrige Verbum nur
das Activum kennt, z. B. erscheint nicht selten die dritte Pluralis Perf.
auf *ire* in medialer Form. Bei *sū* gebären ist Praesens und Aorist
medial, das Perfectum activisch. Genauere Sammlungen darüber liegen
mir nicht vor.

2) Das Medium hat neutrale Bedeutung, das Activum transitive
oder causative. Dahin gehören: *ram* A. zur Ruhe bringen, M. rasten:
yam A. zügeln, lenken, strecken, M. Stand halten; *prath* A. ausbreiten,
M. sich ausbreiten u. a. m. Man kann leicht behaupten, dass diese
Classe aus dem reflexiven Gebrauch des Mediums abzuleiten sei, aber
der Beweis ist schwer zu führen. Es ist ja auch das Andere denkbar,
dass das Medium in neutralem Sinne bei einigen dieser Verba ursprünglich allein vorhanden war, und sich zu diesem Medium erst später ein
Activum bildete. Diese Annahme ist z. B. bei *prath* in hohem Grade
wahrscheinlich.

3) Das Medium erscheint mit reflexivem Zusatz, und zwar
a) so dass die betheiligte Person dativisch gedacht wird. Dieser
Gebrauch ist der bei weitem häufigste. Einige Beispiele für diese
Anwendung des Mediums habe ich schon oben gegeben. Ich führe noch
einige wenige an: Von dem Barbier heisst es: *keçaçmaçrú vapati* er
scheert einem anderen Haar und Bart, dagegen von demjenigen, der
diese Verrichtung an sich selbst besorgt: *keçaçmaçrú ca vápate nakhā́ni
ca ní kr̥intate* er scheert sich Haar und Bart und schneidet sich die
Nägel ab Çat. Br. 3, 1, 2, 2 und 9. *Vásaḥ pári dhatte* er zieht sich
ein Kleid an, aber *gávy etā́ṃ tvácam adadhus* sie verliehen der Kuh
dieses Fell ibid. 13 u. 15. *Hánti sapátnān* heisst: er schlägt die
Feinde, aber *ápa hate sapátnān* er schlägt die Feinde in seinem
Interesse hinweg, so dass wir übersetzen „er schlägt sie von sich hinweg." Çat. Br. 2, 3, 5, 2 lesen wir: *naínam eté yákshmā vindanti*
diese Krankheiten finden, ergreifen ihn nicht, aber *prajā́ṃ vindate*
bedeutet: er findet für sich, gewinnt Nachkommenschaft. *Yaj* opfern
wird im Activ von dem Gotte oder Priester gebraucht, der für einen
andern opfert, aber der *yájamāna* (part. med.) ist derjenige, der für

sich opfert, der Opferherr. Oft drücken wir das mediale Element dadurch aus, dass wir dem Object ein possessives Pronomen hinzufügen,
z. B. *yuyujé áçvān* er schirrte seine Rosse an u. s. w.

b) die betheiligte Person wird accusativisch gedacht, z. B. *bāhū
úd gríbhṇāti* heisst er erhebt den Arm, aber *úd gríbhṇīte* er erhebt
sich; *kaṇḍūyáti* er kratzt einen anderen, *kaṇḍūyáte* er kratzt sich;
anákti er salbt einen anderen, *aṅkté* er salbt sich; *muc* heisst im
Activum losmachen, im Medium sich losmachen von. Es können auch
das dativische und das accusativische reflexive Medium sich bei einem
Verbum finden, z. B. *yuṅkté* heisst sowohl „er schirrt sich selbst an,“
als „er schirrt für sich an.“ Wenn der Accusativ des Reflexivums
ātmán hinzutritt, sollte man das Activum erwarten, was sich auch
findet, z. B. *ātmánam evá prīṇāti* T. S. 1, 7, 5, 2. Doch findet sich
auch das Medium, z. B. *punāty evā' gním, punītá ātmánam* ebenda
1, 7, 6, 4. Ob dieser letztere Gebrauch, der in der angeführten Stelle
seine specielle Erklärung findet, häufiger vorkommt, weiss ich nicht
zu sagen.

4) Das Medium wird gebraucht, wenn Gegenseitigkeit der Einwirkung ausgedrückt werden soll, z. B. *ví vā etaú dvishāte* die beiden
hassen sich gegenseitig T. S. 5, 2, 4, 1. *Vad* sprechen wird im Rv.
nur activisch gebraucht, ausser an zwei Stellen: *yátrā vadete ávaraḥ
páraç ca* wo sich der obere und der untere besprechen 10, 88, 17, wo
die Gegenseitigkeit deutlich ist. Weniger deutlich ist die zweite Stelle,
die ich hier bei Seite lasse. Ausserdem noch an fünf Stellen in der
Verbindung mit *sám* zusammen. Ueberhaupt ist nicht selten, dass ein
Verb, das sonst activisch ist, in der Verbindung mit *sám* medial
erscheint. Wenn bei diesem reciproken Medium *anyonya* (ἀλλήλω)
erscheint, so soll nach Pāṇinis Angabe das Verbum im Activum stehen.

5) Das Verbum hat passivischen Sinn.

Im Sanskrit giebt es eine eigene Form für das Passivum nur im
Praesensstamm. Es ist wahrscheinlich, dass diese Bildung sich aus
dem medialen Praesens der ya-Classe entwickelt hat (vgl. mein alt-
indisches Verbum S. 166 ff. Die abweichende Auffassung von Brugman
Morph. Unters. vermag ich mir nicht anzueignen). Dieses Passivum
hat im Rv. noch nicht die Alleinherrschaft, sondern es kann auch noch
das mediale Praesens im passivischen Sinne gebraucht werden. Im
Perfectstamm finden wir im Rv. sowohl medialen als .passivischen
Gebrauch, desgleichen bei den verschiedenen Aoristen. Namentlich ist
hervorzuheben, dass die dritte Person sing. des Aorists auf i wie *ákāri*
keineswegs bloss passivisch erscheint, und dass auch der mediale s-Aorist

passivisch gebraucht werden kann, z. B. *ástoshṭa* er wurde gepriesen. Ein mediales Futurum in passivischem Sinne ist belegt RV. 8, 59, 14 *ríshibhíh stavishyase* „du wirst von den Sängern gepriesen werden." Ueber alle diese Dinge sind noch keine Sammlungen gemacht worden.

Ueberblickt man nun das bisher Beigebrachte und vergleicht man den Gebrauch des Griechischen, so ergiebt sich das eine sichere Resultat, dass der Gebrauch des Mediums, wie er uns im Griechischen entgegentritt, in allem Wesentlichen proethnisch ist. Dagegen ist für die Feststellung des Grundbegriffs des Mediums kein neues Moment gewonnen, und ich vermeide um so mehr, auf diese Frage hier einzugehen, da die Feststellung der indogermanischen Grundbegriffe ausserhalb des Planes dieser Arbeit liegt.

Als ein Idiotismus des Griechischen ergiebt sich die Vorliebe für das mediale Futurum. Indem ich hier über die Enstehung dieses Idiotismus eine Vermuthung vorlege, bemerke ich zugleich, dass mir keine chronologisch geordnete vollständige Sammlung der medialen Futura zu Gebote steht. Ausser dem, was die Grammatiken bieten, kenne ich nur noch Scholl, Ueber die griechischen Deponentia in den Blättern für bayerisches Gymnasialschulwesen 6, 240. Unter den von Kühner § 323 angeführten Verben befinden sich eine Anzahl, von denen entweder aus dem Griechischen bekannt ist, dass sie auch andere Formen als das Futurum medial bilden können, z. B. ἀκούω, oder von denen durch die Vergleichung mit dem Sanskrit für eine vorgriechische Periode dasselbe wahrscheinlich gemacht wird, z. B. für θέω θεύσομαι durch die Vergleichung mit *dhāv*, welches sowohl activ wie medial verwendet wird. Bei diesen Verben also ist das mediale Futurum nicht im Griechischen neu gebildet, sondern bevorzugt worden. Dagegen muss man bei anderen Verben Neubildung der medialen Form annehmen, z. B. ῥέω, da das damit identische *sru* in RV. ebenfalls nur activische Form kennt, ferner bei βαίνω, εἰμί u. a. Eine Erklärung sowohl für die Conservirung wie für die Neuschöpfung lässt sich, glaube ich, gewinnen, wenn man von Verben wie βαίνω ausgeht. Es ist nach dem indischen und sonstigen griechischen Gebrauch der Wurzel gā wahrscheinlich, dass „ich werde gehen" einst βήσω hiess. Warum ist nun dieses durch βήσομαι verdrängt worden? Ich vermuthe durch Einwirkung des Aoristes ἔβησα. Ursprünglich hatte, wie das Sanskrit zeigt, sowohl ἔβην als ἔβησα intransitive Bedeutung und es ist eine Errungenschaft erst des Griechischen, dass ἔβησα transitive Bedeutung erhielt. Neben diesem transitiven ἔβησα nun konnte sich ein intransitives βήσω nicht halten, sondern wurde transitiv oder vielmehr causativ, und für die intransitive Bedeutung bildete man das mediale Futurum. In derselben Lage wie βαίνω sind auch ἵστημι φύω und einige andere Verba. Ich meine nun, dass diese Verba den Ausgangspunkt der Bewegung gebildet haben und dass das Festhalten oder Neubilden des medialen Futurums bei den übrigen Verben auf Nachahmung beruht. Weil βήσομαι gesagt wurde, erhielt sich ϑεύσομαι, das neben ϑεύσω bestanden haben mochte. Nach ϑεύσομαι mag sich dann wieder δραμοῦμαι und ϑρέξομαι gerichtet haben, an das alte Medium πλεύσομαι lehnte sich das junge ῥεύσομαι u. s. w. Seltsam ist ἔσσομαι. Ich wage darüber folgende Vermuthung: In Sanskrit wird von as kein Futurum gebildet, sondern es tritt bhavishyāmi von bhū ergänzend ein. Vielleicht gebraucht man auch im Griechischen ursprünglich neben dem Praesens εἰμί das Futurum φύσω. Dieses φύσω nun musste wegen ἔφυσα durch φύσομαι ersetzt werden, und vielleicht ist, als das Griechische das Verbum εἰμί zum alleinigen verbum substantivum erhob, diesem φύσομαι das Futurum ἔσσομαι nachgebildet worden.

Das Passivum.

Wie schon oben bemerkt wurde, haben seit alter Zeit die Medialformen auch passiven Sinn gehabt, der in dieselben, wie es scheint, auf zwei Wegen einziehen konnte, einmal durch die neutrale und sodann durch die reflexive Bedeutung hindurch. Eine Untersuchung der Medialformen passiver Bedeutung bei Homer (bei der auch Classen, Beobachtungen über den homerischen Sprachgebrach 103 ff., zu berücksichtigen sein würde) wäre erwünscht. Ich füge an dieser Stelle nur Einiges bei über die Activformen passiver Bedeutung.

Diese Formen, nämlich die Aoriste auf -ην und -ϑην werden verschieden erklärt, für meinen Zweck genügt, zu constatiren, was der Augenschein lehrt, dass die Formen auf -ην und -ϑην ihrer Bildung nach dem Activum angehören. Ueber ihre Bedeutung vergleiche man ausser den Abschnitten in Curtius Verbum und den Morphologischen Untersuchungen von Osthoff und Brugman, die Dissertation von G. Kühne, de aoristi passivi formis atque usu homerico, Marburg 1877. Ich lasse hier, um die Bedeutungsentwickelung zu veranschaulichen, eine Zusammenstellung der bei Homer vorkommenden Aoriste auf -ην und -ϑην folgen, denen ich noch den analog gebildeten Aorist ἑάλων zugesellt habe.

ἑάλων, die Formen ἁλώω, ἁλῴη, ἁλοίη übersetzen wir, wenn von Personen die Rede ist, durch „fallen, bleiben,“ so P 506, σ 265, mit dem Gegensatz φυγεῖν Ξ 81, ξ 183. Aehnlich Δ 405. Sobald von

Dingen die Rede ist wie *I* 593 von einer Stadt (τῶν ἄστυ ἀλώῃ) ist uns das Passivum geläufiger, aber „fallen“ ebensowohl möglich. Das Passivum würden wir am liebsten anwenden *Φ* 495 wo ἀλώμεναι von der Taube gesagt wird, die der Habicht verfolgt, ebenso bei dem Participium ἀλοῦσα in χερσὶν ὑφ' ἡμετέρῃσιν ἀλοῦσά τε περϑομένη τε *B* 374 u. s. w., und in ἀψῖσι λίνου ἁλόντε πανάγρου *E* 487, wo von im Netz gefangenen Fischen die Rede ist. Ὑπό mit dem Dativ findet sich bei ἀλοῦσα, wobei der Sinn „unter“ (vgl. „unter den Händen des Arztes sterben“) noch deutlich ist.

ἐάγην, ἐάγη heisst „brach“ gebraucht vom Schwert, der Lanze, dem Knüppel, dem Nacken. In πάλιν ἄγεν ὀξέες ὄγκοι *Δ* 214 „bogen sich zurück.“

ἐβλάβην, ἔβλαβεν vom Wagen und den Pferden beim Wettrennen gesagt *Ψ* 461 u. 545 „zurückbleiben.“

ἀναβροχέν *λ* 586 wohl passivisch „aufgesogen.“

ἐδάην erfahren, kennen lernen, ἐδάην δαείω δαῶμεν δαήμεναι δαῆναι προδαείς, mit acc. ἐμὸν νόον *δ* 493.

ἐδάμην, ἐδάμη δάμη ἐδάμημεν δάμεν δαμείω δαμήῃς δαμήῃ δαμείη δαμεῖεν δαμήμεναι δαμῆναι δαμείς u. s. w. unterliegen, fallen, und zwar Erstens: absolut gebraucht d. h. ohne Nennung einer Person oder Sache, die wir als Verursacher betrachten: δάμη vom Fallen in der Schlacht, z. B. *α* 237, *δ* 499 u. s. w. Der Gegensatz ist ἐλίποντο, z. B. πολλοὶ δ' Ἀργείων οἱ μὲν δάμεν οἱ δ' ἐλίποντο *M* 14. Mit „unterliegen“ können wir übersetzen αὐτὰρ ἐπεὶ Ξάνϑοιο δάμη μένος *Φ* 389. Zweitens: mit Nennung einer solchen Person oder Sache, wobei wir in der Uebersetzung meistens unser Passivum anwenden. Die Person oder Sache steht a) im Dativ, z. B. Πηλείωνι *Υ* 294; Τρώεσσι *P* 2; ϑεῷ τε καὶ ἀνέρι *T* 417; δοιοῖσι κασιγνήτοισι *Π* 326; ποταμῷ *Φ* 291; ἄλλοισι *Γ* 301; χερσί *Π* 854; πληγῇσι *δ* 54; δουρί *X* 246; Διὸς μάστιγι *M* 37; κηρί *γ* 410; ἀναλκείῃσι 274; ὕπνῳ καὶ φιλότητι *Ξ* 352. b) im localen Dativ mit ὑπό, wobei das locale unter noch deutlich empfunden wird in der sehr häufigen Wendung ὑπὸ χερσὶ δαμήμεναι, auch in ὑπό μνηστῆρσι *δ* 790 und ὑπὸ Τρώεσσι *N* 98 ist die locale Auffassung noch möglich, aber nicht mehr deutlich in der häufigen Wendung ὑπὸ δουρί. c) Die moderne Construction des Gen. mit ὑπό erscheint nur *Π* 434 u. 452. d) Endlich sei noch erwähnt παρ' ἀνέρι δαμῆναι *P* 421. Wir übersetzen παρά mit „durch,“ es hat aber auch an dieser Stelle keinen anderen Sinn, als z. B. in der Verbindung παρὰ νηυσὶ δαμείετε *H* 72.

ἐάλην, ἐάλη ἀλήμεναι ἀλῆναι ἀλείς u. s. w., von einer Person gebraucht „sich zusammenkauern, ducken,“ von mehreren sich zusammendrängen. An eine Uebersetzung durch das Passivum würden wir nur etwa Σ 76 denken.

$\dot{\varepsilon}\vartheta\dot{\varepsilon}\varrho\eta\nu$, $\vartheta\varepsilon\varrho\dot{\varepsilon}\omega$ ϱ 23 warm werden.

$\dot{\varepsilon}\varkappa\dot{\alpha}\eta\nu$, $\dot{\varepsilon}\varkappa\dot{\alpha}\eta$ $\varkappa\alpha\dot{\eta}\mu\varepsilon\nu\alpha\iota$ intrans. „brennen.‟ Wird entweder vom Feuer gesagt, das niederbrennt I 212, oder von Gegenständen, die verbrennen, so von der $\pi\upsilon\varrho\dot{\eta}$ Ψ 210, von der $\ddot{\upsilon}\lambda\eta$ Ψ 198, von den $\mu\tilde{\eta}\varrho\alpha$, von dem $\nu\varepsilon\varkappa\varrho\dot{o}\varsigma$ μ 13.

$\dot{\varepsilon}\mu\dot{\iota}\gamma\eta\nu$, $\dot{\varepsilon}\mu\dot{\iota}\gamma\eta\nu$ $\dot{\varepsilon}\mu\dot{\iota}\gamma\eta\varsigma$ $\dot{\varepsilon}\mu\dot{\iota}\gamma\eta$ $\mu\dot{\iota}\gamma\eta$ $\mu\dot{\iota}\gamma\varepsilon\nu$ $\mu\dot{\iota}\gamma\eta\sigma\alpha\nu$ $\mu\iota\gamma\dot{\varepsilon}\omega\sigma\iota$ $\mu\iota\gamma\varepsilon\dot{\iota}\eta\nu$ $\mu\iota\gamma\varepsilon\dot{\iota}\eta\varsigma$ $\mu\iota\gamma\varepsilon\dot{\iota}\eta$ $\mu\iota\gamma\dot{\eta}\mu\varepsilon\nu\alpha\iota$ $(\pi\varrho o)\mu\iota\gamma\tilde{\eta}\nu\alpha\iota$ $\mu\iota\gamma\varepsilon\dot{\iota}\varsigma$ u. s. w. „zusammenkommen mit.‟ Diejenigen Personen oder Gegenstände, mit denen etwas zusammenkommt, stehen a) im Dativ, wahrscheinlich ursprünglich dem Instrumentalis, z. B. $T\varrho\dot{\omega}\varepsilon\sigma\sigma\iota$ E 143, $\Phi\alpha\dot{\iota}\eta\varkappa\varepsilon\sigma\sigma\iota$ ε 386, $\dot{\alpha}\nu\vartheta\varrho\dot{\omega}\pi o\iota\sigma\iota$ ε 378, $\mu\nu\eta\sigma\tau\dot{\eta}\varrho\varepsilon\sigma\sigma\iota$ o 315, $\pi\varrho o\mu\dot{\alpha}\chi o\iota\sigma\iota$ $\varDelta$ 354, $\varkappa\varrho\eta\tau\tilde{\eta}\varrho\iota$ (nachdem es in den Krug gelangt, geworfen ist) δ 222; vielleicht ist auch $\nu\dot{o}\mu\omega$ $\mu\iota\gamma\dot{\varepsilon}\omega\sigma\iota$ B 475 so aufzufassen. Im Dativ steht auch das Weib, mit dem der Mann zusammenkommt, z. B. o 420, oder der Mann, mit dem das Weib zusammenkommt, z. B. λ 306. b) im Dativ mit $\dot{\varepsilon}\nu$, z. B. $\dot{\varepsilon}\nu\dot{\iota}$ $\pi\varrho o\mu\dot{\alpha}\chi o\iota\sigma\iota$ σ 379, $\dot{\varepsilon}\nu$ $\delta\dot{o}\mu o\iota\sigma\iota$ ϑ 268, $\dot{\varepsilon}\nu$ $\varkappa o\nu\dot{\iota}\eta\sigma\iota$ τ 55, $\dot{\varepsilon}\nu$ $\delta\alpha\ddot{\iota}$ $\varXi$ 386, $\dot{\varepsilon}\nu$ $\pi\alpha\lambda\dot{\alpha}\mu\eta\sigma\iota\nu$ Φ 469 u. sonst. c) vereinzelt mit $\pi\alpha\varrho\dot{\alpha}$ ψ 219 in einem für unecht erklärten Verse.

$\dot{\varepsilon}\pi\dot{\alpha}\gamma\eta\nu$, $\dot{\varepsilon}\pi\dot{\alpha}\gamma\eta$ $\pi\dot{\alpha}\gamma\eta$ haften bleiben, nur vom Wurfgeschoss gesagt.

$\dot{\varepsilon}\pi\lambda\dot{\eta}\gamma\eta\nu$ (mit $\dot{\varepsilon}\varkappa$ oder $\varkappa\alpha\tau\dot{\alpha}$ in den finiten Formen) $\dot{\varepsilon}\pi\lambda\dot{\eta}\gamma\eta$ $\pi\lambda\tilde{\eta}\gamma\eta$ $(\dot{\varepsilon}\varkappa)\pi\lambda\tilde{\eta}\gamma\varepsilon\nu$, $\pi\lambda\eta\gamma\varepsilon\dot{\iota}\varsigma$ u. s. w. Das Participium ist immer passivisch „geschlagen, getroffen,‟ so $\pi\lambda\eta\gamma\varepsilon\dot{\iota}\varsigma$ $o\dot{\upsilon}$ $\varkappa\alpha\tau\dot{\alpha}$ $\varkappa\dot{o}\sigma\mu o\nu$ $\dot{\varepsilon}\lambda\varepsilon\dot{\upsilon}\sigma\varepsilon\tau\alpha\iota$ $O\ddot{\upsilon}\lambda\upsilon\mu\pi\dot{o}\nu\delta\varepsilon$ Θ 12, vgl. Ψ 694; $\pi\lambda\eta\gamma\varepsilon\tilde{\iota}\sigma\alpha$ $\varkappa\varepsilon\varrho\alpha\upsilon\nu\tilde{\omega}$ μ 416 u. sonst; $\varkappa\lambda\eta\tilde{\iota}\delta\iota$ φ 50. $^{\prime}H\nu\dot{\iota}o\chi o\iota$ $\delta^{\prime}$ $\ddot{\varepsilon}\varkappa\pi\lambda\eta\gamma\varepsilon\nu$ Σ 225 übersetzen wir „geriethen‟ in Verwirrung; aber $\dot{\varepsilon}\varkappa$ $\delta\dot{\varepsilon}$ $o\dot{\iota}$ $\dot{\eta}\nu\dot{\iota}o\chi o\varsigma$ $\pi\lambda\dot{\eta}\gamma\eta$ $\varphi\varrho\dot{\varepsilon}\nu\alpha\varsigma$ N 394 scheint ebenso wie Γ 31 Π 403 passivisch, so dass $\dot{\varepsilon}\varkappa\pi\lambda\dot{\eta}\sigma\sigma\varepsilon\iota\nu$ wie ein Verbum des Beraubens construirt wäre.

$\dot{\varepsilon}\varrho\varrho\dot{\upsilon}\eta\nu$, $\dot{\varrho}\dot{\upsilon}\eta$ $(\dot{\varepsilon}\varkappa)$ entströmen; $\tau\tilde{\eta}\varsigma$ $\delta^{\prime}$ $\dot{\varepsilon}\pi\varepsilon\dot{\iota}$ $\dot{\varepsilon}\varkappa$ $\mu\dot{\varepsilon}\lambda\alpha\nu$ $\alpha\tilde{\iota}\mu\alpha$ $\dot{\varrho}\dot{\upsilon}\eta$ γ 455.

$\dot{\varepsilon}\varrho\varrho\dot{\alpha}\gamma\eta\nu$, $(\dot{\upsilon}\pi)\varepsilon\varrho\varrho\dot{\alpha}\gamma\eta$ hervorbrechen Π 300 $(\ddot{\alpha}\sigma\pi\varepsilon\tau o\varsigma$ $\alpha\dot{\iota}\vartheta\dot{\eta}\varrho)$.

$\dot{\varepsilon}\sigma\dot{\alpha}\pi\eta\nu$, $\sigma\alpha\pi\dot{\eta}\eta$ Γ 26 verfaulen.

$\dot{\varepsilon}\tau\dot{\alpha}\varrho\pi\eta\nu$, $\dot{\varepsilon}\tau\alpha\varrho\pi\dot{\eta}\tau\eta\nu$ $\tau\dot{\alpha}\varrho\pi\eta\mu\varepsilon\nu$ $\tau\dot{\alpha}\varrho\pi\eta\sigma\alpha\nu$ $\tau\varrho\alpha\pi\varepsilon\dot{\iota}o\mu\varepsilon\nu$ $\tau\alpha\varrho\pi\dot{\eta}\mu\varepsilon\nu\alpha\iota$ $\tau\alpha\varrho\pi\tilde{\eta}\nu\alpha\iota$ sich ersättigen.

$\dot{\varepsilon}\tau\mu\dot{\alpha}\gamma\eta\nu$, $(\delta\iota)\dot{\varepsilon}\tau\mu\alpha\gamma\varepsilon\nu$ $\tau\mu\dot{\alpha}\gamma\varepsilon\nu$ auseinandergehen, von zwei Personen, die sich trennen A 521, H 302, ν 439; von Thorflügeln M 461; von Heerden (Π 354) oder Fliehenden (Π 374) die sich zerstreuen.

$\dot{\varepsilon}\tau\varrho\dot{\alpha}\varphi\eta\nu$, $\tau\varrho\dot{\alpha}\varphi\eta$ $\dot{\varepsilon}\tau\varrho\alpha\varphi\dot{\varepsilon}\tau\eta\nu$ $\dot{\varepsilon}\tau\varrho\dot{\alpha}\varphi\eta\mu\varepsilon\nu$ $\ddot{\varepsilon}\tau\varrho\alpha\varphi\varepsilon\nu$ $\tau\varrho\dot{\alpha}\varphi\varepsilon\nu$ $\tau\varrho\alpha\varphi\dot{\varepsilon}\mu\varepsilon\nu$ aufwachsen.

$\tau\varepsilon\varrho\sigma\dot{\eta}\mu\varepsilon\nu\alpha\iota$ $\tau\varepsilon\varrho\sigma\tilde{\eta}\nu\alpha\iota$ trocken werden.

ἐτρύφην, διατρυφέν *Γ* 363 zerspringen.

ἐτύπην, ἐτύπη τυπείς passivisch: mit einem Accusativ des inneren Objects σὺν δ' ἕλκεα πάντα μέμυκεν ὅσσ' ἐτύπη *Ω* 421, sonst τυπείς, und zwar entweder allein, oder mit dem instrumentalen Dativ, z. B. δουρὶ τυπείς ἢ βλήμενος ἰῷ *Δ* 206, oder mit dem Dativ und ὑπό, z. B. ἐμῷ ὑπὸ δουρὶ τυπείς *Δ* 433.

ἐφάνην, ἐφάνη φάνη φανήτην φάνημεν ἔφανεν φάνεν φανῇ φανήῃ φανείης φανείη φάνηθι φανήτω φανήμεναι φανῆναι φανείς u. s. w. (auch mit ἐκ und πρό) sichtbar werden, sich zeigen, erscheinen.

ἐχάρην ἐχάρη χάρη ἐχάρημεν ἐχάρησαν χαρείη χαρείς u. s. w. Freude empfinden.

Wie die Uebersicht zeigt, sind wir nur in wenigen Fällen genöthigt, bei der Uebersetzung ins Deutsche die passive Construction anzuwenden, in den meisten Fällen sind wir auch mit den Mitteln unserer Sprache noch im Stande, das ursprüngliche Activum zur Geltung zu bringen. Um sich die Entstehung der passiven Bedeutung anschaulich zu machen, wolle man Folgendes erwägen: Der Nominativ bezeichnet im Indogermanischen nicht das Subject der Handlung im logischen Sinne, sondern denjenigen, der für den Betrachtenden als Träger und Mittelpunkt des durch das Verbum ausgedrückten Vorganges erscheint. In den meisten Fällen freilich wird der Träger der Handlung auch der Verursacher derselben sein, aber es giebt doch auch zahlreiche Fälle, in denen das nicht der Fall ist, z. B. in Wendungen wie: das Haus brennt, der Schnee schmilzt u. a. m., in welchen der Träger der Handlung den Vorgang nicht verursacht, sondern demselben nur als Mittelpunkt dient. Bei derartigen Verben kann das sogenannte Passivum entstehen, wenn neben dem Träger, an welchem sich die Handlung abspielt, noch ein Verursacher der Handlung genannt wird. Der Aorist ἐδάμην z. B. bedeutet ursprünglich „zahm werden."[1] Man sagt demnach auch von einem Gefallenen ἐδάμη („nun ist der Lümmel zahm"). Wenn nun daneben der Verursacher des Todes genannt wird, so kann derselbe im Instrumentalis erscheinen, z. B. Πηλείωνι δαμείς „gestorben unter Mitwirkung des Peliden,"[2] oder es können präpositionale Wendungen gebraucht werden, wie oben gezeigt ist. Natür-

---

1) Die causative Bedeutung von δάμνημι dürfte späteren Ursprungs sein. Es fehlt uns noch eine Zusammenstellung derjenigen Verbalformen, welche causativen Sinn haben.

2) Es hat also der Instrumentalis beim Passivum ursprünglich auch nur den Sinn der Begleitung.

lich ist diese Construction von ἐδάμη nicht auffälliger als die Wendung: εὖτ' ἂν πολλοὶ ὑφ' Ἕκτορος ἀνδροφόνοιο θνῄσκοντος πίπτωσι *A* 243 oder πολλὰ δ' ὑπ' αὐτοῦ ἔργα κατήριπε *E* 92 u. viele andere. So gelangt ein intransitives oder neutrales Verbum, oder wie man es sonst bezeichnen will, nahe an die Grenze des Passivums. Fertig aber ist die neue Ausdrucksweise erst dann, wenn sich an Aoriste wie ἐδάμην analoge Bildungen aus transitiven Verben anlehnen, wie ἐτύπην. In diesem Falle erscheint dann wirklich als Subject des Satzes jemand, der das Object einer von einem andren unternommenen Handlung ist.

Sechstes Kapitel.

Die Tempora.

Dass die Stämme des Praesens, des Aorists, des Perfectums verschiedene Aktionen bezeichnen (das Praesens etwa die dauernde, der Aorist die eintretende, das Perfectum die vollendete Handlung), dass die bestimmte Aktion in jeder Form des Stammes, in den Modi so gut wie im Indicativ zur Erscheinung kommt, dass ferner die Zeitstufe nur in dem Augment sichtbar bezeichnet ist, — diese Wahrheiten, um deren Gewinnung sich Georg Curtius das grösste Verdienst erworben hat, sind wohl jetzt in das allgemeine Bewusstsein übergegangen. Wer noch Belehrung darüber wünscht, findet sie am Besten in Curtius Erläuterungen zu seiner griechischen Schulgrammatik. Mit der Bewährung im Einzelnen aber sieht es noch schlecht aus. Auch gute Lexika bieten die Bedeutungen der einzelnen Tempusstämme im unerfreulichsten Durcheinander zur Auswahl dar. Vor Allem fehlt es noch an den nothwendigen Vorarbeiten für das Erkenntniss der homerischen Sprache. Wie wir keine Formenlehre und keine Syntax des Homer besitzen, so fehlt es auch an einem den heutigen Anforderungen entsprechenden wissenschaftlichen Index, so dass wir in der That über den Bestand der homerischen Sprache schlechter unterrichtet sind, als über die Thatsachen der Sprache des Veda. Ein Index zu Homer müsste nach dem Muster des in der Anordnung unübertrefflichen Grassmannschen Wörterbuchs zum Rigveda angelegt werden. Die Verbalformen im besonderen müssten nach Stämmen geordnet aufgeführt werden, und unter jedem Stamme wären die vorkommenden Formen nebst Belegstellen einzeln anzugeben. Dann erst würde man das Material haben, um den Sinn der Tempusstämme genügend zu bestimmen, und sich z. B. darüber aufzuklären, welche Verba alle Tempusstämme haben, welchen das Praesens, welchen der Aorist u. s. w. fehlt. Da diese durchaus nothwendigen Vorarbeiten noch nicht einmal in die Hand genommen sind, begnüge ich mich, hier nur Beispiels halber bei einigen

Verben die verschiedene Bedeutung der Tempusstämme nachzuweisen. Wenn bei manchen Verben mit Vorliebe Imperative als Belege gewählt worden sind, so ist das geschehen, um nebenbei dem noch nicht ganz ausgerotteten Irrthum zu begegnen, als ob zwischen dem imp. aor. und dem imp. praes. ein anderer Unterschied bestände, als derjenige, wodurch sich überhaupt der Praesensstamm vom Aoriststamm scheidet. Ich bemerke dabei, dass die Auswahl der Verben nicht auf irgend welchem Princip beruht, sondern dem Zufall überlassen worden ist. Verba bei denen die Verschiedenheit der Tempusaktionen allgemein anerkannt ist, wie ἔχω ἵστημι φεύγω sind mit Absicht übergangen worden.

ἄγω

bedeutet im pr. leiten, führen, und zwar diese Bewegung selbst, ohne dass dabei ausgedrückt wäre, dass das Ziel erreicht wird z. B.:

> Νέστορ᾽ ἔρειο
> ὅντινα τοῦτον ἄγει βεβλημένον ἐκ πολέμοιο Δ 612 vgl. Φ 421

„wen er geleitet".

> τῷ δέ τ᾽ ἄνευθεν ἐόντι μελάντερον ἠΰτε πίσσα
> φαίνετ᾽ ἰὸν κατὰ πόντον, ἄγει δέ τε λαίλαπα πολλήν Δ 278

„führt mit sich".

Auch wenn das Ziel bezeichnet wird, ist doch in ἄγειν nicht das Eintreffen an diesem Ziele betont. Menelaos sieht Hektor heranstürmen, und überlegt ob er ihn erwarten soll. Wie er nun Hektor sich heranbewegen sieht, schildert er mit den Worten:

> Τρῶας δ᾽ ἐνθάδε πάντας ἄγει κορυθαίολος Ἕκτωρ P 96.

Ebenso heisst ἄγειν ἑκατόμβην ἐς Χρύσην sie dahin geleiten. Aehnlich Ἑλένην δώοιεν Ἀτρεΐδησιν ἄγειν damit sie sie mit sich führen H 351. Dagegen ἀγαγεῖν heisst „bringen", z. B.:

> ὡς ἔλθοι μὲν κεῖνος ἀνήρ, ἀγάγοι δέ ἑ δαίμων

„und möchte ein Gott ihn herbringen, herführen" (ἄγοι würde heissen ihn auf seiner Reise geleiten) ϱ 243.

> ἐκ δ᾽ ἄγαγε κλισίης Βρισηΐδα καλλιπάρῃον
> δῶκε δ᾽ ἄγειν Α 347

er brachte sie heraus und übergab sie ihnen, damit sie sie geleiteten.

βαίνω

im pr. heisst: die Beine bewegen, setzen, aber nicht: einen Weg zurücklegen. Von der Eris wird gesagt

> οὐρανῷ ἐστήριξε κάρη καὶ ἐπὶ χθονὶ βαίνει Δ 443

d. h. nicht „sie legt einen Weg zurück", sondern prosaisch ausgedrückt: das Haupt ragt in den Himmel, aber die Füsse setzt sie auf die Erde.

ὡς ἄρα φωνήσασ' ἡγήσατο Παλλὰς Ἀθήνη
καρπαλίμως · ὁ δ' ἔπειτα μετ' ἴχνια βαῖνε θεοῖο β 405
„er setzte seine Füsse in die Fusstapfen der Göttin“
αὐτὰρ Ὀδυσσεύς
ἀμφ' ἑνὶ δούρατι βαῖνε ε 371
„schlug die Beine um einen Balken, setzte sich rittlings auf einen Balken.“
ὁ δὲ λάξ ἐν στήθεσι βαίνων
ἐκ χροὸς ἕλκε δόρυ Π 503
„den Fuss ihm auf die Brust setzend.“

βῆναι dagegen heisst: „sich auf die Beine machen, aufbrechen.“ Besonders deutlich ist dieser Sinn in βῆ δ' ἴμεν brach auf um zu gehen, ebenso ἴμεναι θέειν ἐλάαν. ἔβη in Verbindung mit einem Participium pflegen wir gerade zu durch „weg“ zu übersetzen, βῆ φεύγων er floh hinweg, βῆ φέρων er trug hinweg. κακκείοντες ἔβαν heisst: sie brachen auf um nach Hause zu gehen. Man vergleiche noch folgende einzelne Stellen:

ὡς φάτο, βῆ δ' ἄρ' Ὄνειρος ἐπεὶ τὸν μῦθον ἄκουσεν.
καρπαλίμως δ' ἵκανε θοὰς ἐπὶ νῆας Ἀχαιῶν·
βῆ δ' ἄρ' ἐπ' Ἀτρεΐδην Ἀγαμέμνονα, τὸν δ' ἐκίχανεν
εὕδοντ' ἐν κλισίῃ περὶ δ' ἀμβρόσιος κέχυθ' ὕπνος.
στῆ δ' ἄρ' ὑπὲρ κεφαλῆς Β 16

d. i. Oneiros machte sich auf, nachdem er den Befehl gehört hatte, und gelangt schnell zur Erde zu den Schiffen der Achaier. Dort angekommen machte er sich auf den Weg zu Agamemnon, fand ihn schlafend und trat nun ihm zu Häupten hin.

Αἰνείας ὅδ' ἔβη κεκορυθμένος αἴθοπι χαλκῷ Υ 117
„da hat sich Aeneas aufgemacht,“
τοὺς μὲν λίπεν αὐτοῦ βῆ δὲ μετ' ἄλλους Δ 292
„brach auf zu anderen hin,“
ἐξ οὗ κεῖνος ἔβη κοίλῃς ἐπὶ νηυσίν β 18
„seit jener abgereist ist“ und ähnlich
Ἀργεῖοι δ' ἐν νηυσὶ φίλην ἐς πατρίδ' ἔβησαν Μ 16
„(nachdem) die Griechen aufgebrochen waren.“

Auch in den Worten βῆ δὲ διὰ προμάχων bezeichnet βῆ nur einen einzigen Akt: „er durchbrach die vorderste Reihe.“ Einige Homerstellen in denen ἔβη vorkommt sind bisher meist ungenau übersetzt worden. So ist τὼ δὲ δύω σκάζοντε βάτην Ἄρεος θεράποντε Τ 47 nicht zu übersetzen: „sie kamen heran“ (wie später ἦλθε), sondern

„sie machten sich auf," oder nach unserer Weise: „hatten sich aufgemacht." In den Versen

ὡς ἔφατ', ἔδδεισεν δ' ὁ γέρων καὶ ἐπείθετο μύθῳ
βῆ δ' ἀκέων παρὰ θῖνα πολυφλοίσβοιο θαλάσσης
πολλὰ δ' ἔπειτ' ἀπάνευθε κιὼν ἠρᾶθ' ὁ γεραιός *A* 33

kann βῆ παρὰ θῖνα nicht heissen „er wandelte am Strande entlang," vielmehr sind die Verse zu übersetzen: er gerieth in Furcht und fügte sich, brach schweigend auf zum Strande, dort ging er fern abseits und betete. So sind auch *B* 47 (zu κατά vgl. *A* 807), *T* 40, *A* 327 zu deuten. Ich leugne nicht, dass es bei Betrachtung einer einzelnen Stelle natürlicher erscheinen kann βῆ παρὰ θῖνα zu übersetzen „er wandelte am Strande entlang," aber der Gebrauch des Aorists, wie er in den sämmtlichen übrigen sehr zahlreichen Stellen erscheint (man übersieht sie bei Damm s. v. βῆμι), verbietet diese Auffassung.

βέβηκα endlich hat einen doppelten Sinn. Als intensives Perfectum heisst es häufig die Füsse bewegen, eilen, gehen, einen Weg zurücklegen, z. B.:

ἄλοχος δὲ φίλη οἰκόνδε βεβήκει
ἐντροπαλιζομένη θαλερὸν κατὰ δάκρυ χέουσα *Z* 495.

Sie legte den Weg nach Hause zurück und blickte dabei häufig zurück.

ὡς εἰπὼν ἐπὶ Κεβριόνῃ ἥρωι βεβήκει
οἶμα λέοντος ἔχων *Π* 751,

wobei in βεβήκει das Vorrücken geschildert wird.

ἡ μὲν θαμβήσασα πάλιν οἰκόνδε βεβήκει *α* 360

heisst nicht: „sie brach wieder auf, sondern sie begab sich wieder zurück." So heisst auch:

ἀλλ' ὁ μὲν ἤδη κηρὶ δαμεὶς Ἀιδόσδε βεβήκει *ζ* 11

„aber er hatte schon den Weg zum Hades zurückgelegt" (natürlich nicht: „er war schon aufgebrochen") und demgemäss ist auch

ὡς ἄρα μιν εἰπόντα τέλος θανάτοιο κάλυψεν
ψυχὴ δ' ἐκ ῥεθέων πταμένη Ἀιδόσδε βεβήκει *Π* 856

zu übersetzen: er starb und nun vollbrachte die Seele den Weg zum Hades. Es ist ja richtig, dass nicht selten, ohne dem Sinne zu schaden, statt βεβήκει auch ἔβη stehen könnte, dann aber wäre die Auffassung eine andere, z. B. *A* 221 könnte auch wohl stehen: ἡ δ' Οὔλυμπόνδε ἔβη „sie brach auf," es steht aber da βεβήκει sie begab sich 'dahin, legte den Weg dahin zurück. Als Apollon zornerfüllt vom Olympos aufbricht heisst es βῆ δὲ κατ' Οὐλύμποιο καρήνων χωόμενος κῆρ „er brach auf," aber von Athene, die re bene gesta zurückkehrt: „sie vollzog die Rückkehr." Als Perf. der Vollendung bedeutet ἀμφιβέβηκε er

6*

schützt, eig. er steht über etwas, wie Thiere zum Schutz über ihre Jungen treten.

βάλλω

heisst die Thätigkeit des Werfens ausüben. Wird dabei ein Ziel genannt, was nicht nöthig ist, so ist dabei nicht das Treffen ins Auge gefasst (dessen Gegensatz das Verfehlen wäre), sondern der Hörer soll sich auch in einem solchen Falle die Handlung des Werfens vorstellen, welche nur in dem genannten Ziele ihr nothwendiges Ende hat.

οἱ δ' ἄρα χερμαδίοισιν ἐυδμήτων ἀπὸ πύργων
βάλλον ἀμυνόμενοι σφῶν τ' αὐτῶν καὶ κλισιάων
νηῶν τ' ὠκυπόρων νιφάδες δ' ὡς πῖπτον ἔραζε M 154
μή σε καὶ ὁπλότερός περ ἐὼν ἀγρόνδε δίωμαι
βάλλων χερμαδίοισι φ 371 „mit Steinen nach dir werfend."

δίδαξε γὰρ Ἄρτεμις αὐτή
βάλλειν ἄγρια πάντα τά τε τρέφει οὔρεσιν ὕλη E 51

„alles Gethier zu jagen."

ἔστι δέ τις ποταμὸς Μινυήιος εἰς ἅλα βάλλων Λ 722.

Mehrfach kehren die Worte wieder κεφαλῆς τρίχας ἐν πυρὶ βάλλειν. Dabei kommt es nicht darauf an, zu betonen, dass das Feuer getroffen wird, sondern der Phantasie die symbolische Handlung des Werfens vorzuführen. Aehnlich Π 105, Λ 52 u. s. w. βαλεῖν aber heisst mit dem Wurf erreichen, heran-, hineinwerfen, -treffen.

προΐει δολιχόσκιον ἔγχος
καὶ βάλεν οὐδ' ἀφάμαρτε Λ 350 „traf und fehlte nicht."

Aehnlich Λ 376 u. s. w. Ξ 424 heisst es: οὔτις ἐδυνήσατο ποιμένα λαῶν οὐτάσαι οὐδὲ βαλεῖν „niemand vermochte ihn zu treffen." Das βάλλειν vermochten sie wohl, aber nicht das βαλεῖν. Π 866 ἵετο γὰρ βαλέειν heisst er strebte zu treffen. Schwierig ist der Unterschied von βαλεῖν und τυχεῖν H 242 wiederzugeben:

ἀλλ' οὐ γάρ σ' ἐθέλω βαλέειν τοιοῦτον ἐόντα
λάθρῃ ὀπιπεύσας ἀλλ' ἀμφαδόν, αἴ κε τύχωμι.

Dass aber βαλέειν treffen heisst beweist der Zusatz λάθρῃ ὀπιπεύσας, der sonst keinen Sinn hätte. βαλέειν heisst treffen, τυχεῖν etwa die rechte Stelle finden. Ὃς μὲν γάρ κε βάλῃ τρήρωνα πέλειαν Ψ 855 heisst „wer sie trifft" und natürlich nicht „was nach ihr schiesst." In anderen Verbindungen, wo βάλλειν nicht von Geschossen gesagt wird, ist die Verschiedenheit der Aktionen nicht so augenfällig, ergiebt sich aber ebenfalls bei näherer Betrachtung.

Was nun das Perf. βέβληκα betrifft, so wird die Vorführung der Stellen in denen es erscheint beweisen, dass es sich allemal um ein

Durchbohren, Eindringen oder doch gewaltsames Anstossen handelt, so dass also die intensive Geltung dieses Perfectstammes ausser Zweifel steht. Die Stellen sind die folgenden:

(αἰγός) ὅν ῥά ποτ᾽ αὐτὸς ὑπὸ στέρνοιο τυχήσας
βεβλήκει πρὸς στῆθος · ὁ δ᾽ ὕπτιος ἔμπεσε πέτρῃ Δ 108
ὁ δέ Λεῦκον Ὀδυσσέος ἐσθλὸν ἑταῖρον
βεβλήκει βουβῶνα νέκυν ἑτέρωσ᾽ ἐρύοντα ·
ἤριπε δ᾽ ἀμφ᾽ αὐτῷ, νεκρὸς δέ οἱ ἔκπεσε χειρός Δ 492
τὸν μὲν Μηριόνης ὅτε δὴ κατέμαρπτε διώκων
βεβλήκει γλουτὸν κατὰ δεξιόν· ἡ δὲ διαπρό
ἀντικρὺ κατὰ κύστιν ὑπ᾽ ὀστέον ἤλυθ᾽ ἀκωκή Ε 65
τὸν μὲν Φυλεΐδης δουρικλυτὸς ἐγγύθεν ἐλθών
βεβλήκει κεφαλῆς κατὰ ἰνίον ὀξέι δουρί·
ἀντικρὺ δ᾽ ἀν᾽ ὀδόντας ὑπὸ γλῶσσαν τάμε χαλκός Ε 72
τλῆ δ᾽ Ἥρη, ὅτε μιν κρατερὸς παῖς Ἀμφιτρύωνος
δεξιτερὸν κατὰ μαζὸν ὀιστῷ τριγλώχινι
βέβληκει· τότε καί μιν ἀνήκεστον λάβεν ἄλγος Ε 394
Τληπόλεμος δ᾽ ἄρα μηρὸν ἀριστερὸν ἔγχεϊ μακρῷ
βεβλήκειν, αἰχμὴ δὲ διέσσυτο μαιμώωσα Ε 660
ἐπεὶ ἄρ τιν᾽ ὀιστεύσας ἐν ὁμίλῳ
βεβλήκοι, ὁ μὲν αὖθι πεσὼν ἀπὸ θυμὸν ὄλεσκεν Θ 269
τὸν δ᾽ Αἴας καὶ Τεῦκρος ὁμαρτήσανθ᾽ ὁ μὲν ἰῷ
βεβλήκει τελαμῶνα περὶ στήθεσσι φαεινόν
ἀσπίδος ἀμφιβρότης Μ 400

und ganz ähnlich Ξ 412; Ρ 606; χ 258; 286, und ebenso das Passivum.

δικάζω
heisst im pr. Richter sein, so in dem Verse
κεῖνος δὲ τὰ ἃ φρονέων ἐνὶ θυμῷ
Τρωσί τε καὶ Δαναοῖσι δικαζέτω, ὡς ἐπιεικές Θ 431
„er mag für alle Zukunft Richter sein" vgl. κατὰ γᾶς δικάζει „ist Richter in der Unterwelt" bei Pindar. Dagegen der Aorist bedeutet „entscheiden:" ἐς μέσον ἀμφοτέροισι δικάσσατε Ψ 574 vgl. δίκασαν „das Urtheil fällten" λ 547.

εἴκω
heisst im pr.: „fernbleiben, sich fernhalten."
ἧσο παρ᾽ αὐτὸν ἰοῦσα, θεῶν δ᾽ ὑπόεικε κελεύθου,
μηδ᾽ ἔτι σοῖσι πόδεσσιν ὑποστρέψειας Ὄλυμπον,
ἀλλ᾽ αἰεὶ περὶ κεῖνον ὀίζυε καί ἑ φύλασσε Γ 406
ὄφρ᾽ ἂν μέν κεν ὁρᾷς Ἀγαμέμνονα ποιμένα λαῶν

θύνοντ' ἐν προμάχοισιν, ἐναίροντα στίχας ἀνδρῶν
τόφρ' ὑπόεικε μάχης so lange halt dich fern Α 204.
So heisst auch Ε 348 εἶκε halte dich fern. Mit „sich zurück-
ziehn" übersetzen wir εἴκετε Ε 606:
ἀλλὰ πρὸς Τρῶας τετραμμένοι αἰὲν ὀπίσσω
εἴκετε, μηδὲ θεοῖς μενεαινέμεν ἶφι μάχεσθαι.
Dagegen der aor. bezeichnet den Moment des Platzmachens.
„εἴξατέ μοι οὐρεῦσι διελθέμεν. αὐτὰρ ἔπειτα
ἄσεσθε κλαυθμοῖο, ἐπὴν ἀγάγωμι δόμονδε"
ὡς ἔφαθ', οἱ δὲ διέστησαν καὶ εἶξαν (machten Platz) ἀπήνῃ Ω 716.

ἔρχομαι
im pr. bedeutet die Handlung des Gehens, der aor. betont das Hingelangen.
Ἕκτορ, ἀτὰρ σὺ πόλινδε μετέρχεο, εἰπὲ δ'ἔπειτα Ζ 86
„begieb dich zur Stadt." Dagegen ἀλλὰ μέτελθε „hole sie ein" Φ 422.
νῦν δ' ἔρχεσθ' ἐπὶ δεῖπνον, ἵνα ξυνάγωμεν Ἄρηα begebt euch zum
Mahl Τ 275.
οἱ δὲ δὴ ἄλλοι
ἔρχεσθ' ὄφρ' ἂν ἵκησθε μετὰ Τρῶας καὶ Ἀχαιούς
geht bis ihr hingelangt Υ 24.
οὔ τοι τέκνον ἐμὸν δέδοται πολεμήϊα ἔργα.
ἀλλὰ σύγ' ἱμερόεντα μετέρχεο ἔργα γάμοιο Ε 429
dagegen im aor.: κλῦθι θεά· ἀγαθή μοι ἐπίρροθος ἐλθὲ ποδοῖιν komm
her Ψ 770; σχεδὸν ἐλθέ komm näher Ν 810; ἀλλ' ἄγε νῦν εἴσελθε
tritt ein Ζ 354. So ist auch αἶψα μάλ' ἐς στρατὸν ἐλθέ Δ 70 Ω 112
zu übersetzen: „tritt schnell ins Lager ein, gelange schnell dahin."
Es wird der Phantasie nicht der Weg vorgeführt, sondern nur der Akt
des Eintreffens.

ἐρύκω
im pr. halten, zurückhalten, med. stehen bleiben, im aor. zum Stehen
bringen, hemmen. Für das Präsens vgl.
ἵππους μὲν θεράποντες ἐρυκόντων ἐπὶ τάφρῳ,
αὐτοὶ δὲ πρυλέες σὺν τεύχεσι θωρηχθέντες
Ἕκτορι πάντες ἐπώμεθα Μ 443
dagegen Ε 262 σὺ δὲ τούσδε μὲν ὠκέας ἵππους αὐτοῦ ἐρυκακέειν ἐξ
ἄντυγος ἡνία τείνας betont deutlich den Akt des Hemmens.
μή μοι ἐρύκεσθον μηδ' ἕστατον ἀχνυμένω κῆρ
bleibt nicht zurück und steht nicht traurig da Ψ 443; dagegen
στῆτ' αὐτοῦ καὶ λαὸν ἐρυκάκετε πρὸ πυλάων

bringe das Volk zum Stehen Z 80. μηδέ μ᾽ ἔρυκε suche mich nicht
fern zu halten Σ 126, dagegen ἐρύκακε halt fest N 751.

ἡγέομαι

im pr. heisst Führer sein, im aor. sich zum Führer machen, sich an
die Spitze stellen, den Weg weisen. συμπάντων δ᾽ ἡγεῖτο war Führer
B 567. Dagegen

> τὴν ἄρ᾽ ὅ γ᾽ ἐν χείρεσσιν ἔχων ἡγήσατο λαῶν

ergriff die Führung O 311.

> πεντήκοντ᾽ ἦσαν νῆες θοαί, ᾗσιν Ἀχιλλεύς

ἐς Τροίην ἡγεῖτο Π 167 heisst „welche Achilleus als Befehls-
haber nach Troja geführt hatte.“ Dagegen καὶ νήεσσ᾽ ἡγήσατο „und
den Schiffen den Weg gezeigt hatte“ A 71. Mehrfach erscheint die
Wendung ὡς ἄρα φωνήσας ἡγήσατο, τοὶ δ᾽ ἅμ᾽ ἕποντο „er übernahm
die Führung, ging voran,“ dagegen wird von dem Sänger, der den
Tanz fortdauernd leiten soll gesagt: ἡγείσθω ὀρχηθμοῖο ψ 134 und
ebenso von dem Diener, der nicht gerade vorangehen, aber Führer und
Begleiter sein soll ν 65. ἐξηγείσθω B 806 heisst: „er soll Anführer
sein,“ aber ἡγησάσθω er soll sich an die Spitze des Zuges stellen, vorangehen I 168.

ἵημι

im pr. heisst schicken, werfen, senden, im aor. entsenden, wegschicken.
Der aor. von ἵημι bezeichnet den Anfangspunkt der Bewegung, das pr.
ἵημι und βάλλω die Bewegung als solche, der Aorist von βάλλω den
Endpunkt der Bewegung (treffen), z. B. ὅσον τ᾽ ἐπὶ λᾶαν ἵησι so weit
man wirft Γ 12, dagegen ἧκ᾽ ἐπιδινήσας er entsandte, u. s. w., μὴ
μεθίετε Δ 234 „lasset nicht ab,“ aber τήνδε θεῷ πρόες „diese lass
frei dem Gotte zu Liebe“ und so an unzähligen Stellen.

καλέω

pr. nach jemand rufen, nennen; aor. anrufen, errufen; perf. med. heissen.
Der Unterschied zwischen aor. und pr. ist nicht bei jeder einzelnen
Stelle deutlich.

> Δηίφοβον δ᾽ ἐκάλει λευκάσπιδα, μακρὸν ἀύσας.
> ἤτεε μιν δόρυ μακρόν· ὁ δ᾽ οὔ τί οἱ ἐγγύθεν ἦεν X 294

„er rief nach ihm,“ dagegen Πρίαμος δ᾽ Ἑλένην ἐκαλέσσατο φωνῇ „er
rief die vorbeigehende Helene zu sich heran.“ Ebenso im imp.

> ἀλλ᾽ ἄγ᾽ ἀριστῆας Δαναῶν κάλει ἤν τις ἀκούσῃ P 245

„ruf nach ihnen;“ aber ἀλλ᾽ ἴθι νῦν Αἴαντα καὶ Ἰδομενῆα κάλεσσον
ῥίμφα θέων παρὰ νῆας „ruf sie herbei“ K 53.

κοιμῶμαι

im pr. heisst ruhen, schlafen z. B.

αὐτὰρ ἐν αὐτῷ
πεντήκοντ' ἔνεσαν θάλαμοι ξεστοῖο λίθοιο
πλησίοι ἀλλήλων δεδμημένοι· ἔνθα δὲ παῖδες
κοιμῶντο Πριάμοιο παρὰ μνηστῇς ἀλόχοισιν Z 243

dagegen κοιμήσασθαι und κοιμηθῆναι sich zur Ruhe begeben, in Schlaf sinken, z. B.

ἀλλ' ἄγεθ' ὡς ἂν ἐγὼν εἴπω πειθώμεθα πάντες;
νῦν μὲν κοιμήσασθε τεταρπόμενοι φίλον ἦτορ
σίτου καὶ οἴνοιο I 705
ὡς ὁ μὲν ἔνθα πεσὼν κοιμήσατο χάλκεον ὕπνον Δ 241
„sank in Schlummer."

κομίζω

im pr. pflegen hegen, im aor. in Pflege nehmen, an sich nehmen, aufnehmen, z. B. οὔ σε κομίζει wendet dir keine Pflege zu ω 251, ὣς ἐμὲ κεῖνος ἐνδυκέως ἐκόμιζε verpflegte mich ρ 113, τὰ σ' αὐτῆς ἔργα κόμιζε α 356; dagegen ἔνθα με Θεσπρωτῶν βασιλεὺς ἐκομίσσατο nahm sich meiner an, nahm mich gastlich auf ξ 316, ebenso

τὴν Δολίος μὲν ἔτικτε, κόμισσε δὲ Πηνελόπεια
παῖδα δὲ ὣς ἀτίταλλε σ 322.

So heisst auch σὺ κόμισσον du nimm ihn in Pflege, übernimm ihn auf deinen Theil π 82. Ganz deutlich ist

βῆ δὲ θέειν, ἀπὸ δὲ χλαῖναν βάλε· τὴν δ' ἐκόμισσεν
κῆρυξ Εὐρυβάτης Ἰθακήσιος, ὅς οἱ ὀπήδει B 183

und zahlreiche ähnliche Stellen.

νοέω

im pr. in Absicht haben, verstehen, wissen, kennen; im aor. bemerken, erkennen, erfinden, ersinnen.

νῦν δ' ἔτι καὶ μᾶλλον νοέω φρεσὶ τιμήσασθαι habe in Absicht X 235; νοέω δὲ καὶ αὐτός, Ἕκτορά τοι λῦσαι ich habe ja auch selber die Absicht Ω 560. Dagegen ἵππω τώ δ' ἐνόησα ποδώκεος Αἰακίδαο ἐς πόλεμον προφανέντε eben bemerke ich, wie die Pferde u. s. w. P 486, ebenso in der Wendung εἰ μὴ ἄρ ὀξὺ νόησε. Deutlich ist auch

βῆ δ' ἰέναι κατὰ λαὸν Ἀχαιῶν χαλκοχιτώνων
παπταίνων ἥρωα Μαχάονα· τὸν δ' ἐνόησεν (ihn entdeckte er) Δ 200.

So ist νόει I 600 etwa durch „beherzige," νόησον Y 310 durch „entschliess dich" zu übersetzen. Die Wendung ἔνθ' αὖτ' ἄλλ' ἐνόησε heisst „da erfand, verfiel auf etwas Anderes." In den Versen

αὐτὰρ ἐγὼ θυμῷ νοέω καὶ οἶδα ἕκαστα
ἐσθλά τε καὶ τὰ χέρηα. πάρος δ' ἔτι νήπιος ἦα.
ἀλλά τοι οὐ δύναμαι πεπνυμένα πάντα νοῆσαι σ 228
heisst *νοέω* einsehen, *νοῆσαι* ersinnen, Rath finden.

ὀπάζω

im pr. sich an jemand heften, jmdm. zugesellen. Der aor. betont den
Akt des Zutheilens. *χαλεπὸν δέ σε γῆρας ὀπάζει* heftet sich an dich,
bedrängt dich Θ 103.

ὡς δ' ὅτε τίς τε κύων συὸς ἀγρίου ἠὲ λέοντος
ἅπτηται κατόπισθε ποσὶν ταχέεσσι διώκων,
ἰσχία τε γλουτούς τε, ἑλισσόμενόν τε δοκεύει,
ὣς Ἕκτωρ ὤπαζε κάρη κομόωντας Ἀχαιούς Θ 338.

Bezeichnend ist der imp. *ὄπαζε* in den Worten *καί σφιν κῦδος*
ὄπαζε μίνυνθά περ lass den Ruhm wenigstens kurze Zeit ihren Genossen
sein Ξ 358, während *ὄπασσον* bedeutet „theile zu." Aus den zahlreichen Stellen, wo der Aorist erscheint, hebe ich hervor:

αὐτὰρ ἐγὼ δίχα πάντας ἐϋκνήμιδας ἑταίρους
ἠρίθμεον, ἀρχὸν δὲ μετ' ἀμφοτέροισιν ὄπασσα κ 203
ὁ δ' ἄρα ᾧ παιδὶ ὄπασσεν (übergab) *γηράς* P 196.

ὀτρύνω

im pr. ermahnen, zureden, anfeuern, der aor. betont die Effectuirung,
heisst also befehlen, schicken und ähnl. Doch ist der Unterschied nicht
überall ganz deutlich, zumal man doch auch bisweilen im Zweifel sein
kann, wohin eine Form gehört. Für das pr. diene als Beispiel: *μάλα*
δ' ὀτρύνουσι τοκῆες γήμασθαι sie reden zu, liegen an τ 158, und die
Wendung

ἀλλ' ἔχεο κρατερῶς, ὄτρυνε δὲ λαὸν ἅπαντα sprich Muth ein
Π 501. Dagegen im aor. schicken beordern:

νῆα μὲν ἐς πόλιν ὀτρῦναι καὶ πάντας ἑταίρους,
αὐτὸς δὲ πρώτιστα συβώτην εἰσαφικέσθαι,
ὅς τοι ὑῶν ἐπίουρος, ὁμῶς δέ τοι ἤπια οἶδεν.
ἔνθα δὲ νύκτ' ἀέσαι· τὸν δ' ὀτρῦναι πόλιν εἴσω ο 37.

πείθω

im pr. überreden überzeugen, med. sich überzeugen lassen, nachgeben,
gehorsam sein, der aor. med. (wo die Bed. klarer hervortritt als im
act.) bedeutet den Akt des Glauben-Schenkens oder Folge-Leistens, das
perf. bedeutet vertrauen. *Ἀλλὰ τὸν οὔ τι πεῖθ' ἀγαθὰ φρονέοντα* er
überredete ihn nicht Z 162; *ἀλλ' ἐμὸν οὔ ποτε θυμὸν ἐνὶ στήθεσσιν*
ἔπειθεν sie brachte mich nicht zur Nachgiebigkeit η 258; *ὣς τρίετες μὲν*
ἔληθε δόλῳ καὶ ἔπειθεν Ἀχαιούς brachte sie zum geduldigen Warten

β 106. οὐ γάρ πω ἐπείθετο ὃν πατέρ' εἶναι er hatte sich noch nicht überzeugen lassen π 192.

Dagegen im aor. αἴ κε πίθηαι ob du Folge leisten möchtest *A* 207, εἴ τι που ἔστι πίθοιό μοι leiste mir Folge; in der öfter erscheinenden Wendung οἱ δ' ἄρα τοῦ μάλα μὲν κλύον ἠδ' ἐπίθοντο ist deutlich der Sinn „sie leisteten Folge." Wenn auch nicht an jeder einzelnen Stelle für uns die Nothwendigkeit der Wahl eines bestimmten Tempus einleuchtet (z. B. könnte man *A* 33 den Aorist erwarten) so zeigt doch die Gesammtheit der bei Damm aufgeführten Stellen die Richtigkeit des oben aufgestellten Unterschieds. Für πέποιθα bedarf es keiner Beweise.

πέμπω

im pr. gehen heissen, entsenden, geleiten, der aor. betont das Eintreffen am Ziel, also hinschicken, herschicken.

Ἕκτωρ δὲ προτὶ ἄστυ δύω κήρυκας ἔπεμπεν entsendete *T* 116, ἔπεμπε ἐς πόλεμον entsendete, mit dem Gegensatz ἐδέξατο *Σ* 237.

οὔτε καὶ ἄλλους ἀνθρώπους πέμπουσι (geleiten) π 228 ἕταρον γὰρ ἀμύμονα πέμπ' Ἀιδός δε (gab das Geleit) *Ψ* 137.

Mit dieser Stelle vergleiche man den Aorist πέμψαι δόμον Ἄιδος εἴσω zum Hades hinbefördern ι 524. πέμψον οἰωνόν heisst nicht „entsende einen Vogel," sondern „schick einen her." So ist auch *K* 464 πέμψον zu übersetzen: „bring hin" und ebenso ε 25 bring zurück Manchmal liegt allerdings die Versuchung nahe, den Aorist wie das Praesens zu übersetzen, so λ 626.

πίπτω

heisst fallen, im Fallen begriffen sein. Auch wenn das Ziel genannt wird, soll der Phantasie des Hörers die Bewegung des Fallens, Sinkens vorgeführt werden, nicht der Moment des Hinfallens.

ὥς τε νιφάδες χιόνος πίπτωσι θαμειαὶ *M* 278 wobei man sich den Vorgang des Schneefalls vorzustellen hat, und nicht etwa den Umstand, dass die Flocken hinfallen. Aehnlich τὰ δὲ δράγματα ταρφέα πίπτει *A* 69. ἐπεί σφισιν ὕπνος ἐπὶ βλεφάροισιν ἔπιπτεν β 298 „der Schlaf senkt sich auf die Augen"

εὖτ' ἂν πόλλοι ὑφ' Ἕκτορος ἀνδροφόνοιο θνήσκοντες πίπτωσι *A* 243 „wenn sie sterbend umsinken."

ἡμῖν δ' αὔτως πᾶσιν ἐτώσια πίπτει ἔραζε *P* 633.

Es soll hervorgehoben werden, wie die Speere nicht ihr Ziel treffen, sondern zu Boden sinken, und diese Bewegung des Fallens soll man sich vorstellen.

Dagegen πεσεῖν heisst hinfallen. In der Wendung πρηνέα δὸς πεσέειν *Z* 307 soll man sich vorstellen, wie Diomedes mit dem Gesicht auf den Boden fällt, den Boden berührt, aber nicht die Bewegung des Falles. τὰ δράγματα πίπτει heisst die Garben sinken, aber χεὶϱ πεδίῳ πέσε der Arm fiel auf den Boden hin. δούπησεν δὲ πεσὼν heisst er dröhnte, indem er den Boden berührte und so in zahlreichen Verbindungen. Dagegen das Perfectum heisst „hingefallen sein und nun daliegen" z. B τοὺς δὲ ἴδεν μάλα πάντας ἐν αἵματι καὶ κονίῃσιν πεπτεῶτας πολλούς χ 384.

πειϱάω

act. und med. im pr. heisst sich Mühe geben, im aor. ein Wagniss unternehmen, ein Experiment machen, im perf. med. erfahren sein.

πειρᾶν (sich Mühe zu geben) ὡς πεπίθοιεν ἀμύμονα Πηλείωνα Ι 181; μή μεν πειράτω er soll sich nicht um mich bemühen Ι 345; ἐπειρᾶτο Κρονίδης ἐρεθιζέμεν Ἥρην Δ 5. Dagegen

Δηίφοβος δὲ διάνδιχα μερμήριξεν
ἢ τινά που Τρώων ἑταρίσσαιτο μεγαθύμων
ἂψ ἀναχωρήσας, ἢ πειρήσαιτο καὶ οἷος Ν 457

„oder selber den Versuch wagen sollte." οἱ δ' ἤτοι πρῶτον μὲν ἐπειρήσαντο πόδεσσιν stellten einen Wettlauf an ϑ 120.

Wenn das Präsens bedeutet: „auf die Probe stellen" wie Ω 390, φ 394, so rückt es dem Aorist nahe, aber in der Mehrzahl der Stellen ist der Unterschied deutlich. Das perf. γ 23.

ῥέω

pr. strömen, aber der bei Homer nicht vorkommende Aorist ἐρρύην bedeutet ins Strömen gerathen, anschwellen, so bei Herodot 8, 138 ποταμός . μέγας οὕτω ἐρρύη (war so angeschwollen) ὥστε τοὺς ἱππέας μὴ οἵους τε γενέσθαι διαβῆναι.

ἔτλην

als Aorist bedeutet die Effectuirung, das Ueber-sich-Nehmen als Akt gedacht, als Präsens dazu kann man τολμάω betrachten, z. B. αἰεὶ γάρ οἱ ἐνὶ φρεσὶ θυμὸς ἐτόλμα (war unternehmend) Κ 232. Das Perfectum erscheint im intensiven Sinne „über das Herz bringen, sich entschliessen" oder zusammenfassend (τ 347).

φράζομαι

im pr. bezeichnet überlegen, bedenken, z. B. ἀλλὰ μάλ' εὔκηλος τὰ φράζεαι ἅσσ' ἐθέλησθα Α 554, dagegen der Aorist eine in einem Akt sich vollziehende Handlung, daher „bemerken," z. B.

τὸν δ'ἐξ ἀγχιμόλοιο ἰδὼν ἐφράσσατο (wurde gewahr) κῆρυξ Ἑρμείαν, ποτὶ δὲ Πρίαμον φάτο φώνησέν τε
„φράζεο (sei vorsichtig) Δαρδανίδη· φραδέος νόου ἔργα τέτυκται" Ω 354
τὼ δ' ἐπεὶ εἰσιδέτην εὖ τ' ἐφράσσαντο (erkannt hatten) ἕκαστα φ 222;

auf nur im Innern sich vollziehende Vorgänge angewendet: „ersinnen,"
z. B. *ἀλλ' αὐτὴ ἐσάωσε καὶ ἐφράσατο μέγ' ὄνειαρ δ* 444 ebenso *A* 83
σὺ δὲ φράσαι (mache dir klar, entschliesse dich) *εἴ με σαώσεις.*

Es versteht sich, dass nicht alle Verbalwurzeln die verschiedenen
Aktionen bilden können, da viele Wurzeln so eng sind, dass sie nur
eine Aktion bezeichnen können. So kann z. B. das Präsens, welches
doch die Aktion in ihrer Entwickelung vorführt, nicht von einer Wurzel
gebildet werden, welche nur den Akt des Erblickens, des Ergreifens,
des Eintreffens u. s. w. ausdrückt, vielmehr kann eine solche Wurzel
nur im Aorist vorkommen. Auf der anderen Seite kann wieder der Aorist
nicht von einer Wurzel gebildet werden, welche bedeutet „in eilender
Bewegung sein, „anblicken" u. s. w. Daher giebt es eine Reihe von
Wurzeln, welche nicht das Präsens, andere welche nicht den Aorist
bilden u. s. f. Die Verba des Griechischen nach diesen Gesichtspunkten
zu ordnen, wird, wenn erst bessere lexicalische Vorarbeiten vorliegen
werden, eine lohnende Aufgabe sein. Bei dem jetzigen Stande unserer
Hülfsmittel begnüge ich mich mit einem Hinweis auf die aus mehreren
Wurzeln verwandter Bedeutung zusammen gesetzten Verba wie *ὁράω*
εἶδον ὄψομαι. Es giebt dergleichen im Sanskrit wie im Griechischen
und zwar wesentlich für die gleichen Bedeutungsgruppen, von denen
ich die folgenden hier anführe:

Laufen: Nach Pāṇini kommt *dhāv* *θέω* nur im Präsensstamme
vor, der Aorist dazu sei *ásarat* (vgl. *ὁρμᾶσθαι*). Seine Angabe wird
durch den Gebrauch der alten Prosa bestätigt. Im Ṛigveda kommt
dhāv (abgesehen von einer ganz vereinzelten Form *ádadhāvat*) auch
nur im Praes. vor, von *sar* aber wird allerdings ein Präsens gebildet,
wie denn überhaupt der Unterschied der Aktionen im Sanskrit schon
früh verwischt worden ist. Immerhin aber genügt der Gebrauch des
Sanskrit im Vergleich mit dem Griechischen, um wahrscheinlich zu
machen, dass *dhāv* ursprünglich eilen, *sar* enteilen bezeichnet habe.
Im Griechischen vereinigen sich bekanntlich *θέω* *τρέχω* und *ἔδραμον*
zu einem Verbum. *τρέχω* dürfte der Grundbedeutung nach *θέω* ungefähr entsprechen (doch wahrscheinlich mit Anwendung auf andere Subjecte), die Grundbedeutung von *dram* wage ich nicht zu bestimmen.

Sehen: Im Sanskrit wird *páçyati* nur im Präsensstamme gebraucht,
die übrigen Tempora werden von *darç* und *khyā* gebildet und zwar
hat sich in der alten Prosa das a verbo *páçyati ádrāk cakhyaú* heraus-
gebildet (vgl. z. B. Çat. Br. 11, 1, 6, 6). Im Griechischen sind einige

andere Verba des Sehens zusammengetreten: δράω εἶδον ὄψομαι. δράω heisst unzweifelhaft „betrachten," εἶδον „erblicken." Ueber die anderen zahlreichen Verba des Sehens handelt Curtius Grundzüge S. 97 ff.

Essen: Die Wurzel *ad* erscheint in der alten Sprache nur im Präsens. Ergänzt wird sie durch *ghas* (z. B. Çat. Br. 2, 5, 2, 1). Im Griechischen entspricht dem *ad* ἐσθίω, die Grundbedeutung dieser Wurzel war also die Handlung des Essens. Dagegen dürfte φαγ in φαγεῖν ursprünglich bedeutet haben: sich zu eigen machen, in sich aufnehmen, verschlucken, also den Akt der Aneignung der Speise ausgedrückt haben.

Sprechen: Nur im Präsensstamme ist *brū* gebräuchlich, es wird namentlich durch *vac (ávocam, uváca)* ergänzt. Dem indischen *brū* entspricht der Gebrauch nach λέγω, dem *avocam* auch der Form nach εἶπον.

Aus dem Sanskrit sind ferner als sich ergänzend anzuführen: *vadh* und *han* für schlagen, *as* und *bhū* für sein (vgl. oben S. 75), *çī* und *çad* für fallen, *aj* und *vī* für treiben, *i gam gā* für gehen. Wenn nun auch im Sanskrit die zu einem Verbum vereinigten Wurzeln gleichbedeutend geworden sind, und sich auch durch die Vergleichung nicht mehr der Sinn jeder Wurzel mit Bestimmtheit ermitteln lässt, so ist das doch wie oben gezeigt worden ist, und sich noch an anderen (z. B. φέρω und ἤνεγκον verglichen mit Sanskrit *aç* erreichen), zeigen lässt, bei mehreren Verben sehr wohl möglich, und unser Material reicht aus, um wenigstens Betreffs der Aktion des Präsens und Aorist die Behauptung begründen zu können, dass die einzelnen Wurzeln jede eine so enge Bedeutung gehabt haben, dass sie nur für eine Aktion verwendbar waren. Im Laufe der Zeit sind die feinen Unterschiede zwischen den Nachbarwurzeln verwischt, und aus den einzelnen Wurzeln auch Tempora gebildet worden, deren sie ursprünglich nicht fähig waren.

Für das Verständniss des indogermanischen Verbums aber gewinnen wir den wichtigen Satz: Es giebt zwei Arten von Verbis, nämlich solche, welche nur in einer Aktion denkbar sind (gewissermassen präsentische, aoristische Verba), und andere, welche in mehreren Aktionen denkbar sind. Die letzteren sind in den uns überlieferten Sprachen in der entschiedenen Mehrzahl. Nur bei diesen kann von einer Unterscheidung nach Tempusstämmen die Rede sein, und nur diese können also in der vorliegenden Untersuchung zur Behandlung kommen.

Ich führe nun die einzelnen Tempusstämme vor in der Reihenfolge: Perfectum, Futurum, Aorist, Präsens.

Der Perfectstamm.

Ueber die Bedeutung des Perfectstammes im Sanskrit habe ich mich Synt. F. 2, 102 so ausgesprochen: „Der Stamm des Perfectums bezeichnet (so weit überhaupt die Art der Handlung erkennbar ist) eine mit Intensität vollzogene oder eine vollendete Handlung. Intensiv nenne ich hier sowohl eine Handlung, welche mit Energie vollzogen wird, als eine solche, welche als sich fort und fort wiederholend gedacht wird, und es ist mir nicht unwahrscheinlich, dass man gerade in der sich immer wiederholenden Handlung die Grundbedeutung des Perfectums zu erkennen habe. Der Begriff der vollendeten Handlung dürfte sich aus dem der intensiv vollzogenen Handlung entwickelt haben." Wenn ich in diesen Worten von Grundbegriff rede, so soll das natürlich nichts weiter heissen, als die älteste Bedeutung, wie sie in indogermanischer Zeit gewesen sein muss. Damit rechtfertigt sich zugleich die vorsichtige Ausdrucksweise in den angeführten Zeilen. Eine grössere Sicherheit wird schwerlich zu erreichen sein. Man wird sich begnügen müssen, nachgewiesen zu haben, dass das indogermanische Perfectum dem Intensivum sehr nahe gestanden habe, wie es sich aber von demselben unterschieden habe, wird sich schwerlich je genau feststellen lassen. Wie sich nun dieser Grundbegriff im Sanskrit ausgestaltet hat, habe ich a. a. O. gezeigt. Ich habe daselbst nachgewiesen, dass im Rigveda der Indicativ des Perf. sowohl im Sinne eines intensiven Präsens, als eines Präsens der vollendeten Handlung, als endlich eines erzählenden Tempus gebraucht wird, so dass an vielen Stellen ein Unterschied zwischen dem Perfectum und dem alten Tempus der Erzählung, dem Imperfectum, nicht zu spüren ist. Es finden sich also in den vedischen Texten, drei Schichten des Perfectgebrauchs vereinigt vor, die ihrer Entstehung nach von verschiedenem Alter sind. Als sicher kann man ansehen, dass die Anwendung des Perf. als Tempus der Erzählung die jüngste Schicht ist, und dass diese Schicht erst im Sanskrit selbst entstanden ist; als wahrscheinlich, dass der Uebergang von der intensiven zur vollendeten Handlung schon in indogermanischer Zeit vollzogen worden ist. Uebrigens ist das historische Verhältniss zwischen Perfectum - und Imperfectum im Sanskrit noch nicht ganz aufgeklärt. Sicher ist, dass im ältesten Sanskrit, wie überhaupt im Indogermanischen, das Imperfectum das eigentliche Tempus der Erzählung war, was es in einem grossen Theile der alten Prosa noch, und zwar allein, ist. Wie es kommt, dass schon im RV. der junge Gebrauch des Perfectums als eines Tempus der Erzählung vorliegt, den ein grosser Theil der alten Prosa noch garnicht kennt, ist ein Problem der indischen Literaturgeschichte, das noch nicht in Angriff genommen ist, weil so viel ich weiss bis jetzt noch nicht einmal die Thatsache constatirt worden war. Ueber das iranische Perfectum hat Bartholomae S. 235 ff. gehandelt. Er constatirt, dass es im Wesentlichen ebenso gebraucht wird, wie im Indischen, und dass — was zu meiner obigen Ausführung vortrefflich passt — der präteritale Gebrauch des Perfectums im Iranischen sehr selten ist.

Auf Grund des hiermit vorgelegten Materials aus der asiatischen Sprachmasse darf nun wohl ausgesprochen werden, dass das griechische Perfectum mit dem indogermanischen im Grossen und Ganzen identisch ist.[1] Auch im Griechischen kann man beobachten, dass das Perfectum eine intensiv vollzogene oder eine vollendete Handlung ausdrückt, und im Indicativ kann (ebenso wie im Sanskrit) entweder gar keine Beziehung auf eine bestimmte Zeitstufe oder eine Beziehung auf die Gegenwart des Sprechenden stattfinden.

Der intensive Gebrauch des Perf. ist neuerlich erörtert von Curtius Verbum 2, 154 ff., welcher Verba anführt wie: βέβρυχα κέκληγα δέδορκα γέγηϑα πέποιϑα προβέβουλα κέκραγα, welche besonders in der älteren Poesie häufig sind. Dass bei Homer das Perfectum der vollendeten Handlung sehr häufig ist, zeigt ein Blick auf die homerischen Gedichte. Im Indicativ nun herrscht entweder der zeitlose Gebrauch vor, z. B. ὃς Χρύσην ἀμφιβέβηκας, was nicht auf die Gegenwart allein beschränkten Schutz aussagen soll; ᾧ λαοί ἐπιτετράφαται καὶ τόσσα μέμηλεν B 25; Ζεύς, ὅστ' ἀνϑρώπων ταμίης πολέμοιο τέτυκται Δ 84; δίφρος δὲ χρυσέοισι καὶ ἀργυρέοισιν ἱμᾶσιν Ἐντέταται, δοιαὶ δὲ περίδρομοι ἄντυγές εἰσιν E 727, 28 und so an vielen Stellen. Beziehung auf die Gegenwart des Sprechenden wird gelegentlich durch νῦν bezeichnet, z. B. νῦν δ' αἰνῶς δείδοικα Δ 555, gewöhnlich aber nicht bezeichnet. Die Beispiele liegen sehr zahlreich vor: Ἀλλὰ τὰ μὲν πολίων ἐξεπράϑομεν, τὰ δέδασται Δ 125; τίπτ' αὖτ' αἰγιόχοιο Διὸς τέκος εἰλήλουϑας wozu erscheinst du hier? Man vergleiche dazu das Präsens ἥκω E 478; ἐννέα δὴ βεβάασι Διὸς μεγάλου ἐνιαυτοί, καὶ δὴ δοῦρα σέσηπε νεῶν καὶ σπάρτα λέλυνται B 135 u. s. w.; οὐκ ἐξείργαστο ist noch unfertig C. J. A. I, pag. 168.

Wenn es sich darum handelt, dass das Abgeschlossensein einer Handlung ausgedrückt werden soll, welche sich aus verschiedenen (im Augenblick des Redens natürlich vergangenen) Akten zusammensetzt,

---

[1] Eine genauere Darstellung, welche die Verschiedenheiten neben der Aehnlichkeit ins Licht stellte, wäre erwünscht.

so hat das Perfectum zusammenfassenden Sinn, z. B. *ἦ τέ κεν ἤδη Λάϊ-νον ἔσσο χιτῶνα κακῶν ἔνεχ' ὅσσα ἔοργας* Γ 57. So oft auf Inschriften, z. B. *ἀντὶ ὧν εὖ πεποίηκεν τήν τε βουλὴν καὶ τὸν δῆμον τὸν Ἀθηναίων στεφανῶσαι αὐτόν* C. I. A. I, pag. 35.

Da das Perfectum etwas als vollendet constatirt, so richtet es den Blick des Redenden und Hörenden auf die Vergangenheit, und hat sich deswegen im Sanskrit, Lateinischen, Deutschen zu einem Tempus entwickelt, welches Vergangenes constatirt und schliesslich welches Vergangenes erzählt. Inwieweit dieser Wandel etwa auch im Griechischen eingetreten ist, darüber habe ich keine Beobachtungen gemacht. Auch fehlt mir der Nachweis über die Häufigkeit des Perfectums in den verschiedenen Literaturgattungen und Dialekten.

Das Augmenttempus vom Perfectstamm, für welches der schlechte Name Plusquamperfectum nicht wohl zu vermeiden ist, findet sich im Sanskrit selten, aber in vollkommen sicheren Belegen. Es hat den Sinn eines Imperfectums. Der Gedankeninhalt des Perfectstammes (intensive oder vollendete Handlung) tritt dabei nicht recht fassbar hervor, was auch bei anderen Formen desselben Stammes im Sanskrit vorkommt. Ueber die Plusquamperfecte des Iranischen äussert sich Bartholomae S. 240 so: „Die sogenannten Plusquamperfecta d. h. die aus dem Perfectstamme gebildeten Präterita haben ganz die Bedeutung von Imperfecten; auch von einer intensiven Färbung der Handlung, wie man sie, nach dem Perfect zu schliessen, vermuthen könnte, ist in den vorliegenden Formen nichts wahrzunehmen."

Im Griechischen nun ist das Tempus häufiger als in den beiden Schwestersprachen und ist auch der specifische Sinn des Perfectstammes wohl erkennbar (wenn auch nicht in allen Fällen mit gleicher Deutlichkeit). Gemäss den zwei Gruppen, die wir bei Behandlung des Perfectstammes überhaupt unterschieden, werden wir nun auch hier zu unterscheiden haben: 1) das Plusq. ist ein Imperfectum der intensiven Handlung, 2) es ist ein Imperfectum der vollendeten Handlung.

Für die erste Kategorie finden sich namentlich bei Homer zahlreiche Belege, z. B. *τετρήχει δ' ἀγορή, ὑπὸ δὲ στεναχίζετο γαῖα* B 95;
πᾶσαι δ' ὠίγνυντο πύλαι, ἐκ δ' ἔσσυτο λαός,
πεζοί θ' ἱππῆές τε· πολὺς δ' ὀρυμαγδὸς ὀρώρει B 810
ὅ οἱ παλάμηφιν ἀρήρει was ihm in die Hand passte Γ 338 u. s. w.
Ein Imperfectum der vollendeten Handlung ist z. B. *εἰληλούθει* E 44 und es finden sich derartige nicht selten im Attischen, z. B. sagen Uebernehmer eines halbfertigen Baues C. I. A. I, pag. 168: *τούτων τὰ μὲν ἄλλα ἐξεπεποίητο* (war fertig, als wir es übernahmen) *ἐς τὰ ζυγὰ*

δὲ ἔδει τοὺς λίθους τοὺς μέλανας ἐπιθεῖναι. Ebenso εἴργαστο „war
fertig."

Es giebt eine Reihe von Stellen, in welchen das griechische Plusquamperfectum denselben Sinn zu haben scheint, wie das lateinische,
welcher ihm nach seiner Stellung im System des Verbums nicht zukommen kann, da, um ein Tempus der Vorvergangenheit zu erzeugen,
der Perfectstamm präteritalen Sinn haben müsste, den er nicht hat.
Eine solche Stelle ist z. B. *Δ* 105 f.

> αὐτίκ᾽ ἐσύλα τόξον ἐΰξοον ἰξάλου αἰγός
> ἀγρίου, ὅν ῥά ποτ᾽ αὐτὸς ὑπὸ στέρνοιο τυχήσας
> πέτρης ἐκβαίνοντα, δεδεγμένος ἐν προδοκῇσιν
> βεβλήκει πρὸς στῆθος,

wo wir geneigt sind βεβλήκει durch „geschossen hatte" zu übersetzen.
Dass hier aber in der That nur ein Schein vorliegt, beweist der Umstand, dass auch Aorist und Imperfectum genau in derselben Weise
gebraucht werden. Für den Aorist führe ich an *Z* 312:

> Ἕκτωρ δὲ πρὸς δώματ᾽ Ἀλεξάνδροιο βεβήκει (ging)
> καλά τά ῥ᾽ αὐτὸς ἔτευξε (gebaut hatte) σὺν ἀνδράσιν οἳ τότ᾽ ἄριστοι
> ἦσαν ἐνὶ Τροίῃ ἐριβώλακι τέκτονες ἄνδρες,
> οἵ οἱ ἐποίησαν θάλαμον καὶ δῶμα καὶ αὐλήν u. s. w.

und für das Imperf. ist mir gerade zur Hand Theognis 675:

> κυβερνήτην μὲν ἔπαυσαν
> ἐσθλόν δ᾽ τις φυλακὴν εἶχεν (gehalten hatte) ἐπισταμένως
> χρήματα δ᾽ ἁρπάζουσι βίῃ, κόσμος δ᾽ ἀπόλωλεν.

Man hat also zu constatiren, dass die Kategorie der Vorvergangenheit überhaupt im Griechischen keinen Ausdruck gefunden hat, dass die
Griechen vielmehr da, wo wir diese Kategorie anwenden würden, ein
Augmenttempus gebrauchen, und zwar je nach der Art der Handlung
die ausgedrückt werden soll, einen Aorist, ein Imperf. oder ein Plusquamperfectum. Βεβλήκει in der angeführten Stelle ist also auch nichts
als ein Imperf. mit intensiver Färbung, welche im Deutschen wiederzugeben uns freilich schwer fällt (vgl. oben unter βάλλω).

Der Futurstamm.

Das Futurum ist ein einfaches Tempus, weil es nur einen Stamm
giebt, der allein die Aufgabe hat, dem Futurum zu dienen. Dass
gewisse Präsentia auch futurisch gebraucht werden können, ist eine
Eigenthümlichkeit des Präsensstammes, welche bei diesem zur Erörterung
kommen soll.

Es ist nun durch die vergleichende Sprachforschung gezeigt worden, dass der Charakter des Futurums im Indogerm. *syą* war, z. B. *dásyáti* er wird geben. Auf dieses *sya* gehen die verschiedenen Formen auch des griechischen Futurums zurück. Dagegen ist das Zeichen des Aorists *s* oder *sa*, so dass also diese beiden Stämme durchaus nicht — wie man oft behauptet hat —, identisch sind. Die Uebereinstimmüng gewisser Formen des conj. aor. mit dem fut. beruht erst auf einer im Griechischen eingetretenen verhältnissmässig späten, nicht einmal allen griechischen Dialekten gemeinsamen Lautverwandlung. Somit sind alle syntaktischen Combinationen hinfällig, welche auf die ursprüngliche Identität des Aorist- und Futurstammes gegründet sind. Eine Verwandtschaft freilich zwischen dem Stamm des Aorists und dem des Futurums soll nicht geläugnet werden, haben sie doch das *s* als gemeinsamen Bestandtheil. Bopp hat bekanntlich die Hypothese aufgestellt, dass dieses *s* dem verb. subst. angehöre, eine Vermuthung die viel Wahrscheinlichkeit für sich hat. Man könnte die weitere Vermuthung aufstellen, dass die Zusammensetzung der Wurzel mit dem verb. subst. die Verwirklichung, das E i n t r e t e n der Handlung bezeichnen solle. Das Futurum müsste dann das Eintreten mit einer gewissen weiteren Modification des Sinnes ausdrücken, über welche durch etymologische Combination etwas Sicheres nicht zu ermitteln ist. Man wird sich also an den Gebrauch der Form halten müssen.

Ueber das Futurum im Sanskrit habe ich Synt. Forsch. III, 8 ff. gehandelt und es dort für wahrscheinlich erklärt, dass der Stamm des Futurums die b e a b s i c h t i g t e Handlung ausdrücke, und zwar natürlich die von dem Subjecte, welches durch die Personalendungen angegeben wird, nicht die vom Redenden beabsichtigte Handlung. Dieser Begriff trete besonders deutlich hervor im Gebrauche des part. fut., z. B. *tám índro 'bhyā́ dudrāva ́hanishyán* Indra lief auf ihn zu, in der Absicht ihn zu tödten, wie im Griech. λυσόμενός τε θύγατρα u. s. w. Ich habe dann weiter gezeigt, wie derselbe Sinn auch im Indic. fut. häufig hervortritt, und wie dieser ursprüngliche Sinn sich im Laufe der Zeit modificirt. „Die Absicht des Subjectes der Handlung — heisst es S. 10 — etwas bestimmtes zu thun oder zu unterlassen kann nun bei dem Redenden gewisse Stimmungen wie die der Erwartung, der Hoffnung, der Furcht, des Vertrauens hervorrufen, und es wird also das Futurum gerade in solchen Gedankenconstellationen häufig gebraucht." Nun ist es natürlich, dass das Futurum durch Nachahmung auch da angewendet wird, wo es sich um Ereignisse handelt, die der Sprechende hofft, fürchtet, voraussieht, die aber das Subject der Handlung nicht beabsichtigen kann, weil ihre Realisirung ausser seiner Macht liegt, z. B. weil man das Verbum *á çaṅs* „vertrauen," häufig braucht, wenn man sagen will, man habe das Vertrauen, das Subject der Handlung werde etwas thun, was zu thun in seiner Absicht liegen kann, weil es in seiner Macht liegt, bildet man mit demselben *á çaṅs* auch Sätze wie den folgenden: *tásminn á çaṅsante ánnam ichati jīvishyáti* (auf einen Kranken der Speise wünscht) setzt man die Hoffnung: „er verlangt zu essen, er wird leben." So kommt der ind. fut., der ursprünglich nur constatirt, dass eine Absicht des Subjectes der Handlung vorhanden ist, dazu, dasjenige auszudrücken, was nach der Meinung des Sprechenden in der Zukunft eintreten wird. Ich füge noch ein Wort hinzu über die Verwendung der zweiten Person des fut. Nicht selten scheint es so, als ob in der zweiten Person eine Aufforderung läge, z. B. Çat. Br. 4, 1, 3, 3 *té vāyúm abruvan: váyo tvám idáṃ viddhi yádi ható vā vṛitró jīvati vā tvám vaí na áçishṭho 'si, yádi jīvishyáti tvám evá kshiprám púnar á gamishyasíti* die Götter sprachen zu Vāyu: Vāyu du sieh jetzt nach, ob Vritra erschlagen ist, oder noch lebt, du bist der schnellste von uns, wenn er noch leben wird, so wirst du wieder hierher kommen. Diese futurische Aussage wirkt im gegebenen Falle als Aufforderung, aber das liegt nur an der betreffenden Situation. Es wäre völlig unrichtig, wenn man darum behaupten wollte, das Futurum bedeute an sich auch ein Sollen.

Ueber das Futurum im Iranischen bemerkt Bartholomae 240: „Indicative des Futurs begegnen uns in unseren Texten nur ganz selten, zumeist wird das Futur durch den Conjunctiv, seltener durch das Präsens ausgedrückt. Wo es gebraucht erscheint, hat es dieselbe Bedeutung wie das indische und das griechische. Das Participium des Futurums scheint an mehreren Stellen in der Weise verwendet, dass es eine künftige Handlung, einen künftigen Zustand als etwas Beabsichtigtes hinstellt."

Hiernach bedarf es keiner Ausführung, dass das griechische Futurum mit dem indogermanischen in seinem Gebrauch im Wesentlichen identisch ist. Ueber die Anwendung des Futurs im Griechischen giebt Kühner einige Auskunft, freilich wieder nicht mit der wünschenswerthen Vollständigkeit. Es wäre zunächst zu wünschen, dass das Futurum durch alle bei Homer auftretenden Satztypen verfolgt und die Modification der Bedeutung nachgewiesen würde.

Der Conj. vom Futurstamm kommt im Sanskrit ganz vereinzelt vor, im Griechischen nicht, der Optativ ist mir im alten Sanskrit nicht begegnet. Im Griechischen ist er wohl als Neubildung zu betrachten.

7 *

Das Participium des Futurums ist häufig im Sanskrit wie im Griechischen, der Infinitiv eine Neubildung des Griechischen.

Der Aorischstamm.

Der Aorist war schon in vorgriechischer Zeit ein Mischtempus, denn die Unterscheidung von erstem und zweitem Aorist geht über das Griechische hinaus. Von diesen beiden Arten ist aber nur die eine, der erste oder S-Aorist als besondere Kategorie sprachlich bezeichnet, von dem Indicativ des zweiten oder thematischen Aorists ist es theils sicher, theils wahrscheinlich, dass er in der allerältesten Zeit nichts war als ein Imperfectum. Von Formen wie ásthāt ἔστη ist das unzweifelhaft, da sie in nichts anders gebildet sind als ἔφη, von ἔλιπε u. s. w. ist es sehr wahrscheinlich, da wir im Sanskrit analoge Präsensbildungen besitzen. Nicht so sicher, aber doch auch wahrscheinlich ist es bei den reduplicirten Aoristen. Es entsteht also die Frage, wie ἔστη ἔλιπε u. s. w. zu Aoristen geworden sind. Die Antwort giebt die Geschichte des Präsensstammes. Das älteste Sanskrit zeigt uns, dass bei vielen Verben mehrere Präsensbildungen von einer Wurzel vorhanden waren. So findet sich z. B. von *bhar: bhárti, bhárati* und *bíbharti.* Eine Verschiedenheit der Bedeutung empfinden wir nicht mehr, indessen ist doch anzunehmen, dass sie einst vorhanden war. Man kann dazu annehmen, dass *bhárti* die momentane, *bhárati* die dauernde, *bíbharti* die wiederholte Handlung bedeutete. Es waren also bei einem Verbum verschiedene Actionen im Präsensstamme bezeichnet. Nachdem nun aber im Präsens des Indogermanischen die Aenderung eingetreten war, dass in ihm nicht mehr verschiedene Actionen, sondern nur eine Action, nämlich die Handlung, die man gewöhnlich als dauernde bezeichnet, zum Ausdruck kam, waren Formen wie *bhárti* im Präsens überflüssig geworden, und verschmolzen allmählich mit dem S-Aorist zu einem der Bedeutung nach einheitlichen Tempus.

Die hier geschilderte Revolution hat sich allem Anschein nach in der indogermanischen Grundsprache vollzogen, es musste aber hier derselben wenigstens Erwähnung gethan werden, weil beim Präsens die Frage aufgeworfen werden muss, ob sich noch im Griechischen die Spuren einer Zeit, die dieser Umwälzung vorher ging, erhalten haben.

Für den Aorist zunächst halten wir fest, dass er aus zwei verschiedenen Formationen zusammengeflossen ist, nämlich erstens dem S-Aorist, und zweitens dem thematischen Aorist, der ursprünglich dem Präsensstamme angehörte. Dazu sind dann noch in griechischer Zeit die sog. Passiv-Aoriste getreten, vielleicht Anlehnungen an thematische Activ-Aoriste.

Es fragt sich nun, ob der Doppelheit der Form vielleicht auch eine Doppelheit der Bedeutung entspricht. In den Erläuterungen zu seiner griechischen Schulgrammatik rechtfertigt Curtius den von Krüger als Bezeichnung der Aorist-Action eingeführten Ausdruck „eintretende Handlung" und unterscheidet zwei Unterarten des Tempus der eintretenden Handlung, nämlich einmal den ingressiven Aorist, in welchem das Eintreten der darauf folgenden Dauer der Handlung entgegengesetzt wird, und sodann den effectiven, in welchem das Eintreten als Gegensatz zu den Vorbereitungen gedacht wird. Als Beispiele für den ingressiven Aorist mögen dienen: ἐχώσατο er ist in Zorn gerathen A 64; θάρσησε er fasste Muth A 92; δακρύσας in Thränen ausbrechend A 349; ταρβήσαντε in Schrecken gerathend A 331; ἐβασίλευσε er wurde König u. s. w. (vgl. auch Kühner S. 134.) Effective Aoriste wären βαλεῖν treffen neben βάλλειν werfen, ἀγαγεῖν bringen neben ἄγειν geleiten, ποιῆσαι thun neben ποιεῖν mit etwas beschäftigt sein u. s. w. Dass diese beiden Classen nicht willkürlich erdacht sind, sondern Thatsachen der Sprache entnommen sind, empfindet man namentlich dann deutlich, wenn beide Bedeutungen an einem Verbum zur Erscheinung kommen (z. B. in ἐβασίλευσε). Man könnte nun anzunehmen geneigt sein, dass in dieser Doppelheit des Gebrauches sich noch die Doppelheit des Ursprungs spiegele, und dass der S-Aorist etwa von Anfang an ingressiven, der thematische effectiven Sinn gehabt habe. Diese Annahme wäre gewiss nicht ungereimt, ob sie den Thatsachen entspricht, muss freilich dahin gestellt bleiben. Es ist ja andererseits auch möglich, den gesammten Gebrauch des Aorists aus dem höheren Begriff der eintretenden Handlung abzuleiten. Da ich eine sichere Entscheidung nicht zu fällen weiss, und eine erhebliche praktische Bedeutung der Streitfrage nicht beiwohnt, bleibe ich bei der bisherigen Annahme, welche den Begriff der eintretenden Handlung an die Spitze stellt.

Ehe ich zur Darstellung des Einzelnen gehe, habe ich noch eine terminologische Bemerkung zu machen. Es ist neuerdings gelegentlich die Meinung ausgesprochen worden, man könne den Ausdruck „perfective Handlung" aus der slavischen Grammatik entlehnen. Aber es würde in diesem Falle Verwirrung mit dem Perfectum nicht zu vermeiden sein. Ich glaube desswegen, dass es gut sein wird, die Bezeichnung „eintretende Handlung" beizubehalten, wo aber die Rücksicht auf die Geschmeidigkeit des Ausdruckes es verlangt, parallel damit den

Ausdruck „effectuiren" zu gebrauchen. Ich würde also sagen: der Aorist bezeichnet die Effectuirung der Handlung.

Ich handle zunächst von dem Gebrauch des Ind. aor., dann von den Modis.

Der Indicativ des Aorists versetzt die Action des Aorists in die Vergangenheit, und zwar befasst er die gesammte Zeit, welche vom Standpunkt des Sprechenden als Vergangenheit gilt, mag sie dem Augenblick des Sprechens nun ganz nah oder sehr fern liegen. Ich führe den griechischen Gebrauch in folgenden Gruppen vor:

1. Der Ind. Aoristi constatirt die Effectuirung einer Handlung in der Vergangenheit. So erscheint der Aorist auf Inschriften bei Weihgeschenken, in Künstlerinschriften, bei Volksbeschlüssen, bei Rechnungsablegungen aller Art. Auf Weihgeschenken habe ich nur ἀνέθηκε, ἀνέθεν u. s. w. gefunden, in Versen wie in Prosa, niemals das Imperfectum. Es wird durch die Aoriste constatirt, dass das Weihgeschenk (oder das Grabdenkmal u. s. w.) aufgestellt worden ist. Bei den Künstlerinschriften findet man bekanntlich sowohl Imperfectum als Aorist, was man bei Hirschfeld Tituli statuariorum sculptorumque graecorum S. 23 ff. bequem übersieht. Zwar ist in der alten Zeit das ἐποίησεν vorherrschend, aber gerade bei sehr alten Inschriften findet sich auch ἐποίει z. B. Ἐχέδημός με ἐποίειν, was vor Ol. 60 gesetzt wird. (vgl. auch Καλλωνίδης ἐποίει ὁ Δεινίου C. I. A. I, 483 aus den Ruinen der Themistoklesmauer, also vor 479.) Der Unterschied ist der, dass mit dem Imperfectum erzählt, mit dem Aorist constatirt wird. Es ist natürlich, dass man die Thatsache der Aufstellung eines Weihgeschenkes nur constatirt, dagegen entweder constatirt, dass man etwas gearbeitet habe, oder auch von seiner Arbeit erzählt, ebenso wie es natürlich ist, dass man von einer Thatsache, die keine sichtbare Spuren hinterlassen hat, wie von einem Siege im Wettkampfe am liebsten erzählt. Darum ist es natürlich, wenn Paionios von Mende constatirt, dass er die Nike gemacht habe und dabei erzählt, dass er im Wettkampfe bei einer anderen damit zusammenhängenden Concurrenz gesiegt habe: Παιώνιος ἐποίησε Μενδαῖος καὶ τἀκρωτήρια ποιῶν ἐπὶ τὸν ναὸν ἐνίκα. (Die Auffassung von Schubring Arch. Zeit. 1877, 662 scheint mir etwas gezwungen). Die lakonische Inschrift des Damonon (Mittheilungen des deutschen archäologischen Instituts zu Athen II. S. 318) beginnt mit den Versen (Fick in Bezzenbergers Beiträgen 3, 121 ff.)

Δαμώνων ἀνέθηκε Ἀθαναίᾳ πολιάχῳ
νικάας ταυτᾶ ἅτ' οὐδὴς πήποκα τῶν νῦν.

Darauf folgt constatirend der Aorist: *τάδε ἐνίκαε Δαμώνων τῷ αὐτῷ τεθρίππῳ*, so wie aber die Erzählung der einzelnen Triumphe nach Ort und Art beginnt, tritt das Imperfectum *ἐνίκη* ein.

Bei Mittheilung von Volksbeschlüssen ist es technisch, dass im Aorist Beschluss und Antrag constatirt, und dabei erzählt wird, wer als Schreiber fungirte u. s. w. z. B. C. I. A. I, Nr. 32: *Ἔδοξεν τῇ βουλῇ καὶ τῷ δήμῳ, Κεκροπὶς ἐπρυτάνευε, Μνησίθεος ἐγραμμάτευε, Εὐπείθης ἐπεστάτει, Καλλίας εἶπε*. Die Hauptsachen werden constatirt, das minder Wichtige erzählt. Zahlreich sind namentlich auf attischen Inschriften die Aoriste bei Rechnungsablagen aller Art, die also constatirenden Sinn haben. Ich theile zur Probe Folgendes mit: In den traditiones pronai im C. I. A. beginnt das erste Jahr des Cyclus (mut. mut.) mit den Worten: *τάδε παρέδοσαν αἱ τέτταρες ἀρχαί, αἳ ἐδίδοσαν τὸν λόγον ἐκ Παναθηναίων ἐς Παναθήναια τοῖς ταμίασιν οἷς Κράτης Λαμπτρεὺς ἐγραμμάτευε· οἱ δὲ ταμίαι οἷς Κράτης Λαμπτρεύς ἐγραμμάτευε, παρέδοσαν τοῖς ταμίασιν, οἷς Εὐθίας Ἀναφλύστιος ἐγραμμάτευε* (pag. 64). Bei dem, was jährlich unter den einzelnen *ταμίαι* hinzugekommen ist, heisst es *ἐπέτεια ἐπεγένετο*. Am Schluss der Rechnungen endlich heisst es, auf Beschluss des Volkes sei Alles den Hellenotamien übergeben, und *κατελείφθη στέφανος χρυσοῦς*. Bei Rechnungsablagen über Kriegsaufwand sagt man z. B. (Nr. 179) *Ἀθηναῖοι ἀνήλωσαν ἐς Κέρκυραν τάδε*. Wenn Rechenschaft gegeben wird, was zu einem Bau verwendet worden sei, so heisst es *κασσίτερος ἐωνήθη ἐς τὸ ἄνθεμον* u. s. w. („ist gekauft worden“). So wie aber beschrieben wird, was bei dem Baue für Manipulationen vorgenommen wurden, so erscheint das Imperfectum, z. B. (C. I. A. Nr. 319) *ξύλα ἐωνήθη τὼ κλίμακε ποιῆσαι, ἐν οἷν τὼ ἀγάλματε ἐξηγέσθην καὶ ἐφ' ὧν οἱ λίθοι ἐξεκομίζοντο*. Endlich sei noch erwähnt, dass die Griechen unser kaufmännisches „habe erhalten und gelesen“ durch ihren Aorist ausdrücken würden, z. B. in der Inschrift bei Cauer Nr. 49 *κομισάμενοι τὸ ψάφισμα τὸ παρ' ὑμῶν ἀνέγνωμεν*.

2. Der Ind. Aoristi steht in der Erzählung.

Wenn man unter Erzählung diejenige Art der Mittheilung versteht, welche den Hörer veranlassen will, sich mit seiner Phantasie in die Vergangenheit zu versetzen, und dem Lauf der Ereignisse als Zuschauer zu folgen, so ist der Aorist der Griechen nie ein Tempus der Erzählung gewesen. Er hat immer nur die Aufgabe, etwas als in der Vergangenheit eingetreten zu constatiren. Ein Norddeutscher kann sich den Unterschied vom Imperfectum an vielen Stellen durch die Wahl des deutschen Präteritums anschaulich machen, *ἐποίησε* er hat gethan, aber *ἐποίει*

— 104 —

er that. Als Beispiel wähle ich eine bekannte Stelle aus Herodot.
(I, 30 ff.)

... ὁ Σόλων ... ἐς Αἴγυπτον ἀπίκετο (ist gekommen) παρὰ Ἄμα
σιν καὶ δὴ καὶ ἐς Σάρδις παρὰ Κροῖσον. ἀπικόμενος δὲ ἐξεινίζετο (wurde
gastlich aufgenommen) ἐν τοῖσι βασιληΐοισι ὑπὸ τοῦ Κροίσου· μετὰ δὲ,
ἡμέρῃ τρίτῃ ἢ τετάρτῃ κελεύσαντος Κροίσου τὸν Σόλωνα θεράποντες
περιῆγον (führten herum) κατὰ τοὺς θησαυροὺς καὶ ἐπεδείκνυσαν (zeigten)
πάντα ἐόντα μεγάλα τε καὶ ὄλβια· θεησάμενον δέ μιν τὰ πάντα καὶ
σκεψάμενον, ὡς οἱ κατὰ καιρὸν ἦν, εἴρετο (fragte) ὁ Κροῖσος τάδε·
Ξεῖνε Ἀθηναῖε, παρ᾽ ἡμέας γὰρ περὶ σέο λόγος ἀπῖκται πολλὸς καὶ
σοφίης εἵνεκεν τῆς σῆς καὶ πλάνης, ὡς φιλοσοφέων γῆν πολλὴν θεωρίης
εἵνεκεν ἐπελήλυθας·[1] νῦν ὦν ἐπείρεσθαί με ἵμερος ἐπῆλθέ σε, (ich habe
Lust bekommen) εἴ τινα ἤδη πάντων εἶδες ὀλβιώτατον (gesehen hast). ὁ μὲν
ἐλπίζων εἶναι ἀνθρώπων ὀλβιώτατος ταῦτα ἐπειρώτα (fragte). Σόλων δὲ
οὐδὲν ὑποθωπεύσας ἀλλὰ τῷ ἐόντι χρησάμενος λέγει· ὦ βασιλεῦ Τέλλον
Ἀθηναῖον. Ἀποθωυμάσας δέ Κροῖσος τὸ λεχθὲν εἴρετο (fragte) ἐπιστρε
φέως· κοίη δὴ κρίνεις Τέλλον εἶναι ὀλβιώτατον; ὁ δὲ εἶπε· Τέλλῳ τοῦτο
μὲν τῆς πόλιος εὖ ἡκούσης παῖδες ἦσαν καλοί τε κἀγαθοί, καὶ σφι εἶδε
(hat erlebt) ἅπασι τέκνα ἐκγενόμενα καὶ πάντα παραμείναντα, τοῦτο δὲ
τοῦ βίου εὖ ἥκοντι, ὡς τὰ παρ᾽ ἡμῖν, τελευτὴ τοῦ βίου λαμπροτάτη ἐπε
γένετο (hat ein Ende gefunden). γενομένης γὰρ Ἀθηναίοισι μάχης πρὸς
τοὺς ἀστυγείτονας ἐν Ἐλευσῖνι βοηθήσας καὶ τροπὴν ποιήσας τῶν πολε
μίων ἀπέθανε (ist gestorben) κάλλιστα καί μιν Ἀθηναῖοι δημοσίῃ τε
ἔθαψαν (habe ihn begraben) αὐτοῦ τῇ περ ἔπεσε (gefallen war; s. unter 3)
καὶ ἐτίμησαν (haben ihn geehrt) μεγάλως. — In dieser ganzen Ausführung von Solon ist nicht erzählt worden, sondern sind die Gründe
aufgeführt, wesswegen er Tellos für den glücklichsten Menschen halte.
Dagegen in der nun folgenden Aeusserung über Kleobis und Biton liegt
eine förmliche Erzählung vor, doch werden die Hauptereignisse der
Geschichte nicht erzählt, sondern constatirt. Die Geschichte lautet so:
ἐούσης ὁρτῆς τῇ Ἥρῃ τοῖσι Ἀργείοισι ἔδεε (sie mussten) πάντως τὴν
μητέρα αὐτῶν ζεύγεϊ κομισθῆναι ἐς τὸ ἱρόν, οἱ δέ σφι βόες ἐκ τοῦ
ἀγροῦ οὐ παρεγίνοντο (erschienen nicht) ἐν ὥρῃ· ἐκκληϊόμενοι δὲ τῇ
ὥρῃ οἱ νεηνίαι ὑποδύντες αὐτοὶ ὑπὸ τὴν ζεύγλην εἷλκον (zogen) τὴν ἅμα
ξαν, ἐπὶ τῆς ἁμάξης δέ σφι ὠχέετο (fuhr) ἡ μήτηρ. σταδίους δὲ πέντε
καὶ τεσσεράκοντα διακομίσαντες ἀπίκοντο (sind sie wirklich hingekommen)
ἐς τὸ ἱρόν. ταῦτα δέ σφι ποιήσασι καὶ ὀφθεῖσι ὑπὸ τῆς πανηγύριος
τελευτὴ τοῦ βίου ἀρίστη ἐπεγένετο (ist ihnen zu Theil geworden), διέ

---

[1] Man beachte den zusammenfassenden Sinn in ἀπῖκται und ἐπελήλυθας.

δεξέ (es hat gezeigt) ·τε ἐν τούτοισι ὁ ϑεός, ὡς ἄμεινον εἴη ἀνϑρώπῳ τεϑνάναι μᾶλλον ἢ ζώειν. Nachdem constatirt ist, dass Kleobis und Biton bei dieser Gelegenheit ihr Ende gefunden haben, folgt in Imperfectis die Erzählung, wie dies geschehen sei und zum Schluss noch einmal die Constatirung des Hauptereignisses: Ἀργεῖοι μὲν γὰρ περιστάντες ἐμακάριζον (priesen) τῶν νεηνιέων τὴν ῥώμην, αἱ δὲ Ἀργεῖαι τὴν μητέρα αὐτῶν, οἵων τέκνων ἐκύρησε (sie bekommen habe). ἡ δὲ μήτηρ περιχαρὴς ἐοῦσα τῷ τε ἔργῳ καὶ τῇ φήμῃ στᾶσα ἀντίον τοῦ ἀγάλματος εὔχετο, Κλεόβι τε καὶ Βίτωνι τοῖσι ἑωυτῆς τέκνοισι, οἵ μιν ἐτίμησαν (geehrt hatten) μεγάλως, τὴν ϑεὸν δοῦναι τὸ ἀνϑρώπῳ τυχεῖν ἄριστόν ἐστι· μετὰ ταύτην δὲ τὴν εὐχὴν ͵ὡς ἔϑυσάν τε καὶ εὐωχήϑησαν, κατακοιμηϑέντες ἐν αὐτῷ τῷ ἱρῷ οἱ νεηνίαι οὐκέτι ἀνέστησαν (sind nicht wieder aufgestanden) ἀλλ᾿ ἐν τέλει τούτῳ ἔσχοντο (sind geblieben) Ἀργεῖοι δέ σφεων εἰκόνας ποιησάμενοι ἀνέϑεσαν (haben aufgestellt) ἐς Δελφοὺς ὡς ἀνδρῶν ἀρίστων γενομένων.

An vielen Stellen freilich können wir den Aorist gegenüber dem Imperfectum im Deutschen nicht in der angegebenen Weise ausdrücken, sondern wählen unser Tempus der Erzählung, verzichten also auf Wiedergabe der feineren Nüance des Ausdrucks. Dass aber doch ein Unterschied gegen das Imperfectum vorhanden ist, hat man immer behauptet. Häufig finden wir den Aorist bei Haupthandlungen, das Imperfectum bei Nebenhandlungen, also den Aorist bei solchen Handlungen, bei denen es hauptsächlich darauf ankommt, zu constatiren, dass sie wirklich eingetreten sind, nicht zu erzählen, wie sie sich vollzogen haben. Andererseits können wieder eine Reihe von Aoristen hinter einander gebraucht werden, um den Eintritt von Handlungen zu constatiren, die man darum nicht zu schildern braucht, weil sie dem Hörer bekannt sind, bei denen es also genügt, anzugeben, dass sie effectuirt worden sind. Dahin gehören die Aoriste bei Angaben der einzelnen Theile der Opferhandlung, z. B. A 458, oder der Kampfspiele Soph. El. 681 ff. Es bleiben aber auch eine Reihe von Aoristen übrig, bei denen es recht schwierig ist zu sagen, warum gerade sie, und nicht Imperfecta gewählt worden sind. Das trifft namentlich zu in der homerischen Sprache, z. B. A 437 ff., 465. Γ 311 ff. H 303 ff. K 255 ff. A 517. Ψ 653 ff. γ 11 ff. ϑ 63 ff. π 118 ff. u. a. m. Auch im Attischen ist man bekanntlich öfter in Verlegenheit, wie man die Wahl des Imperfectums an Stelle des erwarteten Aorists und umgekehrt rechtfertigen soll. Für alle solche Fälle ist folgender Gesichtspunkt massgebend: Das alte Tempus der Erzählung ist das Imperfectum und nicht der Aorist. So findet sich das Imperfectum im Sanskrit und Iranischen, im Griechichen macht der Aorist dem Imperfectum Concurrenz, nicht als ob er mit demselben gleichbedeutend wäre, sondern insofern im Griechischen häufig nicht Erzählung sondern Constatirung beliebt wird. Die Inder und Iranier versetzen, indem sie das Imperfectum gebrauchen, den Hörer mit seiner Phantasie mitten in die Handlung, die Griechen theilen im Aorist die eingetretenen Handlungen mit, ohne dieselben in ihrem Verlauf zu schildern. Sie haben damit eine doppelte Weise ausgebildet, Vergangenes mitzutheilen, welche allem Anschein nach in dieser Ausdehnung im Indogermanischen nicht vorhanden war, und welche in hervorragender Weise dazu mitwirkt, der griechischen Rede Licht und Schatten zu verleihen Es ist unter diesen Umständen natürlich, dass die Grenze zwischen dem Besitzstand des Imperfectums und des Aorists nicht überall feststeht. Das Imperfectum behauptet noch bisweilen den alten Platz, wo man nach dem überwiegenden Sprachgebrauch schon den Aorist erwarten sollte.

Manchmal macht auch die Abgrenzung des Aorists gegen das Perfectum einige Schwierigkeit. In einer moderneren Entwickelung des Griechischen finden sich die beiden Tempora wirklich gleichbedeutend gebraucht. So bietet von zwei dem zweiten Jahrhundert a. Chr. angehörigen Decreten aus Teos (Cauer 51 u. 52) das eine den Satz ἐπειδὴ Τήϊοι ἀπεστάλκαντι, das andere ἐπειδὴ Τήϊοι ἀπέστειλαν. Dagegen in der alten Sprache lässt sich der Unterschied meist leicht fühlen. Wenn es z. B. *B* 272 heisst:

ὦ πόποι ἦ δὴ μυρί᾽ Ὀδυσσεὺς ἐσθλὰ ἔοργεν
βουλάς τ᾽ ἐξάρχων ἀγαθὰς πόλεμόν τε κορύσσων.
νῦν δὲ τόδε μέγ᾽ ἄριστον ἐν Ἀργείοισιν ἔρεξεν,
ὅς τὸν λωβητῆρα ἐπεσβόλον ἔσχ᾽ ἀγοράων·

so wird durch ἔοργας alles zusammengefasst, was Odysseus von Verdiensten aufzuweisen hat, durch ἔρεξεν aber hervorgehoben, was er so eben effectuirt hat. Etwas anders liegt der Fall *A* 125

ἀλλὰ τὰ μὲν πολίων ἐξεπράθομεν τὰ δέδασται.

Wir werden zu übersetzen haben: Was wir damals (als die Vertheilung) vor sich ging, erbeutet hatten, das ist jetzt getheilt.

Man wird so weit meine Beobachtung reicht, in der alten Sprache den Unterschied gegen das Perfectum überall festhalten können.

3. Der Ind. Aoristi steht im Sinne unseres Plusquamperfectums.

Sehr häufig steht der Aorist da, wo wir das Plusquamperfectum anwenden würden, z. B.

ὃς ᾔδη τά τ' ἐόντα τά τ' ἐσσόμενα πρό τ' ἐόντα
καὶ νήεσσ' ἡγήσατ' (geführt hatte) Ἀχαιῶν Ἴλιον εἴσω *A* 70.
  Θέτις δ' ὡς ἥψατο (gefasst hatte) γούνων
ὣς ἔχετ' ἐμπεφυυῖα *A* 512.

οἳ μὲν κακκείοντες ἔβαν οἶκόνδε ἕκαστος,
ἧχι ἑκάστῳ δῶμα περικλυτὸς ἀμφιγυήεις
Ἥφαιστος ποίησεν (gemacht hatte) *A* 608
ὣς φάτο τοῖσι δὲ θυμὸν ἐνὶ στήθεσσιν ὄρινεν
πᾶσι μετὰ πληθύν, ὅσοι οὐ βουλῆς ἐπάκουσαν (gehört hatten) *B* 142
ἔνθα δ' ἔσαν στρουθοῖο νεοσσοὶ νήπια τέκνα
ὄζῳ ἐπ' ἀκροτάτῳ, πετάλοις ὑποπεπτηῶτες,
ὀκτώ· ἀτὰρ μήτηρ ἐνάτη ἦν, ἣ τέκε (geboren hatte) τέκνα *B* 311

und so an sehr vielen Stellen. Es bedarf keiner Bemerkung, dass wir
in dem sogenannten plusquamperfectischen Sinne nicht etwa eine Entwickelung der Aoristbedeutung zu sehen haben, sondern lediglich den
Reflex des Gesammtsinnes der Stelle. Der Aorist bezeichnet nur das
Eintreten in der Vergangenheit, die bestimmte Stufe der Vergangenheit folgt aus dem Sinn der Stelle, und die Bezeichnung dieser Stufe
bringen wir Deutschen durch unser „hatte" zum Ausdruck, während
die Griechen sie nicht bezeichnen (vgl. oben S. 97).

Aehnliche Bewandtniss hat es natürlich auch mit Stellen wie *I* 413,
Z 348, *Δ* 160, in denen wir den Indicativ Aoristi durch eine conditio-
nale Wendung wiedergeben.

4. Der Ind. Aoristi wird von dem gebraucht, was so
eben eingetreten ist.

Dieser Gebrauch, der im Sanskrit ausserordentlich häufig, ja bei-
nahe der einzige ist, findet sich auch im Griechischen öfter als man
nach den Grammatiken annehmen sollte. Natürlich liegt das „eben"
nicht in dem Aorist, sondern wird durch eine Partikel wie νῦν ausgedrückt, z. B.

Ζεύς με μέγα Κρονίδης ἄτῃ ἐνέδησε βαρείῃ
σχέτλιος ὃς πρὶν μέν μοι ὑπέσχετο καὶ κατένευσεν
Ἴλιον ἐκπέρσαντ' εὐτείχεον ἀπονέεσθαι,
νῦν δὲ κακὴν ἀπάτην βουλεύσατο *B* 114
μή με γύναι χαλεποῖσιν ὀνείδεσι θυμὸν ἔνιπτε.
νῦν μὲν γὰρ Μενέλαος ἐνίκησεν σὺν Ἀθήνῃ
κεῖνον δ' αὖτις ἐγώ *Γ* 439,

oder aus dem Zusammenhange erschlossen, z. B. Aias 270

πῶς τοῦτ' ἔλεξας, οὐ κάτοιδ' ὅπως λέγεις.

Bekannt ist, dass nicht selten Aoriste in der Unterredung von uns durch das Präsens übersetzt werden, wenn sie eine so eben eingetretene Stimmung bezeichnen, wie

νῦν δέ σευ ὠνοσάμην πάγχυ φρένας P 173, ἤσθην, ἐπήνεσα, ἐγάλασα u. s. w., und ähnlich bei Verben des Sagens. (vgl. Kühner S. 139 ff.). Warum Kühner gerade diesen Gebrauch als „schön" bezeichnet, ist nicht wohl abzusehen, wichtiger ist die Bemerkung von Krüger, dass Wendungen wie ἀπέπτυσα und ἐπήνεσα der familiären Rede angehört zu haben scheinen, was sehr wahrscheinlich ist. Wenn sie sich in der guten Prosa nicht finden, so kommt dies eben daher, dass die Kunstform der guten Prosa sich von der Sprache des gewöhnlichen Lebens recht weit entfernt.

5. Der Ind. Aoristi in Sprüchwörtern und Gleichnissen.

Ueber den sog. gnomischen Aorist handelt Franke in den Berichten der sächs. Ges. der Wissenschaften 1854, 63 ff. in einer Weise, der ich im Allgemeinen beistimme, wenn ich mich auch seinen allgemeinen Betrachtungen, die an mangelnder Unterscheidung zwischen Aoriststamm und Indicativ Aoristi leiden, nicht anschliessen kann.

Bei den Sprüchwörtern muss man zunächst solche in's Auge fassen, welche in einer bestimmten Situation das Eingetretensein eines bestimmten Umstandes u. s. w. constatiren, z. B. wer Glück gehabt hat sagt: ἔφυγον κακὸν εὗρον ἄμεινον, bei einer gründlichen Zerstörung: οὐδὲ πυρφόρος ἐλείφθη u. s. w. Eine solche Verwendung des Aorists findet sich auch im Sanskrit, z. B. heisst es Çat. Br. 1, 1. 2, 6 *tásmād yadā bahú bhávati anováhyàm abhūd íty āhuḥ.* Deshalb sagt man, wenn etwas viel wird „das ist ja eine ganze Wagenlast geworden." Anders verhält es sich mit allgemeinen Wahrheiten wie ῥεχθὲν δέ τε νήπιος ἔγνω. Sollten aber vielleicht auch diese auf die eben erwähnte Form zurückgehen?

Zu den Gleichnissen bemerke ich nur Folgendes. Das erste ἐχάρη in Γ 23 ff

> ὥστε λέων ἐχάρη μεγάλῳ ἐπὶ σώματι κύρσας,
> εὑρὼν ἢ ἔλαφον κεραὸν ἢ ἄγριον αἶγα,
> πεινάων· μάλα γάρ τε κατεσθίει, εἴπερ ἂν αὐτὸν
> σεύωνται ταχέες τε κύνες θαλεροί τ' αἰζηοί,
> ὡς ἐχάρη Μενέλαος

bezeichnet eine Handlung, von welcher der Hörer sich vorstellen soll, dass sie eingetreten ist. Man könnte das Präsens erwarten, wie in κατεσθίει, welche dem Hörer eine sich vollziehende Handlung vorführt, aber das Griechische hat kein Präsens der eintretenden Handlung, wie etwa die slavischen Sprachen. Weil man nicht sagen kann: „wie ein

Löwe in Freude ausbricht," sagt man: „wie ein Löwe in Freude ausgebrochen ist." Der Aorist steht also in solchen Gleichnissen gewissermassen nur in Folge des Mangels der zutreffenden Präsensbildung.

Es erübrigt noch, den hiermit dargestellten Indicativgebrauch mit dem indischen und iranischen zu vergleichen. Ueber den altindischen Aorist habe ich ausführlich Synt. Forsch. II. gehandelt, und habe daselbst die Bedeutung des Aorists so formulirt: „Durch den Aorist (nämlich den Indicativ) bezeichnet der Redende etwas als eben geschehen." Ich habe damals die Fassung so gewählt, weil die Action des Aorists im Sanskrit nicht mit vollendeter Deutlichkeit hervortritt, und habe also die Art der Action lieber unbezeichnet gelassen. Wenn man indessen den Gebrauch der alten Prosa erwägt, über den ich S. 117 ff. gehandelt habe, und die Gebrauchsweise des griechischen Aorists vergleicht, so wird man nicht zweifeln können, dass auch die Gebrauchsweisen des indischen Aorists auf ein Tempus der eintretenden Handlung zurückgehen Ueber den iranischen Aorist handelt Bartholomae S. 222 ff. Er giebt an, dass der iranische Aorist von dem griechischen nicht wesentlich verschieden ist, nur dass der Iranier einen Theil dessen was der Grieche durch den Aorist ausdrückt, noch durch das Imperfectum bezeichnet, wovon schon oben die Rede war.

Hiernach muss man zu der Meinung kommen, dass der griechische Aorist der Hauptsache nach dem indogermanischen entspricht, wenn auch der eine oder andere Typus dort noch nicht so ausgebildet gewesen sein wird, wie im Griechischen. Das Indische dagegen hat den Gebrauch des Aorist wesentlich eingeschränkt, insofern es hauptsächlich den Gebrauch zeigt, welchen ich oben unter 4 erörtert habe.

Man darf also als indogermanischen Gebrauch folgenden ansehen: der Aoriststamm bedeutet die eintretende Handlung, der Indicativ versetzt diese in die Vergangenheit. Wie fern oder wie nahe die Vergangenheit dem Sprechenden sei, wurde dabei nicht angedeutet.

Früher war man wohl der Meinung, dass die Modi des Aorists auch etwas von Vergangenheit in sich enthielten, wenn auch in verschiedenen Stärkegraden. Nur den Imperativ hat man wohl stets ausgenommen. Wenigstens bedurfte es der kühnsten Sophistik, um in ihm etwas von Vergangenheit zu finden. Der Conj. und Opt. werden, wie jeder zugiebt, unzählige Male so gebraucht, dass sie nichts von Vergangenheit enthalten. Oder wie sollte man in conj. wie ἀλλ' ἄγε οἱ καὶ ἐγὼ δῶ ξείνιον ν 296 oder in opt. wie τίσειαν Δαναοὶ ἐμὰ δάκρυα σοῖσι βέλεσσιν Α 42 irgend etwas von Vergangenheit finden können? Soll man nun annehmen, dass diese Formen manchmal den Sinn der

Vergangenheit haben, manchmal aber nicht? Das Richtige lehrt schon die bisherige Betrachtung. Der conj. und opt. aoristi sind Modi der eintretenden Handlung, weiter nichts, sie enthalten also keine Bezeichnung der Zeitstufe. Daher haben sie auch im Sanskrit und Zend niemals einen temporalen Sinn, und ebenso wenig in den Hauptsätzen des Griechischen. Sie kommen aber bei dem ausgebildeten Satzbau des Griechischen bisweilen in solche Gedanken- und Satzconstellationen, dass in sie der Sinn der Vergangenheit einzieht oder einzuziehen scheint. Namentlich ist das der Fall bei folgenden Gelegenheiten. In priorischen Relativ- und Conjunctionssätzen scheint der conj. aor. den Sinn der Vergangenheit zu haben z. B.

ὃς μέν κε βάλῃ τρήρωνα πέλειαν
πάντας ἀειράμενος πελέκεας οἶκόνδε φερέσθω Ψ 855.

Der Relativsatz heisst eigentlich nur: „wer die Taube treffen wird." Dass das Treffen dem Ergreifen des Preises vorhergehen muss, setzt das Verständniss des Hörers hinzu. Wenn wir nun diesen Umstand, den jeder ohne Weiteres supplirt, auf einen pedantischen Ausdruck bringen wollen, so können wir übersetzen „wer getroffen haben wird." Es liegt dann aber das fut. exactum nicht im Aorist, sondern ist durch uns aus der Situation in den Aorist hinein getragen. Wo diese bestimmte Situation nicht vorliegt, hat βάλῃ daher auch nicht die Bedeutung des fut. exactum, z. B. nicht in Verbindung mit μή. Dass in solchen Satzconstellationen fast durchaus der Aorist gewählt wird, ist natürlich, weil immer nur der Eintritt der Handlung, nie ihr Verlauf vorgestellt werden soll. Im Sanskrit, wo die Unterscheidung der Aktionen nicht mehr so fein ist, wie im Griechischen, steht im gleichen Fall auch das Präsens. Vermuthlich hat auch das Griechische in gewöhnlicher Rede diesen Gebrauch gekannt, wenigstens liegt ein sicheres Beispiel dafür vor in der bekannten Xuthias-Inschrift (Cauer 2). Xuthias der Sohn des Philachaios bestimmt nämlich, dass nach seinem Tode seine Kinder das von ihm im Tempel zu Tegea niedergelegte Geld haben sollen, fünf Jahre nachdem sie volljährig geworden sind, was in der ersten Hälfte des Schriftstücks so ausgedrückt ist: τῶν τέκνων ἦμεν ἐπεί κα πέντε Ϝέτεα ἡβῶντι, also mit dem Präsens, schriftgemässer dann in dem zweiten Theile, wo der entsprechende Passus lautet: ἐπεί κα ἡβάσωντι πέντε Ϝέτεα.

Der Optativ kann den Sinn der Vergangenheit erhalten, wenn er in der abhängigen Frage steht. So heisst es in der oben angezogenen Stelle des Herodot ἐπειρώτα, τίνα δεύτερον μετ' ἐκεῖνον ἴδοι, was zu übersetzen ist: „wen er gefunden hätte." Indess dieser Sinn kommt dem ἴδοι nicht als solchem zu, sondern nur insofern es Vertreter eines εἶδες ist. Aus dem Satze εἴ τινα εἶδες ist durch Personen- und Modus-verschiebung εἴ τινα ἴδοι geworden und bei der Verschiebung ist der temporale Sinn des Originals εἶδες auf ἴδοι übergegangen. Diese Ver-schiebung übrigens findet in den asiatischen Sprachen kein Analogon, sondern ist eine specielle Errungenschaft des Griechischen.

Wie das Participium und der Infinitiv dazu kommen, auch tempo-ralen Sinn zu haben, wird bei dem verbum infinitum erörtert werden.

Der Präsensstamm.

Wie die oben angeführten Beispiele zeigen, bedeutet der Präsens-stamm im Griechischen die sich entwickelnde Handlung, und der Gebrauch des Imperfectums im Sanskrit und Iranischen als Tempus der Schilderung beweist zusammengenommen mit dem italischen Gebrauche, dass dieser Sinn des Präsens proethnisch ist. Es frägt sich aber, ob diese Anwendung von Anfang an dem Präsens beigewohnt habe. Zwei Thatsachen rathen dazu, diese Frage zu verneinen. Zunächst muss die Vielförmigkeit in der äusseren Bildung des Präsensstammes auffallen. Im Griechischen unterscheidet man bekanntlich folgende Arten, das Präsens aus der Wurzel zu bilden: ἐστί (ἐς), φέρομεν (φερ), φεύγομεν (φυγ), δίδομεν (δο), ὄρνυμεν (ορ), δάμναμεν (δαμ), λαμβάνομεν (λαβ), δαίομαι (δα), βάσκομεν (βα). Sollten nun alle diese Bildungen, die sämmtlich proethnisch sind, von Anfang an völlig gleichbedeutend gewesen sein? Ist es nicht vielmehr an sich wahrscheinlich, dass ein, wenn auch für unseren Sprachsinn feiner und schwer zu fassender eigenthümlicher Sinn jeder einzelnen angehangen habe? Dazu kommt die zweite Thatsache, dass nach Ausweis des Indischen, Iranischen und Griechischen von einer und derselben Wurzel verschiedene Präsensstämme gebildet werden konnten. Am reichlichsten ist diese Gewohnheit im alten Indischen erhalten, wie aus meinem altindischen Verbum S. 171 ff. zu ersehen ist. Von der Wurzel *bhar* z. B. lautet das Präsens *bhárti bíbharti* und *bhárati*, von *dāç dáshṭi dáçati dāçnóti*. Dasselbe liegt im Iranischen vor nach Bartholomae S. 119. Im Griechischen sind Doppel-bildungen wie βαίνω und βάσκω garnicht selten. Eine Zusammen-stellung derselben ist freilich meines Wissens noch nicht unternommen worden. Wenn nun *bhárti bhárati* und *bíbharti* wirklich von Anfang an völlig gleichbedeutend gewesen wäre, so läge damit ein Luxus vor, der schwer verständlich sein würde. Wir sind aber auch, abgesehen von diesen allgemeinen Erwägungen in der Lage, es wahrscheinlich zu machen, dass *bhárti* eine specifische Bedeutung für sich hatte. Wenigstens

glaube ich es in meinem altindischen Verbum sehr wahrscheinlich
gemacht zu haben, dass *bhárti* ursprünglichst ein Präsens der eintretenden Handlung war, und dass der sog. zweite Aorist d. i.
Formen wie ἔστη nichts Anderes sind, als Imperfecta von dem Präsens der eintretenden Handlung. Danach kann man es als wahrscheinlich ansehen,
dass im ältesten Indogermanischen das aus der einfachen Wurzel
gebildete Präsens (aber natürlich nur bei solchen Wurzeln, die überhaupt mehrerer Actionen fähig sind) die eintretende Handlung ausdrückte. Auch für eine andere Präsensbildung können wir noch einen
besonderen Sinn mit Wahrscheinlichkeit vermuthen, nämlich für das
Präsens auf -σκω, und zwar den inchoativen. Es würde also βάσκ'
ἴϑι bedeuten: „setz dich in Bewegung und geh." Wie freilich mit
dieser Urbedeutung der iterative Sinn der bekannten Imperfecte und
Aoriste zu vereinigen ist, ist mir nicht klar.

Ist es somit sehr wahrscheinlich, dass das Präsens einst verschiedene Actionen in sich vereinigte, welche nur dadurch zu einem Tempus
vereinigt wurden, dass sie im Indicativ praes. das Nicht-Vergangene
ausdrückten, so ist doch zugleich zu constatiren, dass im überlieferten
Griechisch die Verschiedenheiten der Actionen bereits so gut wie ganz
ausgeglichen sind, und das Präsens ein Tempus mit einheitlicher Action
geworden ist. Man könnte zwar in gewissen Einzelnheiten des Gebrauches
noch einen Anklang an den uralten Zustand finden, aber bei näherer
Betrachtung erweist sich diese Ansicht doch als bedenklich. Man
könnte geneigt sein, in dem gelegentlichen aoristischen Gebrauch von
ἦν und ἔφη etwas Uraltes zu finden. Aber εἰμί und φημί gehören ja
gerade zu jenen Wurzeln, die nur einer Action fähig sind und gerade
sie sind also unfähig einen Aorist zu bilden. Wenn also ἦν und ἔφη
aoristisch gebraucht werden, so geschieht das bei ἦν nur weil dasjenige
Verbum subst., das eines Aoristes fähig war, nämlich *bhū* im Griechischen als solches verschwunden ist, und bei ἔφη wird Anlehnung an
ἔστη und Genossen anzunehmen sein. Etwas anders steht es mit den
drei Formen ἔκλυε, ἔχραε und ἔπλετο. Dass ἔκλυε und ἔχραε in syntak-
tischer Beziehung Aoriste sind, kann nicht bezweifelt werden, und
auch bei ἔπλεο ἔπλετο περιπλόμενος u. s. w. scheint mir dieselbe Auffassung nothwendig. Der sogenannte präsentische Gebrauch, wie τίς δαίς,
τίς δὲ ὅμιλος ὅδ' ἔπλετο α 225 (vgl. Krüger Poet.-dial. Synt. § 53, 2
Anm. 3) spricht entschieden für die Auffassung als Aorist. Es wird
also zu erwägen sein, ob die genannten Formen nicht auch formell als
Aoriste gefasst werden müssen. Dass bei nachhomerischen Dichtern
Formen wie κλύειν vorkommen, würde dabei nicht in Betracht kommen.

Ich finde es also am Gerathensten, die Erledigung der Frage, ob solche Formen, welche im Formensystem als Imperfecta bezeichnet werden müssen, aoristisch gebraucht werden können, zu verschieben, bis uns eine homerische Formenlehre vorliegen wird.

Es ist ferner vermuthet worden, dass der futurische Gebrauch von εἶμι ἔδομαι πίομαι sich aus dem Umstande erkläre, dass εἶμι u. s. w. ursprünglich Präsentia der eintretenden Handlung, oder wie man es in der slavischen Grammatik ausdrückt, perfective Verba gewesen seien. Wie nun im Slavischen alle diese Präsentia in der Regel futurischen Sinn angenommen haben, so sei auch εἶμι darum futurisch geworden, weil es ursprünglich perfectives Präsens gewesen sei (vgl. Curtius Verbum 2, 290, Brugman in Bezzenbergers Beiträgen 2, 251). Aber diese Argumentation ist wenigstens für die in Frage stehenden Verba hinfällig. Denn sowohl *ad* als *i* gehören zu den Wurzeln, die von Anfang an nur durativen Sinn gehabt haben. Für *ad* verweise ich auf S. 93, und was *i* betrifft, so genügt es darauf hinzuweisen, dass *i* im Sanskrit bei Umschreibungen geradezu gebraucht wird, um eine dauernde continuirliche Handlung auszudrücken, z. B. *agnír dahati* heisst „das Feuer brennt," aber *agnír dáhann eti* „das Feuer überzieht mit Brand." So könnte also höchstens εἶμι seine Futurbedeutung in Anlehnung an ältere jetzt verschwundene perfective Präsentia derselben Form erhalten haben.

Es wäre also als Resultat dieser Untersuchung anzusehen, dass zwar unzweifelhaft im Indogermanischen ein Präsens der eintretenden Handlung vorhanden gewesen ist, dass es aber unentschieden bleibt, ob noch sichere Spuren dieses Zustandes sich im Griechischen erkennen lassen.

Was nun den Gebrauch der einzelnen zum Präsensstamm gehörigen Formen betrifft, so bemerke ich hinsichtlich des Indicativ Präs., dass das historische Präsens welches bei Homer nicht vorhanden ist, in der Ausdehnung wie es im Griechischen gebraucht wird, jedenfalls als eine griechische Errungenschaft angesehen werden muss. Dass ein Präsens von vergangenen Dingen in besonders lebhafter Erzählung gebraucht wird, ist so natürlich, dass man eine gelegentliche Anwendung des Präsens in diesem Sinne schon für das Indogermanische wird voraussetzen müssen. So viel ich sehe, wird aber namentlich bei griechischen Historikern das Präsens historicum auch dann verwendet, wenn keine besondere Lebhaftigkeit des Ausdrucks angestrebt wird, z. B. Δαρείου καὶ Παρυσάτιδος γίγνονται παῖδες δύο. Ob dieser Gebrauch schon genügend beobachtet worden ist, ist mir nicht bekannt.

Ueber das Imperfectum ist schon in Verbindung mit dem Aorist gehandelt worden. Es ist daselbst gezeigt, dass das Imperfectum das altüberlieferte Tempus der Erzählung ist, dass aber im Griechischen der Aorist demselben immer mehr Terrain abgewonnen hat. Man darf also in solchen Imperfecten, wie ἔλεγε, an deren Stelle man nach dem gewöhnlichen Sprachgebrauch eher einen Aorist erwartet, eine Antiquität sehen.

Ueber das Imperfectum, welches wir durch ein Plusquamperfectum wiedergeben, s. oben S. 97.

Siebentes Kapitel.

Die Modi.

Conjunctiv und Optativ.

Ueber den Conj. und Opt. des Sanskrit und Griechischen habe ich
im ersten Bande meiner Syntaktischen Forschungen gehandelt. Meine
Auffassung der beiden Modi hat von vielen Seiten Beifall gefunden, ist
aber auch entschieden zurückgewiesen worden, von Ludwig Agglutination
und Adaptation S. 77 ff., und namentlich von Abel Bergaigne de conjunctivi et optativi in indoeuropaeis linguis informatione et vi anti-
quissima, Lutetiae Parisiorum 1877. Da die Streitfragen, um die es
sich hierbei handelt, zum grössten Theile jenseit der Grenzen dieser
Arbeit liegen, so begnüge ich mich damit, dieselben kurz zu berühren,
und erörtere sodann die Frage, welche Gebrauchsweisen des griechischen
Conj. und Opt. als proethnisch angesehen werden müssen.

Ich war von der Voraussetzung ausgegangen, dass dem Gebrauch
jedes Modus ein einheitlicher Begriff zu Grunde liege. Bergaigne macht
dagegen geltend, dass wahrscheinlich ein Modus von Anfang an in verschiedenem Sinne gebraucht werden konnte, indem er vermuthet „modis
primitus, nullo conjunctivi et optativi discrimine habito sensus declara-
tos fuisse omnes qui non in meram affirmationem redeunt, exceptis
tantum exquisitionibus illis qui non oriri potuerunt, nisi e longa quum
sermonis tum mentis cultura." Es ist nicht in Abrede zu stellen, dass
wir in der Geschichte mehrerer (vielleicht der meisten) grammatischen
Formen mit Sicherheit nicht weiter zurückgehen können, als bis zu
einer Mehrheit von Gebrauchstypen, aber dass diese Mehrheit zugleich
das Anfängliche sei, muss nach dem was wir sonst über die Bedeutungsentwickelung an der Sprache beobachten können, als unwahrscheinlich
bezeichnet werden.

Ich habe ferner angenommen, dass conj. und opt. wie von Anfang
an gesonderte Formen, so auch von Anfang an gesonderte Bedeutungen
gehabt haben. Bergaigne führt gegen diese Voraussetzung ·die That-

8*

sache in's Feld, dass im ältesten Sanskrit die Scheidung der Modi noch nicht so consequent durchgeführt sei, wie im Griechischen, und schliesst daraus, dass man bei immer tieferem Bohren auf eine Sprachschicht kommen werde, in welcher die Scheidung noch garnicht begonnen habe. Ueber den Gebrauch im Sanskrit liegt mir jetzt ein viel reicheres Material, namentlich aus der alten Prosa vor, aus dem sich, wie mir scheint, ergiebt, dass die grössere Freiheit im Gebrauch der Modi, die wir im Veda finden, nur zu einem Theil auf das höhere Alter desselben, zum anderen Theil aber auf die Eigenthümlichkeit der Literaturgattung zu schieben ist. Indessen, wie man auch hierüber urtheilen möge, so viel steht fest, dass nicht wenige Gebrauchstypen des conj. und opt. sich im Sanskrit, Iranischen und Griechischen in solcher Uebereinstimmung vorfinden, dass sie aus historischer Gemeinsamkeit erklärt werden müssen. Es muss also angenommen werden, dass schon in der Grundsprache eine Anzahl von verschiedenen Typen des Conjunctiv- und Optativgebrauchs vorhanden waren. Ob man nun für eine noch weiter zurückliegende Zeit der Ursprache einen anderen Zustand annehmen will, hängt mit der Frage zusammen, wie man sich die Beziehung von Form und Bedeutung denkt. Mir erscheint es nach wie vor natürlich, für verschiedene Formen auch verschiedene Bedeutungen anzunehmen. Wie gross freilich der Verschiedenheitswinkel in urältester Zeit gewesen sei, können wir nicht mehr berechnen.

Ich habe sodann angenommen, dass der einfache Satz älter sei als der zusammengesetzte, und dass man daher die älteste Bedeutung der Modi nur in den einfachen unabhängigen Sätzen suchen dürfe. Bergaigne seinerseits leugnet, sermonem unquam subjectis sententiis caruisse. Ohne mich hier auf die Geschichte der Sätze einlassen zu wollen, constatire ich nur, dass es schwierig ist zu entscheiden, wie alt gewisse Typen der Nebensätze sind. Es ist deswegen durch die Vorsicht geboten, den Grundbegriff eines Modus nicht in einer Satzart zu suchen, die möglicherweise jung ist. Sicher indogermanisch aber sind die einfachen Hauptsätze, und sie sind daher das natürliche Feld für die Aufsuchung der Grundbegriffe.

Endlich habe ich als Grundbegriff des Conjunctivs den Willen, als Grundbegriff des Optativs den Wunsch angenommen. Ich gebe jetzt zu, dass ich nicht vermag, den Begriff des Willens oder einen anderen Grundbegriff mit der Form des Conj in einen etymologischen Zusammenhang zu bringen, und auch die Analyse der Optativform steht nicht so fest, dass ich auf ihr ein syntaktisches Gebäude errichten möchte. Es bleibt also nur übrig, die Grundbegriffe aus der Betrachtung der

Gebrauchsweisen zu gewinnen, wenn man nicht vorzieht, auf diesen Versuch überhaupt zu verzichten. Unternimmt man den Versuch der Darstellung von einem Grundbegriff aus, so wird man sich, glaube ich, immer noch am meisten durch meine Formulirung Wille und Wunsch befriedigt fühlen. Eine andere Möglichkeit wäre, in beiden Modi den futurischen Sinn zu finden, und zwar im Conj. die Bezeichnung der nahen, im Opt. die der ferneren Zukunft. Unter dieser Voraussetzung müsste die von mir Synt. Forsch. I. gewählte Anordnung gänzlich umgestaltet werden.

Nach diesen Vorbemerkungen untersuche ich, welche Gebrauchsweisen des Conjunctivs und Optativs als proethnisch zu gelten haben. Wenn ich dabei nur die Hauptsätze berücksichtige, so geschieht dies, weil noch nicht eingehend genug untersucht ist, inwieweit auch die Ausbildung der Nebensätze etwa schon in die vorgriechische Zeit zu verlegen ist. Zur Vergleichung gelangen dabei nur das Sanskrit (in meinen Synt. Forsch. I.) und das Iranische (bei Bartholomae S. 182 ff., der sich meiner Auffassung und Anordnung grösstentheils angeschlossen hat), weil nur in diesen beiden Sprachen die beiden Modi ebenso getrennt erhalten sind, wie sie im Indogermanischen waren.

Im Gebrauch des Conjunctiv's ist proethnisch der Conj. des Wollens in der ersten sing. und die Aufforderung in der ersten pl. (Synt. Forsch. I, 109 ff.). In der zweiten und dritten Person wurde, wie die Uebereinstimmung des Sanskrit, Iranischen, Lateinischen zeigt, der Conj. im Indogermanischen auffordernd gebraucht, dem Imperativ sehr nahe kommend, oder sich mit ihm deckend. Dieser Gebrauch ist im Griechischen fast verloren. Dass er einst vorhanden war, habe ich Synt. Forsch. I, 20 aus dem Gebrauch mit μή, in Nebensätzen, und in den verwandten Sprachen mit Recht gefolgert. Auf der Beweisfähigkeit der Stelle Soph. Phil. 300 mag ich nicht· mehr bestehen, da die Ueberlieferung des Sophocles sehr mangelhaft ist. Dagegen ist seit dem Erscheinen des ersten Bandes der Synt. Forsch. eine Inschrift aus Elis zu Tage getreten, in welcher dieser Gebrauch des Conj. unzweifelhaft erscheint. Es ist das Ehrendecret für Δαμοκράτηρ aus Tenedos (Cauer Nr. 116), in welchem es heisst: τὸ δὲ ψάφισμα τὸ γεγονὸς ἀπὸ τᾶρ βωλᾶρ γραφὲν ἐγ χάλκωμα ἀνατεθᾶ ἐν τὸ ἱαρὸν τῶ Διὸρ τῶ Ὀλυμπίω· was nur übersetzt werden kann „das Dekret soll aufgestellt werden" und weiterhin: περὶ δὲ τῶ ἀποσταλάμεν τοῖρ Τενεδίοιρ τὸ γεγονὸρ ψάφισμα ἐπιμέλειαν ποιήαται Νικόδρομορ ὁ βωλογράφορ, wo ποιήαται gleich ποιήσηται ist und ἐπιμέλειαν ποιήαται zu übersetzen: Nikodromos soll Sorge tragen. Dass diese Auffassung die einzig mögliche ist, erkennt auch Kirchhoff Archäologische Ztg. 75, 186 an mit den Worten: „der conj. aor. ἀνατεϑῷ steht hier wie ποιήσαται augenscheinlich ganz im Sinne eines positiven Imperativs." Es ist nicht zu bezweifeln, dass dieser Conjunctiv-Typus im Griechischen ausstarb, weil der Imperativ dem Bedürfniss genügte, es ist aber sehr interessant zu sehen, wie der alte Gebrauch noch nach Alexanders des Grossen Tode in einem Dialekt auftaucht. Proethnisch ist ferner die Verbindung von μή (mắ) mit dem Conj. des Wollens, während bei dem futurischen Conj. die andere Negation ná im Sanskrit, οὐ im Griechischen steht. Ueber μή mắ wird noch beim Imperativ gehandelt werden. Ebenso ist proethnisch der Conj. in dubitativen und deliberativen Fragen. Indische Belege für diejenige Form der Frage, welche Synt. Forsch. I, 186 noch unbelegt blieb, finden sich in der alten Prosa, z. B. Çat. Br. 2, 2, 4, 6: *sá vy àcikitsaj juhavāni? íti* er überlegte, soll ich opfern?

Im Gebrauch des Optativs ist proethnisch der Opt. des Wunsches in seinen verschiedenen Nüancen, und ebenso der Optativ im Aussagesatz, den ich als futurischen bezeichnet habe (Synt. Forsch. I, 200 f.) von dem der sog. Optativ der gemilderten Behauptung eine Unterabtheilung bildet. In wie weit dieses letztere ausserhalb des Griechischen anzuerkennen sei, darüber möchte ich mir kein bestimmtes Urtheil erlauben. Jedenfalls ist die reiche und feine Verwendung gerade dieses Optativs eine Specialität des Griechischen. Dass auch der Gebrauch des Optativs in Fragesätzen proethnisch sei, ist· Synt. Forsch. I, 245 ff. gezeigt.

Es kann hiernach nicht zweifelhaft sein, dass Conj. und Opt. als getrennte Modi im Griechischen ein indogermanisches Erbtheil sind, und dass die Gebrauchstypen, welche wir in griechischen Hauptsätzen finden, wesentlich schon im Indogermanischen vorhanden waren.

Auf das Detail gehe ich hier nicht näher ein, da ich Synt. Forsch. I. ausführlich über Conj. und Opt. gehandelt habe, und das was ich jetzt an dieser Arbeit zu ändern und zu bessern finde, lieber einer anderen Gelegenheit vorbehalte.

Der Imperativ.

Nur drei Personen des Imperativs haben eigene Formen, die zweite Sing., die dritte Sing. und die dritte Plur. Die zweite Sing. hat im Sanskrit drei Formen, z. B. *bhára* (φέρε), *çrudhí* (κλῦϑι) und *bháratād*. Die letztere unterscheidet sich von *bhára* so wie *amato* von *ama*, wie ich Synt. Forsch. III, 2 ff. nachgewiesen habe. Im Griechischen ist die Form auf *-tād* bekanntlich nur in den Glossen φατῶς und ἐλθετῶς (wenn der Accent so richtig ist) erhalten. Offenbar ist die Form sonst verloren gegangen, weil kein Bedürfniss vorlag, den alt-überlieferten Bedeutungsunterschied fest zu halten. Vielleicht trug zur Verdrängung der Form auch der Umstand bei, dass der Gebrauch des Infinitivs sich in einer Weise entwickelt hatte, dass er dem Gebrauch der Form auf -τως ganz nahe kam oder völlig entsprach. Die dritte Sing. lautet im Sanskrit nur auf -tu woneben, wenn auch selten, ebenfalls die Form auf -tād erscheint. Das Griechische τω entspricht diesem -tād.

In der dritten Pluralis hat das Indische -ntu, dem im Griechischen nichts entspricht, so wenig wie dem -tu des Singulars. Die Endung -ντω (so ist die ältere Form), beruht wohl auf Nachbildung des Singulars.

Aus dem Umstand, dass die Bezeichnung der Personen durch die Suffixe nicht reinlich abgegränzt ist, zusammen mit der Thatsache, dass so wenig Suffixe vorhanden sind, darf man vielleicht den Schluss ziehen, dass die Imperativformen ursprünglichst nicht auf bestimmte Personen bezogen wurden, sondern infinitivartige Bildungen waren, bei deren Gebrauch man die Person, auf welche sich der Befehl bezog, nicht ausdrückte (vgl. Brugman, Morphologische Untersuchungen 1, 163). Jedenfalls hat aber die Vertheilung auf die Personen schon in indogermanischer Zeit begonnen, und ebenso die Ergänzung der nunmehr fehlenden. Ueber diese ergänzenden Formen ist schon oben (S. 68) eine Andeutung gegeben worden. Es muss auffallend erscheinen, dass die zweite und dritte Dualis und die zweite Pluralis im Sanskrit den sog. unechten Conjunctiven, d. i. beim Präsensstamme den Imperfect-formen ohne Augment völlig gleichen. Dasselbe ist im Griechischen bei λύετον und λύετε der Fall, und λυέτων ist von *λυέτην nur in einer Weise verschieden, die spätern Ursprungs sein kann. Ich glaube also in der That, dass diese Formen identisch sind, und der Imperativ zusammengesetzt ist aus den alten Imperativformen als erster Schicht, und den sog. unechten Conjunctivformen als zweiter.

Was die Vertheilung auf die Tempusstämme betrifft, so finden wir in den asiatischen Sprachen fast nur den Imper. Präsentis. Namentlich ist beachtenswerth, dass das Sanskrit den Imper. des S-Aorists, der in der vedischen Sprache nur in ganz wenigen Exemplaren vorhanden ist, in der ältesten Prosa bereits gänzlich aufgegeben hat. Man braucht daselbst in der positiven Aufforderung stets den Imp. praes., in der negativen den unechten Conj. aor. (selten den Conj. praes.), z. B. Çat. Br. 3, 2, 4, 11 heisst es: „der Geist befiehlt der Stimme" itthám vada

„sprich so," oder *mấ etấd vādīh* „sprich nicht so." Wenn man nun die ganz absonderliche Bildung der zweiten sing. im Aorist act. und med. im Griechischen bedenkt, die jedenfalls nicht alt ist, so liegt die Vermuthung nahe, dass erst das Griechische den Imper. aoristi, der in indogermanischer Zeit kaum angewendet wurde, zu einem häufig gebrauchten Modus erhoben hat.

Von dieser Grundlage aus lassen sich nun wohl auch die Verbindungen von $\mu\acute{\eta}$ verstehen. Wie kommt es, dass $\mu\acute{\eta}$ wohl mit dem Imp. präs., aber sehr selten mit dem Imper. aoristi, dagegen so gut wie nie mit dem Conj. präs., aber so sehr häufig mit dem Conj. aor. verbunden wird? Zur Lösung dieses Räthsels scheint mir eine Beobachtung dienen zu können, welche Grassmann über den vedischen Gebrauch von *mấ* gemacht hat. Es wird ausnahmslos mit dem unechten Conjunctiv, nie mit den wirklichen Imperativformen verbunden. Es diente also wahrscheinlich der Imperativ ursprünglich nur der positiven Aufforderung, bei negativen Aufforderungen gebrauchte man *mấ* mit dem unechten Conj. Im ältesten Sanskrit hat sich dies Verhältniss erhalten, im Griechischen dagegen dehnte sich, da der gesammte Imperativ (erster und zweiter Schicht) als eine einheitliche Formation empfunden wurde, die Verbindung mit $\mu\acute{\eta}$ von der zweiten Schicht, bei der sie überliefert war, auch auf die erste aus. Da nun der Imperativ präs. von allem Anfang an im Griechischen eine geläufige Form war, so befestigte sich als dauernder Typus die Construktion von $\mu\acute{\eta}$ mit dem Imper. präs. Der Imper. aoristi dagegen war, wenn die oben angedeutete Hypothese Grund hat, im allerältesten Griechisch so gut wie nicht vorhanden. Man musste desshalb beim Aorist um ein Verbot u. dgl. auszudrücken, zum Conjunctiv mit $\mu\acute{\eta}$ greifen, und so entstand als ein zweiter fester Typus $\mu\acute{\eta}$ mit dem Conj. aoristi. Als nun der Imperativ aoristi später häufiger wurde, war der Conjunctiv-Typus schon so eingelebt, dass ein Imperativ mit $\mu\acute{\eta}$ fast garnicht dagegen aufkommen konnte. Es scheint mir also, dass die Bevorzugung des Imperativs im Präsensstamme und des Conjunctivs im Aoriststamme keinen logischen, sondern einen historischen Grund hat.

Achtes Kapitel.

Das verbum infinitum.

Hinsichtlich des Infinitivs ist neuerdings eine so grosse Ueber-einstimmung der Ansichten erzielt worden, dass ich mich damit begnügen kann, in einer kurzen Skizze, wesentlich im Anschluss an Wilhelm, de infinitivi forma et usu Eisenach 1872, Jolly, Geschichte des Infinitivs München 1873 u. a. einen Ueberblick über die Geschichte des Infinitivs zu geben.

Im Veda giebt es einen Dativ *vidmáne* von dem Stamme *vidmán*, Wissen, Weisheit, und daneben einen Instr. *vidmánā*. Der Dativ *vid-máne* erscheint nur in der Verbindung mit *pṛichāmi* z. B., Rv. 1, 164, 6 *kavîn pṛichāmi vidmáne* „ich frage die Sänger zum Wissen." Wenn Grassmann *vidmáne* als Infinitiv bezeichnet, so geschieht das nicht sowohl, weil man statt „zum Wissen" geschmeidiger übersetzt „um zu wissen," sondern weil im Griechischen das entsprechende *Ƒίδμεναι* Infinitiv ist. Für das Griechische wird auch niemand die Richtigkeit dieser Bezeichnung bezweifeln, und wir hätten also die merkwürdige Thatsache zu verzeichnen, dass die gleiche Wortform im Sanskrit als Dativ eines abstrakten Substantivums, im Griechischen als Infinitiv bezeichnet wird. Durch die neueren Untersuchungen ist nun gezeigt worden, dass in diesem Falle das Sanskrit den ursprünglichen, das Griechiche den weiter entwickelten Zustand zeigt, und man ist auch im Stande, den Gang der Entwickelung zu verfolgen, und zwar im Indischen selbst. Es giebt im Sanskrit u. a. eine von uns als Infinitiv bezeichnete Form *dāváne*, welche mit dem griechischen *δοῦναι* (kyprisch *δόƑεναι*) identisch ist. Diese unterscheidet sich von dem oben besprochenen *vidmáne* dadurch, dass neben *dāváne* kein anderer Casus von dem Stamme *dāván* vorkommt, dass also der Dativ isolirt ist, und ferner dadurch, dass neben *dāváne* „zum Geben" die Gabe zwar auch im Genitiv stehen kann, z. B. *dāváne vásūnām* „zum Spenden von Gütern," dass aber doch auch die verbale Construction eintreten kann, z. B.

bhúri dāváne „zum Geben Vieles, um Vieles zu geben." Was wir an *dāváne* gezeigt haben, lässt sich auch an anderen Beispielen nachweisen, und somit der Satz begründen: Gewisse Formen, welche wir Infinitive nennen, sind ursprünglich Dative von abstrakten Substantiven, welche sich von den Dativen anderer Substantive nur dadurch unterscheiden, dass sie verbale Construction haben können, und dass neben ihnen selten andere Casus von demselben Stamme gebildet werden. Somit ist der Infinitiv in dem bisher beschriebenen Sinne nichts als eine syntaktische Kategorie.

Mit den indischen Formen auf -*máne* sind nun die griechischen auf -*μεναι* identisch, und mit denen auf -*váne* die griechischen auf -*ναι* (wie Curtius Verbum 2, 96 ff. sehr wahrscheinlich gemacht hat). Die Inf. auf -*μεν* sind höchst wahrscheinlich Locale derselben Stämme, von denen die auf -*μεναι* Dative sind.

Es sind also auch diese griechischen Infinitive genau so wie die indischen zu beurtheilen, nur dass die Entwickelung in Griechenland noch einen Schritt weiter gegangen ist, insofern jede Erinnerung an die Substantivnatur von Formen wie *δόμεναι* geschwunden ist, sie also im Bewusstsein der Sprechenden gänzlich auf die verbale Seite herübergezogen sind, und also auch eine Verknüpfung mit den verschiedenen Stämmen des Verbums stattfindet. Indem *δόμεναι* gänzlich als Verbalform betrachtet wird, tritt es in innerliche Beziehung zu *δούς*, *ἔδοσαν* u. s. w., und so gut nun neben *ἔδοσαν* ein *δώσουσι* besteht, so gut bildete man auch neben *δόμεναι* ein *δωσέμεναι* u. s. w.

Etwas anders als mit den bisher erwähnten Inf. auf -*μεναι*, -*μεν* und -*ναι* steht es mit denen auf -*σϑαι*, welche mit den indischen auf -*dhyai* identisch sind (wenn man auch über das *σ* verschieden urtheilen kann) und mit denen auf -*ειν*, von denen Curtius es neuerdings wahrscheinlich gemacht hat, dass sie mit dem indischen Inf. auf -*sani* der Form nach übereinstimmen. Die Inf. auf -*dhyai* und -*sani* verdienen auch vom Standpunkt der griechischen Terminologie aus durchaus den Namen von Infinitiven, einmal insofern sie nur verbale Construktion zeigen, dann insofern sie auch imperativisch gebraucht werden können, und endlich insofern sie aus mehreren verschiedenen Tempusstämmen gebildet werden können, so hat man z. B. *striṇīsháṇi* von einem Präsensstamme mit *nā*, *pibadhyai* von einem aus der verdoppelten Wurzel bestehenden Präsensstamme, und *vāvṛidhádhyai* von einem Perfectstamme. Ueber die Etymologie dieser Formen, können wir nicht mit solcher Sicherheit urtheilen, wie bei der ersterwähnten Gruppe, doch ist wahrscheinlich, dass der Inf. auf -*dhyai* Dativ, der auf -*sani* Localis eines

Substantivums sei. Jedenfalls aber war schon in der Grundsprache jeder innere Zusammenhang dieser Bildungen mit irgend welchen Nominalstämmen verloren, sie waren bereits in der Grundsprache da angekommen, wo wir im Griechischen δόμεναι u. s. w. finden.

Demnach darf man behaupten, dass die Formen auf -σϑαι und -ειν als fertige, die auf -μεναι, -μεν, -ϝεναι als werdende Infinitive in das Griechische übergegangen sind.

Wie ist nun die weitere Entwickelung im Griechischen gewesen? Zunächst sind auch die ̣noch nicht fertigen Infinitive zu fertigen gemacht worden, und ist damit eine völlige Egalisirung der verschiedenen Arten des Infinitivs, die im Sanskrit noch nicht vorhanden ist, und also auch in der Grundsprache noch nicht vorhanden war, herbei geführt worden. Sodann ist die Angliederung der Infinitive an die verschiedenen Tempusstämme vollendet worden. Schon im Sanskrit zeigt sich dieselbe im Beginn, wie man am bequemsten in meinem altindischen Verbum S. 221 ff. übersehen kann. Daselbst zeigt sich mehrfach eine Beziehung zum Präsensstamm, vereinzelt eine solche zum Perfectstamm (vāvṛidhádhyai) und wohl auch zum Aoriststamm. Wenigstens scheint mir jetzt wahrscheinlich, dass jishé als Inf. aor. aufzufassen sei, vom Aorisstamm jish- ebenso gebildet wie dṛiçé etc. aus der Wurzel, und zwar auf dem Wege der Nachbildung. Im Griechischen entspricht λῦσ-αι (denn der Aoriststamm ist λυσ-, nicht λυσα). Von einem Inf. fut. findet sich im Sanskrit noch keine Spur. Dabei versteht es sich von selbst, dass der eigenthümliche Sinn der Tempusactionen sich auch in dem Infinitiv spiegelt, was namentlich wegen des Inf. aor. bemerkt zu werden verdient. Dass derselbe nicht etwa ursprünglich den Sinn der Vergangenheit hat, sondern ihn nur unter gewissen Umständen annehmen kann, hat Capelle in dem gleich zu erwähnenden Jahresbericht S. 113 ff. bei Gelegenheit der Besprechung einer Arbeit von Cavallin gut entwickelt. Eine völlig selbständige That des Griechischen ist die Stempelung des Inf. auf -σϑαι zum medialen Infinitiv und damit die vollständige Einverleibung des Infinitivs in das System des Verbums. Dass der Infinitiv als Nomen mit dem Genus des Verbums nichts hat zu thun haben können, ist oft auseinander gesetzt (z. B. von Bopp, Vgl. Gr. III. § 868), dass aber, nachdem er völlig verbal geworden war, auch die Kategorie des Genus verbi auf den Inf. angewendet worden ist, darf nicht Wunder nehmen. Dass gerade die Form auf -σϑαι medialen Sinn erhielt, lag sicherlich an ihrer an die Medialformen erinnernden äusseren Gestalt.

Ueber die Weiterentwickelung der ursprünglichen Casusbedeutung des Infinitivs hat sich C. Capelle in dem Jahresbericht über die neueren Arbeiten auf dem Gebiete der homerischen Syntax Philologus XXXVII. Bd. 1. S. 89 ff. in einer Weise ausgesprochen, der ich in allem Wesentlichen beistimme. Ich beschränke mich daher auf einige wenige Bemerkungen.

Mit Recht sagt Capelle dass sich in dem finalen und consecutiven Infinitiv bei Homer der älteste Gebrauch dieser Form zeige (S. 95). Geht doch dieser Gebrauch deutlich zurück auf den dativischen Ursinn des Infinitivs (der den locativischen Bestandtheil in sich aufgesogen hat), zurück. Aus dem dativischen Sinn geht auch der imperativische Gebrauch hervor (vgl. a. a. O. S. 111), der, wie die Uebereinstimmung des Altindischen bei den Formen auf -*dhyai* uud -*sani* zeigt, so gut wie der finale und consecutive Gebrauch proethnisch ist. Im ältesten Sanskrit sieht man deutlich, wie durch einen sog. imperativischen Infinitiv einfach die Handlung als ein zu erstrebendes Ziel hingestellt wird, wobei die redende Person selbst oder eine zweite oder dritte als handelnd gedacht werden kann. Wir übersetzen z. B. die Worte Rv. 1, 27, 1 *áçvaṃ ná tvā vắravantaṃ vandádhyai* ich will dich rühmen wie ein langgeschweiftes Ross, dagegen 6, 15, 6 *agnim-agniṃ vaḥ samidhā duvasyata priyáṃ-priyaṃ vo átithiṃ gṛṇīshắṇi* verehret jedes Feuer mit Holz, p r e i s e t euren lieben Gast. Ist eine dritte Person genannt, so steht sie im Nominativ, z. B. *ịjānám dyaúr . . abhí prabhūshắṇi* beim Opfernden soll sich Dyaus einstellen 10, 132, 1. Es würde nützlich sein, wenn der Gebrauch des imperativen Infinitivs im Indogermanischen monographisch dargestellt wurde. Dabei würden namentlich auch die den Inf. auf -*dhyai* entsprechenden Zendformen zu betrachten sein. Von Interesse ist auch die Bedeutungsnüance dieses Infinitivgebrauches bei Homer. Wie Dr. Gädicke beobachtet hat, wird der Inf. bei Homer meist im Sinne des Imperativs Futuri gebraucht.

Die Construction des acc. cum inf. kennt das Sanskrit nicht, sie war also auch in der Grundsprache nicht vorhanden. Ueber die Entstehung derselben theile ich im Wesentlichen die Anschauungen, welche Curtius in den Erläuterungen zu seiner griechischen Schulgrammatik entwickelt hat. Wie bedeutungsvoll die Erwerbung dieser Construction für die griechische Rede geworden ist, kann man namentlich dann ermessen, wenn man bedenkt, dass die im Griechischen so unendlich häufig gebrauchte oratio obliqua erst auf dieser Grundlage möglich geworden ist.

Die Verbindung mit ὥστε (*I* 42, ϱ 21) ist natürlich erst möglich geworden, nachdem durch die acc. cum inf. die Vorstellung entstanden war, dass der Infinitiv so zu sagen das verbum finitum eines abhängigen Satzes sein könne.

Als ein wichtiges historisches Resultat der vergleichenden Betrachtung halte man namentlich fest, dass der acc. cum inf., mithin auch die gesammte indirecte Rede eine Errungenschaft der Griechen ist.

Participia d. h. Adjectivbildungen von einem Tempusstamme mit gewissen eigenthümlichen Suffixen gab es im Indogermanischen von allen vier Tempusstämmen, und zwar in activer und medialer resp. passiver Bedeutung. Ausserdem scheinen gewisse Adjective, die mittels der Suffixe - *ta* und - *na* aus der einfachen Wurzel hergeleitet sind, im Sinne eines part. perf. pass. verwendet worden zu sein. Dieselben sind aber im Griechischen, weil das part. perf. med. genügte, ausser Gebrauch gekommen. Ob das part. aor. in der Ursprache in so häufigem Gebrauch war, wie im Griechischen, ist sehr zu bezweifeln. Im Sanskrit und Iranischen ist es so gut wie garnicht vorhanden. Es scheint vielmehr, als müsse die häufige Verwendung dieses Participiums als eine Errungenschaft des Griechischen .angesehen werden. Es unterliegt keinem Zweifel, dass durch den Besitz dieses Participiums das Griechische einen Vorzug vor allen indogermanischen Sprachen besitzt, der durch die damit wetteifernden Bildungen anderer Sprachen, z. B. des Sanskrit, nicht erreicht wird. Das Sanskrit bedient sich da wo die Griechen dieses Participium gebrauchen, der viel ungelenkeren Absolutiva. Wenn die Inder z. B. einen Satz mit *tád uktvă* „so gesprochen habend" eig. „nach Sprechung dieses" an den vorhergehenden anknüpfen, so lässt sich aus *uktvă* nicht entnehmen, ob einer oder mehrere, ob ein Masc. oder ein Fem. gesprochen hat, was doch bei εἰπών, εἰπόντες, εἰποῦσα der Fall ist. Der griechische Satzanschluss ist also bei weitem fester als der indische.

Die Participia haben natürlich den Sinn ihres Tempusstammes, was bei allen, ausser dem part. aor. ohne Weiteres klar ist. Dass dieses aber auch nur scheinbar den Sinn der Vorvergangenheit, in Wahrheit vielmehr den Sinn der eintretenden Handlung enthält, ist von Curtius (Erläuterungen u. s. w.) in einer Weise ausgeführt worden, der ich nichts hinzuzusetzen habe.

Ueber den absoluten Gebrauch des Participiums in der Construction der sog. genetivi absoluti habe ich früher falsch geurtheilt. Classen Beobachtungen über den homerischen Sprachgebrauch (Frankfurt 1867) hat in völlig überzeugender Weise nachgewiesen, dass dieser Gebrauch sich erst im Griechischen entwickelt hat.

Neuntes Kapitel.

Die Präpositionen.

Eine Anzahl griechischer Präpositionen ist mit denen anderer Sprachen identisch, namentlich *ἀνά* mit Zend *ana*, *ἀπό* mit Sanskrit *ápa* Z. *apa*, *ἐπί* mit S. *ápi* Z. *aipi*, *παρά* mit S. *párā* Z. *para*, *περί* mit S. *pári* Z. *pairi*, *πρός ποτί* mit S. *práti* Z. *paiti*, *πρό* mit S. *prá* Z. *fra*. Das griechische *ἅμα* und *μετά* haben nicht gerade identische Wörter in den asiatischen Sprachen neben sich, aber doch Verwandte, *ἅμα* in *sám* und Genossen, *μετά* in *smát* (oder etwa *mithás?*). Dazu kommt noch *ἔτι*, das im Griechischen als Präposition verloren gegangen, im S. *áti* und Zend *aiti* aber als solche erhalten ist. In den italischen Sprachen finden *ἐν*, *ἐκ* und *ξύν* (das vermuthlich mit *cum* identisch ist) ihre Analoga.[1]

Ueber die ursprüngliche Anwendung dieser Präpositionen ist man jetzt zu einer übereinstimmenden Meinung gelangt. Man nimmt allgemein an, dass die Präpositionen ursprünglich wie alle Wörter Freiwörter (sog. Adverbia) waren, und dann Begleitwörter wurden, und zwar von Anfang an in grösster Ausdehnung verbale Begleitwörter, dagegen Anfangs seltener und erst im Laufe der Zeit häufiger werdend nominale Begleitwörter. In der ältesten Zeit war es die wesentliche Aufgabe der Präpositionen, die Richtung der im Verbum ausgedrückten Handlung näher zu bestimmen, die Beziehung der Handlung aber auf einen Gegenstand drückte der Casus allein aus, ohne Beihülfe der Präpositionen. Im Sanskrit finden wir diese Beihülfe erst sehr spärlich („Im Sanskrit kann man oft 10 bis 20 Seiten lesen, ohne irgend einer Präposition mit einem von ihr regierten Casus zu begegnen." Grassmann in Kuhns Zeitschrift 23, 560), im Griechischen jedoch schon so häufig, dass alle oben genannten Präpositionen im Griechischen sowohl

---

1) *ἀμφί* habe ich nicht behandelt, weil ich die Bedeutungsentwickelung nicht klar zu legen vermag, *ὑπό* und *ὑπέρ* nicht, weil das etymologische Verhältniss zu den S-Formen des Lateinischen nicht klar ist. Auf die dem Griechischen allein angehörigen Präpositionen bin ich nicht eingegangen.

bei Verbis als bei Nominibus erscheinen, während im Sanskrit und Zend einige derselben wie *párā* und *prá* gar nicht mit Casus verbunden vorkommen.

Indem ich mich begnüge, auf diese durch frühere Untersuchungen (vgl. Lange über Ziel und Methode der syntaktischen Forschung, Verh. der Göttinger Philologenversammlung 1852, Curtius Erläuterungen, Grassmann a. a. O.) festgestellten Thatsachen zu verweisen, füge ich einige Bemerkungen über die Verbindung der Präpositionen mit Verben und mit Casus hinzu.

1. Die Präpositionen als verbale Begleitwörter.

Für das älteste Sanskrit ergeben sich folgende Regeln, deren Gültigkeit durch einzelne Ausnahmen, die in einer Sanskritsyntax zu erörtern sein würden, nicht beeinträchtigt wird:

Im Hauptsatz ist die Präposition frei und betont, das Verbum enklitisch, z. B. *ápa gachati* „er geht weg", dagegen im untergeordneten Satz·wird die Präposition mit der betonten Verbalform zusammengesetzt, z. B. *yás apagáchati* „welcher weggeht."

Das Griechische stimmt mit dem Sanskrit insofern überein, als die Präposition wenigstens in der homerischen Sprache noch häufig genug selbständig erscheint, in der sog. Tmesis, und als auch später die Zusammensetzung nicht mit dem Verbum stattfindet, sondern abgesehen von einzelnen Ausnahmen wie καϑεύδω, nur mit der einzelnen Verbalform, so dass also z. B. im Sanskrit wie im Griechischen das Augment hinter der Präposition steht.

Schwieriger, vielleicht unmöglich, ist die Entscheidung der Frage, ob diejenigen Betonungsverhältnisse, welche wir im Sanskrit finden, auch für das vorhistorische Griechisch angenommen werden müssen. Ich werde bei der Lehre von der Wortstellung zu zeigen suchen, dass allerdings im Griechischen noch Spuren von einstiger Enklisis des verbum finitum vorhanden sind. Ich nehme also an, dass man in ältester Zeit im Griechischen entsprechend dem indischen *ápa gachati* sagte ἄπο βαίνει. Ob aber auch die Behandlung des Verbums im Nebensatze dieselbe war, wird sich schwerlich erweisen lassen. Mit dem Eintritt des Dreisilbengesetzes nämlich waren im Hauptsatz Betonungen wie ἄπο βαίνει nicht mehr möglich, wurden vielmehr durch ἀποβαίνει ersetzt, und damit auch im Hauptsatz eine Bildung herbeigeführt, wie man sie nach Analogie des indischen *apagáchati* für den Nebensatz zu erwarten hat. Es wurde also die Verschiedenheit der Betonung des Verbums im Haupt- und Nebensatz — wenn sie überhaupt vorhanden war — jedenfalls durch die Herrschaft des Dreisilbengesetzes früh verwischt.

Ob Untersuchungen darüber gemacht sind, in welchem Falle unmittelbar vor dem Verbum stehende Präpositionen bei Homer selbständig zu schreiben sind, und in welchem nicht, ist mir nicht bekannt. Wer sie etwa anstellt, wird den eben skizzirten Hintergrund dieser Erscheinungen nicht übersehen dürfen.

Als zweite Regel ergiebt sich aus dem älteren Sanskrit folgende: die Formen des verbum infinitum werden mit der Präposition zu einem Worte vereinigt, und zwar ist die Verbindung um so fester, je entschiedener nominal die betreffende Form ist, also am festesten bei dem Participium auf -*ta*, z. B. *párikritas*, während bei dem Part. präs. act. und bei dem Infinitiv auch Getrenntheit der Präposition vorkommt, z. B. *prá dāváne* wie ἀπὸ δόμεναι. Im Griechischen ist das Verhältniss dasselbe.

Auch die Verbindung mehrerer Präpositionen mit dem Verbum findet sich im Griechischen ebenso wie im Sanskrit. Die Vergleichung im Detail würde sich bequemer durchführen lassen, wenn in unseren griechischen Lexicis nicht die schlechte Sitte herrschte, die sog. zusammengesetzten Verben unnatürlich von dem einfachen Verbum zu trennen.

2. Die Präpositionen als nominale Begleitwörter.

Dass die Präpositionen ursprünglich nicht vor, sondern hinter dem Casus standen, dass also in der sogenannten Anastrophe nicht bloss die ursprüngliche Betonung, sondern auch die ursprüngliche Stellung bewahrt ist, ist in dem Abschnitt über Wortstellung ausgeführt. An dieser Stelle gehe ich einige Präpositionen in ihrer Verbindung mit den verschiedenen Casus durch, um das Verhältniss zwischen Casus und Präposition, und die Entwickelung dieses Verhältnisses zu veranschaulichen.

ἀνά urspr. wohl „oben." Es tritt zu einem Localis, der dadurch in der Weite seiner Bedeutung beschränkt wird. Γαργάρῳ könnte bedeuten: „in, an, auf G.," sobald aber ἀνά hinzutritt, heisst es „auf G. oben." Ebenso wirkt es in der Verbindung mit dem Acc. Der Acc., welcher wie wir sahen, nichts bedeutet als die unmittelbare Ergänzung des Verbums, kann u. a. auch die Erstreckung über Raum und Zeit zu bedeuten scheinen, oder anders ausgedrückt: Während ursprünglich der Acc. nur eine allgemeine Ergänzung des Verbums ist, fassen ihn später (aber schon in uralter Zeit) die Redenden auf als die Erstreckung durch Raum und Zeit bezeichnend. Zu diesem Acc. tritt ἀνά. Die Verbindung bezeichnet also ursprünglich „durch etwas hin oben" d. i.

„über — hin." Doch ist der Begriff der Präposition in vielen Ver-
bindungen nahezu erloschen und nur der Acc.-Begriff übrig geblieben.
Es versteht sich, dass in ältester Zeit ἀνά nur in der Nähe solcher
Verba auftreten konnte, bei denen ein Acc. der Erstreckung erscheint.
Als aber der Typus fest geworden war, erschien er bei allen Verben,
z. B. auch in dem Satze πολλαὶ Ἀχαιίδες εἰσὶν ἀν' Ἑλλάδα I 395, ob-
wohl ursprünglich bei εἰμί kein Acc. der Erstreckung möglich war.
Durch die Verbindung mit der Präposition wird der Casus aus der
Abhängigkeit vom Verbum erlöst. — Dieselbe Verbindung mit dem
Acc. finden wir auch bei dem zendischen *ana.*

ἀπ ό. Das entsprechende S. *ápa* und Z. *apa* (Hübschmann 311)
ist nur verbales Begleitwort. Der Casus bei ἀπό ist wie die Vergleichung mit ab und der Sinn der Präposition zeigt, der Ablativ. Es
erscheinen daher auch bei ἀπό die Vertreter des Abl., nämlich der
Gen., der Casus auf φι, und der pronominale Ablativ auf -θεν. Im
arkadischen und kyprischen Dialekte wurden ἀπό (ἀπύ) und ἐξ (ἐς)
mit dem Dativ-Localis verbunden (vgl. ἐν ἁμέραις τρισὶ ἀπὺ τᾶ ἂν
τὸ ἀδίκημα γένητοι in der Inschrift von Tegea Cauer 117, und ἀπὺ
τᾶ ζᾶ (d. i. γᾶ) in der Inschrift von Idalion Cauer 118,[1] ferner ἐς
τοῖ ἔργοι Teg. und ἐς τῷ Ϝοίκῳ τῷ βασιλέϜος καὶ ἐς τᾶ πτόλιϳι Id.).
Ich sehe die Möglichkeit einer doppelten Erklärung dieser auffälligen
Thatsache. Da der Dialekt, um den es sich handelt — denn es ist
ja nur einer — dem üblichen Grunddialekt, welchen wir für die homerischen Gedichte vorauszusetzen haben, sehr nahe steht (näher als ein
anderer Dialekt), so liegt es nahe zu vermuthen, dass derselbe den Casus
auf -φι verhältnissmässig lange bewahrt habe. Man könnte nun annehmen, dass derselbe sich bei seinem Erlöschen mit dem Dativ verschmolzen habe und so auch ἀπό mit auf den Dativ übertragen sei.
Die Construction von ἀπό und ἐξ mit dem Gen.-Abl., die doch zweifels-
ohne auch vorhanden war, wäre dann zu Gunsten der Dativ-Construction verschwunden. Indessen ist mir doch eine andere Hypothese
wahrscheinlicher. Es erscheint mir natürlicher, anzunehmen, dass die
Dativverbindung von ἀπό und ἐξ nicht so alten Datums ist dass vielmehr auch im Arkadischen wie in den anderen Dialekten, nach dem
Verschwinden des Casus auf -φι, ἐξ und ἀπό nur mit dem Gen.-Abl.
verbunden wurden, und dass die Dativ-Construction nur einer Anlehnung an die Construction anderer Präpositionen, namentlich der

---

1) Ich führe Citate aus Inschriften in der Cauerschen Fassung an, auch wenn
ich gegen dieselbe Bedenken hege.

Präposition ἐν ihr Dasein verdankt. Weil man sagte ἐν τᾷ γᾷ so bildete man ⸱ auch ἐκ τᾷ γᾷ. Auf diese Weise tritt bei Gleichheit der Casusform der Gegensatz von ἐν und ἐκ noch stärker hervor.

ἐπί dürfte ursprünglich „daran darauf" bezeichnen, also etwa wie ἀνά, nur dass der Begriff des „oben" weniger hervortritt. *ápi* im S. ist nur als Partikel „auch", im Compositum und als verbales Begleitwort vorhanden, wogegen *aipi* im Zend auch nominales Begleitwort ist. Ueber ἐπί bei Homer giebt La Roche. Zeitschrift f. d. österr. Gymn. 1870, S. 81 ff. Auskunft. Danach bezeichnet es mit dem Acc. die Richtung auf etwas hin, und über etwas hin, es dient also zur Stütze des Acc. des Zieles und der Erstreckung. Es dient dazu, diesen Gebrauch des Accusativs mit Entschiedenheit als localen zu bezeichnen (was er ja ursprünglich nicht war). Der gleiche Gebrauch liegt im Zend vor, z. B. *vīspāmca aipi imām zām πᾶσαν* ἐπὶ γαῖαν. Ἐπί mit dem Dativ ist natürlich nichts anderes als ἐπί mit dem Localis (auch diese Verbindung liegt im Zend vor). Da aber der Loc. im Griech. mit dem Dativ verschmolzen ist, so finden wir ἐπί auch mit echten Dativen verbunden, z. B. ἐπὶ Τρώεσσι μάχεσθαι u. a. (siehe a. a. O. 105). Zwar könnte man auch in solchen Fällen allenfalls den Loc. festhalten, aber es ist nicht einzusehen, warum ἐπί, welches mit dem Localis von Alters her verbunden wurde, sich nicht auch auf den echten Dativ ausgedehnt haben sollte, nachdem dieser mit dem Loc. verschmolzen war. Nur muss man festhalten, dass die Verbindung mit dem Dativ keine indogermanische ist. Aehnlich steht es mit ἐπί mit dem Genetiv. „Der Gebrauch des ἐπί mit dem Genetiv — sagt La Roche — ist bei Homer noch beschränkt, sowohl nach der Art als nach der Zahl der vorkommenden Fälle." Wenn man nun diese Fälle bei La Roche S. 108 ff. mustert, so wird man· sich leicht überzeugen, dass ἐπί demjenigen Theil des Gen., den man als local empfand, zur Stütze dient. Da nun aber dieser locale Gebrauch des Gen. selbst schwerlich uralt, sondern erst griechisch ist, so ist natürlich auch diese Verwendung von ἐπί eine griechische Errungenschaft.

παρά. Wie man aus dem Vergleich von παρά mit S. *párā* und Z. *para*, welche aber nicht bei Nominibus erscheinen, mit Wahrscheinlichkeit schliessen kann, ist die älteste Bedeutung von *párā* „entlang." Diese hat sich nach zwei Richtungen hin entwickelt, und zwar, angewendet auf ruhende Dinge zu „neben, bei," angewendet auf bewegte zu „aus der Nähe, weg, fort." Die letztere Bedeutung liegt im S. und Z. vor, im Griechischen in der Verbindung mit dem Gen., die erstere im Griechischen in der Verbindung mit dem Acc. und Dat.

Demnach gestaltet sich die Verbindung von παρά mit Casus im Griechischen folgendermassen (vgl. Rau de praepositionis παρά usu in Curtius Studien III, 1 ff.): Der Gen. bei παρά ist der Ablativ, παρὰ Τιθωνοῖο ὤρνυτο setzt also eine ursprünglichste Wendung Τιθωνοῖο ὤρνυτο „erhob sich vom Tithonos weg" voraus. Zu diesem Ablativ trat dann πάρα und Τιθωνοῖο πάρα bedeutet also eigentlich: „vom Tithonos, aus der Nähe fort." Der Dativ bei παρά ist eigentlich der Localis, παρὰ ναυσίν bedeutet also: „bei den Schiffen, daneben oder in der Nähe." Das daneben verblasste auch zum blossen bei. Endlich παρά mit dem Acc. bedeutet entweder zu — hin, oder an etwas entlang, an etwas vorbei, es stützt und belebt also ebenso wie ἐπί die Accusative der Richtung und der Erstreckung. Der eigene Sinn der Präposition tritt auch da, wo er am meisten verblasst zu sein scheint, nämlich bei dem Accusativ der Richtung insoweit hervor, als (wenigstens häufig) die Längsbewegung (nicht etwa das Anlangen am Ziel) hervorgehoben erscheint.

π ε ρ ί. Hinsichtlich der Grundbedeutung von περί stimme ich dem bei, was Grassmann s. v. *pári* bemerkt: „Die Grundbedeutung ist die der räumlichen Umgebung [rings, ringsum], daher weiter der räumlichen, zeitlichen Nähe und der räumlichen Verbreitung. Mit dem Abl. drückt es die Bewegung von einem Orte her aus, wobei es gleichgültig ist, ob der Ort oben, unten oder in derselben wagerechten Ebene liegt; vielmehr ist die eigenthümliche Beziehung oder Anschauung, welche *pári* der allgemeinen ablativischen Richtung des Woher hinzufügt, ursprünglich die, dass der Ort, von wo die Bewegung ausgeht, nicht als ein Punkt, sondern als ein rings oder an vielen Punkten den Gegenstand umgebender Raum aufgefasst wird. Da das Umfassende nothwendig grösser ist als das Umfasste, so geht aus dem Grundbegriffe der Begriff der Ueberragung (in Zusammenfügungen und Zusammensetzungen) hervor, ein Uebergang, der sich besonders in der Zusammenfügung von *bhū* mit *pári* klar darlegt. Dagegen tritt der Begriff des räumlich höher gelegenen (Sonne in Kuhns Zeitschrift 14, 3 ff.) nirgends weder im Sanskrit noch in den verwandten Sprachen hervor. Die Uebergänge in bildlich aufgefasste, geistige Begriffe ergeben sich leicht." Danach hat περί bei dem Accusativ und Localis (z. B. περὶ στήθεσσι) keine Schwierigkeit. Auch der Gen. bei περί im Sinne von „wegen" u. s. w. ergiebt sich mit Sicherheit als Ablativ, nach Analogie des Ablativs bei *pári* im Sanskrit im Sinne von 1) von — her, 2) wegen, um — willen, aus, gemäss. Fraglich kann nur sein, wie man den Gen. bei περί im localen Sinne auffassen soll, wie er z. B. ε 68 ἣ δ' αὐτοῦ τετάνυστο περὶ σπείους γλαφυροῖο vorliegt. Ich glaube, dass hier περί zu dem localen Genetiv getreten ist, ähnlich wie ἐπί, denn eine Herleitung dieses Genetivs aus dem Ablativ scheint mir nicht möglich. Demnach wird περί im Griechischen construirt mit dem Ablativ, Localis, Accusativ, gerade so wie im Zend. Eine weitere jüngere Verbindung ist die mit dem localen Genetiv.

πρός. Die Grundbedeutung von práti πρός (wovon paiti ποτί dem Sinne nach nicht zu unterscheiden sind), scheint gewesen zu sein: „nahe, nahebei." Daher entwickelt sich in der Verbindung mit dem Acc. der Richtung der Sinn unseres „nach — hin." Der Dativ bei πρός ist natürlich der Localis, den es in ganz ähnlicher Weise stützt und beschränkt wie ἐπί παρά u. s. w. Dem Ablativ fügt πρός die Nüance hinzu, dass die Bewegung aus der Nähe des betreffenden Gegenstandes vor sich geht. Aus dieser räumlichen Bedeutung lassen sich die über-tragenen leicht ableiten.

πρό. S. prá und Z. fra werden nicht als nominale Begleitwörter gebraucht. Die Grundbedeutung ist „vorn, vor." Der Gen. bei πρό scheint durchweg der Ablativ zu sein, wofür namentlich die Construction des lateinischen prō spricht. In Ἰλιόθι πρό und ἠῶθι πρό sind Ἰλιόθι und ἠῶθι behandelt wie echte nominale Locale.

μετά. Ueber die Grundbedeutung von μετά (dessen Etymologie nicht ganz sicher ist) äussert sich Tycho Mommsen in dem Frankfurter Programm von Ostern 1874, Frankfurt a. M. 1874) S. 30: „Es ist das Germanische mank among, fr. parmi und heisst zunächst und hauptsächlich unter einer Anzahl oder Menge. Doch zeigt uns die homerische Sprache wohl noch eine ältere, mehr concret-sinnliche Bedeutung. Sie findet sich in den beiden Ausdrücken der Iliade „zwischen den Kinnladen" (Δ 416 μετὰ γναμπτῇσι γένυσσιν, Ν 200 μετὰ γαμφηλῇσιν) und „zwischen den Beinen" (μετὰ ποσσίν Ν 579 Τ 110), ferner in dem in beiden Gedichten häufigen „zwischen (d. i. in, mit) den Händen" (μετὰ χερσίν)" u. s. w. Dass der Dativ, welcher mit dieser Präposition verbunden erscheint, ursrprünglich ein Localis ist, bedarf keines Beweises. Tritt nun μετά in dem Sinne „zwischen, unter" zu dem Accusativ, so fügt es diesem die Nüance des sich-Mischens, des Erreichens hinzu, z. B. ἔρχεο νῦν φῦλα θεῶν würde heissen „gehe nun zu den Schaaren der Götter," aber μετά in ἔρχεο νῦν μετὰ φῦλα θεῶν Ο 54 fügt die Nüance hinzu, dass Here unter die Schaaren der Götter treten soll. Wenn nun solchen pluralischen Wendungen, die bei μετά als die ursprünglichen betrachtet werden müssen (vgl. Mommsen a. a. O. S. 31), singularische nachgebildet werden, so verändert sich der Sinn von μετά aus „zwischen" in „nahe heran." Und damit ist die weitere Entwickelung zu „nach" in verschiedenem Sinne gegeben. Die Construktion von μετά mit dem Genetiv ist jungen Datums. Sie ist, wie Mommsen S. 35 sagt, für die homerische Sprache so gut wie nicht vorhanden, da sie nur an fünf Stellen belegt ist. Sie wird verständlich, wenn man erwägt, dass ein localer Genetiv im Griechischen vorhanden ist, und namentlich dass der Typus einer Präposition mit· dem Gen. im localen Sinne sich immer mehr befestigte und erweiterte. Angesichts der (ursprünglich ablativischen) Genetivconstruktionen mit ἀπό, ἐξ, περί, πρός, und der genetivischen mit ἐπί musste sich das Gefühl ausbilden, dass schliesslich jede Präposition localer Bedeutung mit dem Genetiv verbunden werden könne.

σύν. Ueber den Grundbegriff von σύν sagt Mommsen a. a. O. S. 38: „σύν ist bei Homer der gewöhnliche Ausdruck für die Zugehörigkeit eines Begriffs zu einem anderen; die Bedeutung theilt sich nach zwei Seiten, jenachdem die Präposition mehr mit Z u t h a t v o n oder mehr mit H i l f e v o n bezeichnet. Die durch σύν angeknüpfte Sache oder Person erscheint im Ganzen weniger als gleichberechtigt oder an Umfang oder Zahl überwiegend (wie bei μετά) sondern als das Secundäre, oft geradezu als Anhängsel. Eine Reihe stehender oder unter sich ähnlicher Redewendungen bietet sich dar, in denen durch σύν Dinge oder Personen angeknüpft werden, die in einem natürlichen Zugehörigkeitsverhältniss zu anderen Dingen oder Personen stehen." (Es folgt eine Reihe solcher Wendungen). Wenn man hiermit vergleicht, was ich Abl. Loc. Instr. 51 über den sociativen Instrumentalis gesagt habe: „In den instrumentalis treten personen oder sonstige selbständige wesen, welche mit einer hauptperson verbunden sind, zu der sie in einem mehr oder weniger untergeordneten verhältnisse stehend gedacht werden," so kann nicht bezweifelt werden, dass σύν im Griechischen die Stütze desjenigen Dativbestandtheils ist, der von dem Instrumentalis herstammt, wie ich auch schon a. a. O. S. 68 ausgeführt habe. Ich kann desshalb Mommsens Zweifel („ebensowenig sicher ist es, welchem Bestandtheil des griechischen Dativs ursprünglich σύν angehörte" a. a. O. S. 40) nicht für berechtigt halten.[1] Dass ἅμα ebenfalls ursprünglich mit dem Instrumentalis verbunden wurde, bedarf keiner Ausführung.

ἐν wird mit dem indischen ā́ zusammengestellt, aber die Berechtigung dazu ist zweifelhaft. Der Dativ der bei ἐν erscheint, ist selbst-

---

1) Ob Mommsen meine Schrift über den Abl. loc. instr. Berlin 1867 entgangen ist, oder ob er an dieser und anderen Stellen stillschweigend gegen dieselbe polemisirt, ist mir zweifelhaft geblieben.

verständlich der Localis. Ursprünglich konnte im Griechischen *ἐν* auch zum Accusativ gefügt werden, wie das lateinische *in*, und dieser ursprüngliche Zustand hat sich in einer Anzahl von Dialekten erhalten. *Εἰς* scheint eine Specialbildung des Griechischen zu sein.

Aus der Geschichte der hier behandelten Präpositionen ergiebt sich Folgendes:

Die Präpositionen waren ursprünglich Raumpartikeln. Man setzte sie hinter einen Casus, um die locale Bedeutung desselben zu stützen oder zu specialisiren. Sie erscheinen demnach hinter dem Ablativ, Localis, Instrumentalis und dem Accusativ in seiner localen Bedeutung, aber ursprünglich nicht hinter dem Dativ (der also nicht als localer Casus empfunden sein kann) und wohl auch nicht hinter dem Genetiv, der wohl auch im Indogermanischen noch nicht im localen Sinne gebraucht wurde. Es scheint also, dass das Lateinische in dieser Beziehung den ursprünglichen Zustand treu bewahrt hat. Gegen die Behauptung, dass Präpositionen ursprünglich nicht mit dem Genetiv verbunden seien, tritt zwar Curtius in seinen Erläuterungen S. 177 entschieden auf, aber ich kann ihm wenigstens hinsichtlich derjenigen echten Präpositionen, die als indogermanisch nachzuweisen sind, nicht Recht geben. Einmal giebt es im Sanskrit keine solche Construction und sodann ist die Verbindung von Präpositionen mit Casus nicht alt genug und die Bedeutung der Präpositionen in ihrer Verbindung nicht Ausschlag gebend genug, als dass man, wie Curtius thut, die Präpositionen so zu sagen als regierende Nomina betrachten könnte, die den Genetiv der Zugehörigkeit bei sich haben. Anders steht es natürlich mit den sogenannten unechten, d. h. den aus Nominalstämmen gebildeten Präpositionen, die wie *χάριν* und ähnliche Wörter mit dem Genetiv construirt werden können. Welche griechischen Präpositionen freilich zu dieser Classe gehören, wird sich schwer entscheiden lassen. Wahrscheinlich gehört dahin *ἀντί* (dem im Sanskrit *ánti* als Adverbium gegenübersteht), vielleicht *διά*.

Zehntes Kapitel.

Die Pronomina.

Von griechischen Pronominibus sind als proethnisch erweisbar die folgenden: das Pronomen erster und zweiter Person, und das Reflexivum (jedoch das Reflexivum nur im Singular, wie unten gezeigt werden wird). Von den adjectivischen ist sicher proethnisch ὅς ἥ ὅν gleich *svás svā́ svā́m*, ferner σός gleich dem einmal im Ṛigveda vorkommenden *tvás* (sonst heisst es im Sanskrit *tvadīya*, oder wird der Gen. gebraucht), für die erste Person existirt im Sanskrit in der alten Sprache kein possessives Adjectiven, wohl aber im Zend *ma*, dem das griechische ἐμός entsprechen dürfte. Die von den Dualen und Pluralen gebildeten Possessiva auf -τερος sind wahrscheinlich griechische Neubildungen.

Von den Pronominibus dritter Person sind alt das Interrogativum und Indefinitum, ferner ὁ ἡ τό und in gewissem Sinne auch οὗτος, endlich das Relativum, welches aber hier nicht zur Besprechung kommen soll, da die Behandlung desselben in die Satzlehre gehört.

Dagegen kann man nicht als proethnisch nachweisen alle mit dem Anhang -δε gebildeten Pronomina wie ὅδε, ferner κεῖνος, ἐκεῖνος, dessen Bildung mir unklar ist, ebenso αὐτός und was mit diesem zusammen-gesetzt ist, und endlich das bis jetzt unerklärte ὁ δεῖνα.

Unter den von Pronominibus der dritten Person abgeleiteten Adjectiven beruhen auf einem alten Typus die mit den Suffixen -τερο und στο gebildeten, wie denn κότερος dem indischen *katará* genau entspricht und ποστός dem Sinne nach dem indischen *katamá* nahe steht. Dabei ist natürlich nicht gesagt, dass alle Bildungen dieser Art alt seien, wie schon bei ἡμέτερος u. s. w. bemerkt worden ist. Dagegen sind Specialbildungen des Griechischen die Formationen τόσος und τοῖος und Verwandtes. Die Formen τόσος πόσος ὅσος, die bekanntlich ursprünglich zwei σ hatten, sind griechische Ableitungen aus den in's Griechische ebenso gut wie in's Indische und Lateinische überlieferten ganz oder theilweise indeclinablen Bildungen *táti* tot, *káti* quot, und *yáti* vom Relativstamme. Von diesen *τότι, *πότι, *ὅτι wurde mit dem geläufigen Suffix ιο (genauer gesprochen: in Anlehnung an Bildungen mit dem Suffix ιο) τότιος d. i. τόσσος u. s. w. abgeleitet (vgl. Savelsberg in Kuhns Zeitschrift 8, 414). Durch diese Neubildungen dürften alte pronom. Adj., mit dem Suffix - *vant*, welche dem indischen *távant* und dem lateinischen *tantus* u. s. w. entsprechen, verdrängt worden sein.[1] Auch τοῖος und Genossen sind griechische Neubildungen nach Analogie von Adjectiven, die von Substantiven abgeleitet sind. Gewiss haben im Griechischen ältere Bildungen mit der Bedeutung tālis u. s. w. bestanden, über die wir aber ebensowenig, wie über τηλίκος u. s. w. etwas Bestimmtes zu sagen wissen. Endlich ist noch ἄλλος als proethnisch zu erwähnen. Auch ἀλληλο- erweist sich durch die Natur des Contractionsvocals als eine vorgriechische Bildung.

1. **Die Pronomina erster und zweiter Person** haben ursprünglich wie die Vergleichung der verwandten Sprachen wahrscheinlich macht, die Numeri nicht durch die Verschiedenheit der Casus-Endungen, sondern durch die Verschiedenheit der Stämme bei Gleichheit der Endungen unterschieden. Eine Angleichung an die Declination der Nomina, namentlich Uebertragung der Pluralendungen von den Nominibus mag schon in der Grundsprache begonnen haben. Im Griechischen ist sie vollzogen, wenn man von Formen wie ἄμμε ἀμέ ὕμμε ὑμέ und dem ursprünglich singularischen - ιν in ἡμῖν ὑμῖν absieht. Auch im Singular ist die Einwirkung der nominalen Declination deutlich, so dass diese Pronomina im Griechischen eine Vielförmigkeit zeigen, welche sie jedenfalls im Indogermanischen nicht gehabt haben.

Eine Doppelheit reicht aber sicher in die indogermanischen Zeiten hinein, nämlich das Vorhandensein enklitischer Formen neben accentuirten, welche sich im Sanskrit und Slavischen ebenso finden, wie im Griechischen.[2] Merkwürdig ist im Sanskrit dass *me* und *te*, welche dem griech. μοι und τοι entsprechen, sowohl dativischen als genetivischen Sinn haben. Man könnte die Frage aufwerfen, ob nicht im griech. οἱ noch dieselbe Weite des Gebrauchs vorliegt.

2. Ueber das sogenannte **Reflexivum** ist neuerdings nach Windisch in Curtius Studien 2, von Brugman Ein Problem der homerischen

---

1) Von diesem Typus ist nur πᾶς gleich *kāvant übrig geblieben.

2) Es ist damit nicht behauptet, dass alle enklitischen Formen, welche eine Einzelsprache kennt, schon im Indogermanischen vorhanden gewesen seien, aber auch *me* μοι *mi*, *te* τοι *ti* dem Indog. mit Miklosich 73 abzusprechen, finde ich keinen Grund.

Textkritik, Leipzig 1876 gehandelt worden. Das nöthige Material zur Vergleichung ist durch diese Gelehrten zusammengebracht, und auch die ursprüngliche Bedeutung des Pronominalstammes sichergestellt worden. Danach kann man über das Reflexivpronomen Folgendes mit Wahrscheinlichkeit behaupten: Der Stamm lautete im Ind. *sva (sava)*. Als Subst. war *sva* jedenfalls im Plural nicht gebräuchlich, da keine indogermanische Sprache ausser dem Griech. den Plural kennt. Im Griechischen ist der Plural wie Brugman S. 14 zeigt, als Neubildung zu betrachten, die sich an die Pron. der ersten und zweiten Person angelehnt hat. Ob der ganze Singular im Gebrauch gewesen ist, lässt sich nicht ganz sicher sagen, da in den arischen Sprachen der substantivische Gebrauch von *sva* überhaupt selten ist. So wird im Sanskrit das was im Griechischen das Reflexivpronomen bezeichnet, meist durch die Wörter *ātmán* Seele oder *tánu* Leib ausgedrückt. Im Zend findet sich nach Justi ein nom. *hvô* ipse, im Sanskrit ganz selten der nom. *svás* und gelegentlich auch (aber nicht in der ältesten Sprache) ein anderer Casus.

Geläufig ist im Sanskrit allein das erstarrte *svayám* selbst, das appositionell gebraucht wird, wie unser selbst. Im lebendigsten Gebrauch ist in den asiatischen Sprachen das adj. *svás svā́ svám* suus sua suum.

Was die Bedeutung anbetrifft, so gehört *sva* zu den anaphorischen Pronominibus, also zu denjenigen, die etwas vorher Genanntes aufnehmen, jedoch mit der Eigenthümlichkeit, dass die Beziehung zwischen diesem Pronomen und seinem Bezugswort eine besonders innige ist. Es ist ein emphatisches anaphorisches Pronomen, bedeutet also als Subst.: „der u. s. w. Genannte selbst," als Adj. „zu dem Genannten selbst gehörig, eigen." Aus dieser Grundbedeutung ergiebt sich sowohl die Möglichkeit eines sehr weiten Gebrauches, als die Natürlichkeit einer Einschränkung desselben. *Sva* konnte als anaphorisches Pronomen auf jedes vorher Genannte, welches hervorgehoben zu werden verdiente (nicht bloss auf das Satzsubject) bezogen werden. Das Pronomen brauchte ferner nicht nothwendig in dem gleichen Satze, wie das Bezugswort zu stehen. Es war also ein Nom. „der Genannte selbst" ganz wohl denkbar. Sodann konnte es sich auf die erste und zweite Person so gut wie die dritte beziehen, wie denn z. B. das adjectivische *sva* im Sanskrit und Slavischen auf alle Personen angewendet wird, was wir einigermassen durch die Uebersetzung „eigen" veranschaulichen können. In diesem Gebrauch haben sich nun die Einschränkungen vollzogen, dass das Substantivum nur mehr das Subject des eigenen Satzes aufnehmen und also auch den Nom. nicht mehr bilden konnte, und dass das Adjectivum, veranlasst durch die Concurrenz der Possessivpronomina erster und zweiter Person, lediglich auf die dritte Person beschränkt wurde.

Wie und bis zu welcher Ausdehnung sich diese Einschränkungen im Griechischen vollzogen haben, darüber finden sich in den genannten Schriften werthvolle Ausführungen und Andeutungen.

3. Der sogenannte Interrogativstamm bezeichnet im Fragesatz das Fragliche, im Aussagesatz das Unbestimmte. In welcher Satzart der ursprünglichste Sinn des Stammes am Reinsten erscheint, habe ich hier nicht zu erörtern, da aus der Uebereinstimmung der indogermanischen Sprachen mit Sicherheit gefolgert werden kann, dass der Stamm *ka (ki)* schon in der Grundsprache sowohl interrogativ als indefinit gebraucht wurde.

Zu dem interrogativen Gebrauch finde ich nur Folgendes zu bemerken: Auch im Sanskrit und in den slavischen Sprachen können mehrere Fragepronomina in einem Satze erscheinen. So heisst es z. B. Çat. Br. 14, 5, 4, 16: „Wenn in der Welt keine Dualität wäre, *kéna kám paçyet*, womit sollte das einzige Wesen dann wen ansehen?" Es hindert also nichts, diesen Gebrauch schon der Grundsprache zuzuschreiben.

Uralt ist die Verbindung mit Demonstrativen. Man vergleiche das indische *ko 'yam ā yāti* wer kommt hier (*ayam* dieser) heran? mit τίς δ' οὗτος κατὰ νῆας ἀνὰ στρατὸν ἔρχἔαι οἷος K 82.

Uralt ist auch die Verbindung mit *nú*. Dem griechischen τί νυ entspricht das indische *kím nú*.

Indefiniten Sinn hat der unveränderte Stamm *ka* im Sanskrit in Sätzen mit *mā* (μή). In anderen Sätzen wird er als indefinit gekennzeichnet durch Hinzufügung verschiedener Partikeln wie *ca caná, svid*. Ein Unterschied der Betonung zwischen dem Interrogativum und Indefinitum wie im Griechischen und Slavischen (Miklosich S. 86) existirt im Sanskrit nicht. Welche Sprache hierin das Ursprüngliche bewahrt hat, weiss ich nicht zu entscheiden. Auf die Frage, ob die Hinzufügung gewisser Partikeln bei dem indefinitiven Gebrauche von *ka* schon proethnisch ist, wird bei Gelegenheit der Partikel τε eingegangen werden.

4. Dem griechischen ὁ ἡ τό entspricht das indische *sá sấ tád* und das gothische sa so that-a. Es liegt also eine Vereinigung der Stämme *sa* und *ta* vor, von denen der erstere nur im Nom. Sing. m. f. erscheint. Dass τοί und ταί die älteren Formen sind, lässt sich schon aus dem Griechischen wahrscheinlich machen, οἱ und αἱ sind wie schon der

Accent zeigt, Neubildungen nach ὸ ἀ, durch welche τοί und ταί in einigen Dialecten verdrängt worden sind.[1]

Was den Gebrauch anbetrifft, so bemerken Böhtlingk-Roth im Wtb. unter *ta:* „der, (als correl. von *ya* wer, welcher, das in der Regel dem demonstr. vorangeht), dieser, er," und bei *sá:* „auch zum Artikel abgeschwächt." Indessen findet die Anwendung des Artikels nicht in der ältesten Sprache statt, und überhaupt im Sanskrit nicht in der Bedeutung, welche Krüger die generische nennt, und so definirt: „In generischer Bedeutung macht der Artikel ein bloss gedachtes (beliebiges) Individuum gleichsam als Musterbild zum Vertreter der ganzen Gattung." Es folgt aus diesen Thatsachen, dass die Entwickelung des pron. dem. ὸ ἡ τό zum Artikel dem Einzelleben des Griechischen angehört.

Dagegen lassen sich ein paar Gebrauchsweisen des Pronomens ὸ ἡ τό als proethnisch erweisen. Es wird nämlich im Indischen *sá* und *tá* nicht selten mit Pronominibus der ersten und zweiten Person verbunden, z. B. *só 'hám* ich, *sá tvám* du, *tám tvā* dich u. s. w., wobei *sá* und *tá* hinweisenden Sinn haben. Ich vermuthe, dass dieser Gebrauch alterthümlich ist. Denn es findet sich zwar nicht bei ὸ ἡ τό, wohl aber bei dem Pronomen, welches im Griechischen einen Theil des Gebrauches von ὸ ἡ τό occupirt hat, nämlich bei οὗτος derselbe Gebrauch, z. B. οὗτος σὺ πῶς δεῦρ᾽ ἦλθες bei Sophocles, πάρεσμεν οἵδε und Aehnl.

Ὁ δέ wird in der Prosa bekanntlich fast nur so angewendet, dass es sich nicht auf das Subject des vorhergehenden Satzes bezieht. Bei Homer und Herodot aber kommt auch die Beziehung auf das Subject vor, vgl. Krüger § 50, 1, A. 10. z. B. τοὺς μὲν ἔασ᾽, ὸ δ᾽ ἄρ᾽ Ἱππασίδην Χάροπ᾽ οὕτασε δουρί. In dieser Verwendung ist ein Nachklang eines alten Gebrauchs zu erblicken. In der alten Prosa des Sanskrit wird ausserordentlich häufig durch ein weiterleitendes *sá* oder *té* das Subject des vorhergehenden Satzes aufgenommen.

5. οὗτος αὕτη τοῦτο ist unzweifelhaft mit ὸ ἡ τό zusammengesetzt. Auch hat Benfey schon längst richtig erkannt, dass das υ nichts anderes ist als die im Sanskrit noch lebendige Partikel *u.* Nur die Geschichte der Zusammensetzung kann zweifelhaft sein. Sonne in Kuhns Zeitschrift 12, 270 und Windisch in Curtius Studien 2, 263 ff. und 366 ff. nehmen

---

1) Der Nominativ ὄς hat sein Analogon an dem indischen *sás.* Mir wenigstens erscheint diese Zusammenstellung natürlicher als die mit *yás* (Windisch in Curtius Studien 2, 217). Dass auch ὄ in nicht-relativem Sinne vorkommt, zwingt nicht dazu, ὄς dem Stamme sa abzusprechen, der ja auch nicht-relative Bedeutung hat.

an, dass nicht *u* selbst, sondern ein Stamm *uta* mit *ŏ* u. s. w. zusammengesetzt sei. Mit Unrecht, wie mir scheint. Denn dieser sogenannte Pronominalstamm *uta* ist ein Wesen von zweifelhafter Berechtigung. Mir scheint sich das Richtige aus einer Erwägung des Gebrauches der Partikel *u* zu ergeben. *U* steht sehr oft unmittelbar hinter Pronominibus, z. B. *tám u*, *să u* (*só* geschrieben), auch zwischen zwei Pronominibus, z. B. *etắs u tyắs*, *idám u tyád* (Sonne a. a. O. 269). Wenn es auch schwer ist, den Sinn des *u* anders zu bestimmen, als dass es das vorhergehende Pronomen hervorhebt, so ist doch auf der anderen Seite klar, dass wir in diesem Gebrauch von *u* die Quelle des griechischen οὗτος vor uns haben. Die Griechen brachten, wenn man nach dem Sanskrit urtheilen darf, die Verbindungen ὃ *v*[1] ἃ *v*, τό *v*, τόν *v* aus der Vorzeit mit, und häufig stand hinter diesen Verbindungen noch ein zweites Demonstrativpronomen. Nun wird zunächst im Nominativ, wo es einen Vocal vor sich hatte, *v* seine Selbstständigkeit verloren haben, und es werden die Formen οὗ αὖ τοῦ entstanden sein. Sodann trat das Verwachsen mit dem folgenden Demonstrativpronomen ein. Nach dem Sanskrit zu schliessen, mag dieses folgende Pronomen ursprünglich der Stamm *tya* gewesen sein, da dieser aber im Griechischen verloren war, so konnten hinter οὗ αὖ τοῦ nicht wohl andere Formen folgen, als solche des Pronomens ὁ ἡ τό, also οὗ ὅ, αὖ ἅ, τοῦ τό. Diese letzte Verbindung nun und neben ihr wohl auch der Plur. ταῦ (d. i. τᾰ́ und *v*) τά gestaltete sich leicht zu den Wörtern τοῦτο und ταῦτα, und gab somit den Anstoss zu der neuen Bildung. Alle anderen Casus betrachte ich als Anlehnungsbildungen, bei denen die Analogie des Pron. ὁ ἡ τό vorschwebte. Sie können also nicht in ihre Bestandtheile zerlegt werden, sondern sind als neue fertige Flexionsformen auf dem Wege der Nachahmung alter Flexionsformen entstanden. (Ebensowenig liegt in τηλικοῦτος u. s. w Zusammensetzung vor, sondern Anlehnung an οὗτος, wie Sonne richtig gesehen hat.) Dass die alten unbequemen Verbindungen οὗ ὅ αὖ ἅ durch die neueren bequemeren Formen οὗτος αὕτη verdrängt wurden, darf nicht Wunder nehmen.

So weit die als proethnisch nachweisbaren Pronomina des Griechischen. Ueber die übrigen weiss ich kaum etwas Sicheres zu sagen. Was das δε in ὅδε sei, ob es identisch sei mit dem an den Accusativ gefügten δε und in welchem Verhältniss es zu der Partikel stehe, wissen

---

1) Denn in ältester Zeit war ὅ und ἅ orthotonirt.

wir nicht. *Κεῖνος* ist möglicher Weise eine griechische Adjectivbildung aus einem überlieferten Adverbium. Ueber *αὐτός* ist viel verhandelt (namentlich von Windisch Curt. Stud. 2, 362 ff. und neuerdings von Wackernagel in Kuhns Zeitschrift 24, 604), ohne dass jedoch ein, meiner Meinung nach, sicheres Resultat erzielt wäre. Vielleicht ist doch die alte Ansicht, welche darin eine in griechischer Zeit vollzogene Zusammensetzung der Partikel *αὖ* mit dem obliquen Casus des Stammes *το* sieht (der Nominativ wäre dann eine Nachbildung) die richtige.

Eigene Casus der Pronomina.

Von Pronominibus werden eine Anzahl localer Casus gebildet, welche beim Namen nicht, oder nur in Folge von Nachahmung, auftreten. Dahin gehören im Sanskrit die Casus auf -*dha*, -*tra*, -*thā*, -*dā*, -*tar*, -*tas* u. s. w. Ueber die entsprechenden Bildungen in den iranischen Sprachen s. Hübschmann S. 282 ff. Im Griechischen sind manche dieser Bildungen nur noch in Resten erhalten, z. B -*tra* in der Weiterbildung *ἀλλότριος* (vgl. *anyátra*), -*tar* in *αὐτάρ* (vgl. *etár* in *etárhi*), andere haben sich streng auf pronominalem Gebiet gehalten wie -*θα* und -*χι*, einige aber sind auch auf das Gebiet der Nomina übergetreten, namentlich -*θεν* und -*θι*.[1] Dass das Suffix -*θεν* ursprünglich nur pronominal war, kann man schon aus dem homerischen Gebrauche ersehen, der es bei Nominibus auf Ortsbezeichnungen und einige ganz nahe liegende Uebertragungen einschränkt. Es findet sich bei Eigennamen wie *Ἀβυδόθεν Κρήτηθεν Ἴδηθεν*, bei Appellativis wie *ἀγορῆθεν ἀγρόθεν* (ἐξ) *ἁλόθεν δαίτηθεν δημόθεν εὐνῆθεν ἱππόθεν κλισίηθεν λειμωνόθεν οἴκοθεν οὐρανόθεν ποντόθεν πρύμνηθεν ὑπερωϊόθεν* und einigen anderen. Auf die Zeit ist es übertragen in *ἠῶθεν*. Bei persönlich gedachten Wesen erscheint es in *Διόθεν θεόθεν πατρόθεν*. Das Nähere bei A. Kolbe de suffixi *θεν* usu Homerico, Greifswald 1863, diss. Was die Casusbedeutung betrifft, so scheint es für uns mit dem Ablativ identisch, von dem es indessen doch wohl durch eine Nüance unterschieden gewesen sein wird. Gleich diesem wird es mit den Präpositionen *ἐξ ἀπό κατά* verbunden, und gleich diesem hat es adverbialen Sinn angenommen in *αἰνόθεν αἰνῶς* und *οἰόθεν οἶος*. Nach der Verschmelzung des Ablativs und Genetivs ist -*θεν* auch da verwendet worden, wo ursprünglich der reine Genetiv stand, z. B. *ἐμέθεν μεμνημένος* u. s. w.

---

1) Die pronominale Casusbildung hat eine erschöpfende Darstellung noch nicht gefunden.

Ebenso steht es mit dem Casus auf -ϑι, dem übrigens ebensowenig wie dem Casus auf -ϑεν etwas Entsprechendes aus den verwandten
Sprachen mit zweifelloser Sicherheit gegenübergestellt werden kann.
Es erscheint auf Substantiva übertragen in Ἀβυδόϑι οἴκοϑι κηρόϑι und
wie ein Localis mit πρό verbunden in Ἰλιόϑι πρό, οὐρανόϑι πρό,
ἠῶϑι πρό.

Man pflegt gewöhnlich ausser -φι (welches aber ein ursprünglich
nominales Suffix ist) auch noch -δε in diesem Zusammenhange zu
erwähnen, mit Unrecht, da es (etwa wie -ί in οὑτοσί) an die fertige
Wortform antritt (von einigen Ausnahmen abgesehen, die aber vielleicht
nur scheinbar sind). Genau Entsprechendes findet sich bekanntlich nur
im Zend (vaeçmenda = οἰκόνδε), werwandt ist vielleicht die Präposition do im Slavischen.

Elftes Kapitel.

Die Partikeln.

1. Ich erwähne zuerst einige Partikeln, welche unmittelbar hinter ein Wort treten, welches sie hervorheben sollen, und zwar -η, -ι, γε, νυ, (κεν, αὖ). Dem griechischen -η in ἐγώνη, τύνη, τίη oder τιή, ὅτιή entspricht die hervorhebende Partikel *á* des Sanskrit (auch bekannt im gothischen that-a). Ueber den ursprünglichen Sinn ist etwas Genaueres wohl nicht festzustellen.

Mit dem griechischen ι in οὑτοσί u. s. w. vergleicht Miklosich 120 das slavische *i* und das indische *id*, welches (nach Grassmann) „den durch das vorhergehende Wort bezeichneten Begriff hervorhebt." Ist die Vergleichung richtig, so wird wohl die deiktische Bedeutung, welche im Griechischen hervortritt, die ursprüngliche sein. Der Form nach würde freilich die Zusammenstellung mit dem indischen *īm* (welches aber der Bedeutung noch abliegt) sich mehr empfehlen. Das aristophanische τουτογί kann keine Entscheidung für *id* oder *īm* abgeben, da die mit γε identische Partikel *gha* sowohl mit *id* als mit *īm* zusammengezogen wird. Die Entscheidung wird namentlich dadurch erschwert, dass die Bedeutungen dieser und ähnlicher Partikeln im Indischen kaum zu fassen sind.

Ueber die Partikel *u* s. unter οὗτος S. 139.

γε ist unzweifelhaft gleich dem indischen *gha* (vgl. Pott, Beiträge von Kuhn und Schleicher 6, 257 ff.). Ueber *gha* bemerkt Grassmann: „es hebt ähnlich wie *id* und das mit ihm wesentlich gleiche *ha* und das griechische γε das zunächst vorhergehende betonte Wort (von dem es aber durch ein unbetontes wie *cid vā* getrennt sein kann) hervor, und zwar in dem Sinne, dass die Aussage von dem durch jenes Wort dargestellten Begriffe in besonderem Maasse oder mit Ausschluss anderer Begriffe gelte." Damit deckt sich ungefähr was Bäumlein über γε aussagt: „γε hebt einen Begriff hervor, indem er ihn von allen übrigen aussondert, alles Weitere von ihm ablöst und fernhält, so dass er allein

in's Licht gestellt wird." Böthlingk-Roth geben folgende Stellungen
von *gha* als die gewöhnlichen an: Erstens nach Pronominibus [1] z. B. *sá
gha.* Dasselbe gilt von *γε* z. B. *ἔγωγε σύγε, ὅ γε* gleich sá gha u. s. w.
Das Alter der Verbindung beweisen namentlich unser mi-ch und di-ch.
Zweitens nach Präpositionen. Auch hierin stimmt das Griechische bei
(z. B. *ἔς γε μίαν βουλεύσομεν B* 379) wie Bäumlein S. 67 beweist.
Drittens hinter Negationen. So auch im Griechischen, vgl. Pott a. a. O.
261. Lehrreich für die Bedeutungsentwicklung der Partikeln überhaupt
ist die Geschichte der Partikel gha im Slavischen, Miklosich 117.

ν ν ist indentisch mit *nú,* woneben auch *nū́* vorkommt. Ueber die
Natur des Schluss-n in *νύν* und *νῦν* weiss ich nichts Sicheres zu sagen,
es scheint aber doch, dass die drei Formen *νν νύν νῦν* nahe zusammengehören. Es entspricht auch ihr vereinigter Gebrauch durchaus
dem des indischen *nú nū́*, wie er bei Grassmann dargestellt wird.
Namentlich ist zu·beachten, dass *nú* hinter Fragewörtern (*kím nú =
τί νν*) ausserordentlich häufig ist, und in auffordernden Sätzen z. B.
nach Imperativen in beiden Sprachen gleichmässig auftritt. Dass dem
griech. *νύ κεν* das indische *nú kam* lautlich genau entspricht, hat meines
Wissens zuerst Benfey im Glossar zum Sāmaveda s. v. *nú* bemerkt.

Ueber *κεν* habe ich Synt. Forsch. I, 84 ff. gesprochen, worauf ich
verweise. Hier sei nur constatirt, dass die Identität mit dem indischen
kám (kam) unzweifelhaft ist, die Bedeutung des letzteren sich aber kaum
bestimmen lässt.

Schwierig ist das Urtheil über *αὖ*. Dass diese Partikel dem Sinne
nach ganz dem indischen *u* entspricht, würde eine Vergleichung des
Gebrauches beider ergeben. Aber die Form macht Schwierigkeiten,
denn für die Identificirung von *αὖ* mit *u* ist die Parallele *αὔως = ushás*
nicht genügend.

2. In zweiter Reihe sind zwei Partikeln zu erwähnen, welche die
Eigenthümlichkeit haben, dass sie doppelt gesetzt werden können: *τε*
und *ή*.

Dass *τε* nicht etwa wie Hartung meinte, zu dem Stamme *ta* gehört,
sondern mit dem indischen und iranischen *ca* identisch ist, ist unzweifelhaft. Ueber *ca* bemerken Böhtlingk-Roth: „und, auch, *τε*, que; einzelne
Theile des Satzes oder ganzer Sätze aneinanderreihend. Scheint ursprünglich beiden zu verbindenden Wörtern und Satzgliedern nachgestellt
worden zu sein, und im Rigveda ist das doppelt gesetzte *ca* noch häufiger

[1] Was Böhtlingk und Roth von *gha* hervorheben, dass es möglichst am Anfang
eines Pāda stehe, gilt für alle enklitischen Wörter, vgl. Synt. Forsch. 3, 47.

als das einfache." Was Böhtlingk und Roth hier von dem Rigveda bemerken, gilt in noch viel höherem Grade von der alten Prosa. Wir sind also wohl zu der Vermuthung berechtigt, dass ursprünglich diese Partikel stets hinter jedem der an einander zu verweisenden Redetheile stand, und vielleicht ist die verbindende Kraft, die nach unserer Auffassungsweise dem *ca τε* beiwohnt, ursprünglich nur durch die Doppelsetzung ausgedrückt worden, und erst secundär auch in die einfach gesetzte Partikel hineingekommen. Uralt ist ausser der Doppelsetzung mit verbindendem Sinne die Verbindung mit dem S. 138 besprochenen Stamme *ka*. Wie quisque zu quis verhält sich *káç ca* zu *kás*, doch kommt *káç ca* fast stets in Verbindung mit dem Relativum vor, so dass *yáh káç ca* dem griechischen ὅστις entspricht, z. B. *yó vaí káç ca mriyáte sá çávah* jeder der stirbt, wird ein Leichnam Çat. Br. 13, 8, 1, 1.

Es fragt sich nun ob diese Gewohnheit *ca τε* dem Interrogativstamm hinzuzufügen, um ihn als indefinit zu kennzeichnen. proethnisch sei. Man wird die Frage mit Rücksicht auf den Gebrauch des lateinischen - que und des gothischen *hun* (gleich *cana*) bejahen müssen, muss aber zugleich gestehen, dass im Griechischen selbst nicht recht durchsichtig ist, welchen Sinn τε hinter Pronominibus hat. Man könnte den alten dem indischen analogen Gebrauch finden in solchen Verbindungen wie: καὶ γάρ τίς ϑ' ἕνα μῆνα μένων ἀπὸ ἧς ἀλόχοιο ἀσχαλάᾳ B 292, und in den übrigen bei Bäumlein S. 233 angeführten Belegen der Art, auch wohl in dem τε nach οὔ νυ, aber andere Stellen rathen wieder von dieser Auffassung ab, namentlich solche, in welchen τε nach dem fragenden τίς erscheint, z. B. τίς τ' ἄρ σφωε ϑεῶν ἔριδι ξυνέηκε μάχεσϑαι A 8, wo τε in einem Sinne erscheint, dem im Indischen nichts Analoges zur Seite tritt. Jedenfalls ist das überlieferte τίς τε als Indefinitum im Griechischen kein fester Typus geblieben, sondern der eigentliche Unterschied zwischen Interrogativum und Indefinitum lediglich in der Betonung ausgedrückt worden. Hinter ὅστις ist τε, abweichend vom indischen *yáh káç ca* ganz geschwunden, dagegen in ὁπότε erhalten.

Auch ἤ scheint nach dem überwiegenden Gebrauch des entsprechenden indischen *vā* zu schliessen (mit dem es doch wohl trotz ἠέ identisch ist) ursprünglich hinter beiden sich ausschliessenden Begriffen gestanden zu haben. Neu ist im Griechischen der Gebrauch von ἤ hinter dem Comparativ, da diesem im Indogermanischen stets nur der Ablativ gefolgt zu sein scheint. Es kann also dieser Gebrauch nicht aus dem ältesten Sinn der Partikel abgeleitet werden.

3. In dritter Reihe nenne ich die Partikeln der Negation. (vgl. namentlich die eingehende Behandlung der slavischen Negationen bei

Miklosich S. 170 ff.) Wie die Vergleichung der indogermanischen Sprachen beweist, gab es im Indogermanischen eine Negation des Aussagesatzes *ná*, und eine Negation des Begehrungsatzes *má*. Letztere ist nur im Indischen, Iranischen und Griechischen erhalten. Ueber ihre Schicksale im Griechischen ist Einiges S. 119 beigebracht worden. Die Negation des Aussagesatzes ist im Griechischen als selbstständiges Wort nicht mehr vorhanden, sondern durch die ihrem Ursprunge nach dunkle Partikel *oὐ* verdrängt worden. Indessen ist die Geschichte von *ná* auch für das Griechische von Interesse, da augenscheinlich *oὐ* ebenso gebraucht wird, wie das verdrängte·*ná* gebraucht wurde. Aus dem Gebrauch des indischen *ná* lässt sich nun zunächst folgern, dass *ná* ursprünglich nur beim verbum finitum stand. Sollte ein Nominalbegriff negirt werden, so geschah das .durch Zusammensetzung mit der privativen Silbe, welche im Sanskrit *a* oder *an* lautet. Dieses *a-* erscheint desshalb auch beim Participium, z. B. heisst es Çat. Br. 1, 6, 1, 2: „die Ritus erbaten von den Göttern einen Antheil am Opfer, *tád vaí devá ná jajñuḥ. tá ṛitávo devéshv ájānatsv ásurān upávartanta* das gestanden die Götter nicht zu,, die Ritus aber bei nichtzugestehenden Göttern wendeten sich an die Asuren. Auch der Infinitiv wird durch *a* negirt (s. Synt. Forsch. III, 34). Die hiermit ausgesprochene Regel wird im Sanskrit mit grosser Strenge eingehalten. Wenn doch gelegentlich ein Participium oder Adjectivum mit *ná* erscheint, so hat diese Verbindung ihren Grund in dem Umstande, dass das Part. oder Adj. als Vertreter eines Satzes empfunden wurde. Im Griechischen hat sich *oὐ* auf Kosten der privativen Silbe erheblich ausgebreitet (und zwar offenbar von den Verben durch die Participien zu den Adjectiven u. s. w.), im Slavischen ist sogar *ne* die einzige Negation geworden. Nirgend aber ist ʾdas Gebiet der privativen Silbe erweitert worden, eine Zusammensetzung derselben mit dem verbum finitum ist nirgend möglich. Wo sie einmal im Sanskrit erscheint, ist sie eine Künstelei, im Griechischen pflegt man Theognis 621

$$\pi\tilde{\alpha}\varsigma\ \tau\iota\varsigma\ \pi\lambda o\acute{\upsilon}\sigma\iota o\nu\ \ddot{\alpha}\nu\delta\rho\alpha\ \tau\acute{\iota}\epsilon\iota,\ \dot{\alpha}\tau\acute{\iota}\epsilon\iota\ \delta\grave{\epsilon}\ \pi\epsilon\nu\iota\chi\rho\acute{o}\nu$$

anzuführen, worin, wenn die Lesart fest steht, wohl auch nichts anderes als eine gewagte Bildung des Augenblicks vorliegen würde.

In der alten Prosa des Sanskrit hat *ná* seine traditionelle Stellung unmittelbar vor dem verbum finitum. Wenn es richtig ist, was eben vermuthet wurde, dass *ná* ursprünglich nur die Negation des Verbums war, und wenn ferner richtig ist, dass das verbum finitum im Idg. ursprünglich im Hauptsatze stets enklitisch war — und an der Richtigkeit beider Vermuthungen zweifle ich nicht — so ist diese Stellung von *ná* auch die indogermanische gewesen. Es war also das Verhältniss der Negation zum verbum finitum dasselbe wie das Verhältniss der Präposition, es trat keine Zusammensetzung der Negation mit dem Verbum ein, aber eine enge Verbindung zwischen der Negation und der einzelnen Verbalform. Dieses Verhältniss hat sich in den europäischen Sprachen bei einigen Verben gehalten. Im Lateinischen gehört hierher namentlich *nescio nequeo nolo*, im Slavischen die Verben, welche bedeuten sein, haben, wollen, wissen (Miklosich S. 171 ff.). Ueber die Bedeutung der Negation bei solchen Verben bemerkt Miklosich S. 173 „Das mit dem Verbum zu einem Wort verschmelzende *ne* dient nicht zur Negierung eines Begriffes, sondern zur Verkehrung desselben in sein Gegentheil, z. B. altslavisch *velêti* ἐπιτάσσειν, jubere, *nevelêti* nicht: non jubere, sondern vetare.“ Man wird dabei an griechische Ausdrücke wie οὐκ ἐῶ veto (Krüger § 67, 1, Anm. 2) erinnert.

———————

Diese Bemerkungen über die Partikeln müssen, im Vergleich mit den umfänglichen Schriften von Hartung u. A. äusserst dürftig erscheinen. Ich habe indessen geglaubt, nur dasjenige mittheilen zu sollen, was sich mir bei wiederholter Prüfung als wahrscheinlich erwiesen hat, und hielt es im Interesse der Sache, mich von gewagten etymologischen Combinationen gänzlich fern zu halten. Auf speciell-griechische Partikeln wie ἀλλά bin ich absichtlich nicht eingegangen.

Zwölftes Kapitel.

Wortstellung.

Als man noch der Meinung war, dass der Satz die äussere Form des logischen Urtheils sei, nahm man die logische Ordnung der Redetheile als die ursprüngliche in Anspruch. Diese Ordnung sollte darin bestehen, dass das Subject den Satz eröffne, das Verbum mit seinem Adverbio unmittelbar darauf folge, und die übrigen Satztheile den Schluss bildeten. Eine richtigere Vorstellung von der Sprache und vor Allem eine unbefangene Beobachtung führten indess zu der Ansicht, dass diese sogenannte logische Ordnung ein Phantom sei. Henri Weil de l'ordre des mots dans les langues anciennes comparées aux langues modernes, Paris 1844 machte mit Nachdruck darauf aufmerksam, dass in den Sprachen mit sogenannter freier Wortstellung die Ordnung der Satztheile nicht durch die Regeln der Logik, sondern durch die Zufälligkeiten der Ideen-Association bestimmt wird. Wenn man Romulus' Geschichte erzählt hat, so fährt man fort: *idem ille Romulus Romam condidit;* zeigt man einem Wanderer die Stadt Rom, so kann man sagen: *hanc urbem condidit Romulus,* und schliesslich unter einer anderen Gedankenconstellation: *condidit Romam Romulus.* Es sind also nicht logische, sondern praktische Gründe, die den Ausschlag geben. Indessen würde man doch irren, wenn man annehme, dass die Stellung der Wörter für einen Römer bei jedem Satz Gegenstand völlig freier Entschliessung gewesen wäre. Es gab doch Liebhabereien der Sprache, die für den Einzelnen eine Art von Norm bildeten. Die Römer liebten es z. B., das Verbum an das Ende des Satzes zu stellen. Woher diese Liebhaberei? Man kann vom Standpunkte des Römischen aus nur antworten, dass die Stellung des Verbums am Ende des Satzes auf Tradition beruhe. Eine gleiche Tradition findet man nun auch in anderen indogermanischen Sprachen, z. B. im Sanskrit. Von dieser Beobachtung ausgehend, hat Abel Bergaigne in einem Aufsatz sur la construction grammaticale considérée dans son développement historique en sanskrit en grec en latin, dans les langues romanes et dans les langues ger-

maniques (Mémoires de la société de linguistique de Paris III, 1 ff.) constatirt, dass in den einzelnen indogermanischen Sprachen eine gewisse
Reihenfolge der Satztheile überliefert worden ist. Es war also der
damalige Zustand von dem jetzigen nicht wesentlich verschieden. Wie
uns beim Sprechen ein gewisser Satztypus vorschwebt, der sich als Ab-
bild der gehörten Sätze in unserem Inneren festgesetzt hat, so war es
auch bei den Römern, nur dass sie, aus oft erörterten Gründen, dem
überlieferten Typus freier gegenüber standen, als wir. Ich habe dann
(Syntaktische Forschungen III, Halle 1878) an einer der verwandten
Sprachen, nämlich an der ältesten Prosa des Sanskrit, die Wortstellungsregeln im Detail nachgewiesen und die Resultate übersichtlich zusammengestellt. Wer dieselben überblickt, wird sofort bemerken, dass die
meisten der indischen Wortstellungsregeln auch für das Lateinische
gelten. Das Gleiche trifft für das Litauische zu. Man wird desshalb
auf die Vermuthung geführt, dass die am Sanskrit beobachteten Wortstellungsgesetze im Wesentlichen schon proethnisch seien, dass einige
der indogermanischen Sprachen den alten Typus treu bewahrt haben,
andere aber mehr davon abgewichen sind.

Es mag manchem allzu kühn erscheinen, wenn ich versuche, Wortstellungsgesetze des Indogermanischen zu erschliessen. Indessen möge
man bedenken, dass alle sprachliche Ueberlieferung in Sätzen vor sich
geht, dass also Satztypen sich dem Gedächtnis ebenso gut einprägen,
wie z. B. Declinationstypen. Wenn nun mehrere indogermanische
Sprachen den gleichen Satztypus zeigen — der keineswegs ein allgemein
menschlicher und selbstverständlicher ist —, wie soll man dem Schluss
ausweichen, dass dieser selbe Typus schon in der einheitlichen Sprache
vorhanden gewesen sei, welche sich ja, nachdem die Flexion ausgebildet
war, in keinem wesentlichen Punkte von den sog. Tochtersprachen
unterschied? Endlich kommt noch hinzu, dass man vielleicht die Entstehung dieser Wortstellungsgesetze noch bis in die Zeiten vor der
Flexion zurückverfolgen kann. Wie es sich aber auch hiermit verhalten
mag, die Hypothese, dass ein bestimmter Satztypus im Indogermanischen
vorhanden gewesen sei, scheint mir durch die Thatsachen ebenso
empfohlen zu werden, wie z. B. die Hypothesen über den Wortaccent im
Indogermanischen. Ich lege dieselbe demnach für das Folgende zu Grunde.

Die nähere Begrenzung der vorliegenden Aufgabe ergiebt sich aus
folgender Ueberlegung:

Man hat neben der traditionellen Wortstellung eine occasionelle
zu unterscheiden. Traditionell ist z. B. die Stellung: *Romulus Romam
condidit*, occasionell: *condidit Romam Romulus*. Die Motive für occa-

sionelle Umstellung eines Wortes sind natürlich sehr mannichfaltig und schwer classificirbar, und um so schwieriger, je mehr die Einwirkung der Sätze auf einander in Betracht kommt. Ich habe versucht, an der ältesten, sehr einfachen Prosa des Sanskrit möglichst erschöpfende Beobachtungen zu machen, und begnüge mich hier, die für den einfachen Satz geltende Beobachtung hervorzuheben, dass das stärker betonte Wort nach vorn rückt, eine Beobachtung, die auch für das Griechische zutrifft.[1] Dass es möglich sein wird, am Griechischen durchzuführen, was ich am Sanskrit durchgeführt habe, nämlich an grossen Stücken der alten Prosa zu zeigen, warum in jedem einzelnen Falle eine Abweichung von der traditionellen Stellung stattgefunden hat, möchte ich bezweifeln. Die griechische Prosa ist uns nicht in so einfacher Gestalt überliefert, als die indische, die Individualität des Schriftstellers tritt stärker hervor, und die Beweglichkeit ist überhaupt eine grössere. Somit wird man für eine Menge von Wortumstellungen (Abweichungen von der traditionellen Regel) bei jedem Schriftsteller schwerlich einen anderen Grund ermitteln können, als den Geschmack des Einzelnen, und steht damit am Ende der wissenschaftlichen Classification. Fällt demnach die Untersuchung über die occasionelle Wortstellung im Griechischen (so weit sie überhaupt in strenger Form zu führen ist) der Detailuntersuchung des einzelnen Schriftstellers anheim, so bleibt für die allgemeinere Syntax nur die Frage zu erörtern, ob sich etwa in der traditionellen Stellung Andeutungen ergeben haben, oder anders ausgedrückt, es entsteht die Frage: „Wie hat sich der indogermanische Satztypus im Griechischen geändert?" Diese Frage suche ich im Folgenden zu beantworten.

Ich behandle dabei zuerst das Nomen mit Zubehör, dann das Verbum mit Zubehör, also zuerst das Adjectivum, den attributiven Genitiv und die Präpositionen in ihrem Verhältniss zum Nomen.

Hinsichtlich des A d j e c t i v u m s lautete die indogermanische Regel: das Adjectivum steht vor seinem Substantivum. Dieser alte Gebrauch ist im Griechischen sehr oft bewahrt, so z. B. in den Sprichwörtern in der überwiegenden Zahl der Fälle z. B. κυνικὸς θάνατος, ὀρνίθειον γάλα, Κολοφώνιος χρυσός, Δελφικὴ μάχαιρα, Ἀφροδίσιος ὅρκος οὐκ ἐμποίνιμος, Ἀττικὴ πίστις u. s. w. In den attischen Inschriften findet sich dieselbe Stellung sehr oft z. B. εἴκοσι καὶ ἑκατὸν ἄνδρας,

---

1) Dass diese Gewohnheit, das Betonte voranzustellen, auf die Ausbildung der traditionellen Wortstellung in der Urzeit eingewirkt haben mag, habe ich schon Synt. Forsch. 3, 77 angedeutet.

τριάκοντα ἔτη, τρίτη δόσις, τοῖς προτέροις Παναθηναίοις, οἱ ταμίαι τῶν ἱερῶν χρημάτων, τὴν καμπύλην σελίδα (pag. 173 a), στεφανῶσαι αὐτὸν χρυσῷ στεφάνῳ u. s. w. Tritt aber das Substantivum vor das Adjectivum, so wird es dadurch isolirt. Das ist ausserordentlich oft der Fall bei Aufzählungen von Gegenständen in Rechnungen, bei denen natürlich zuerst das Ding genannt und hinterher die Eigenschaft angegeben wird, in dem gehackten Stil, den auch wir bei Rechnungen anwenden, z. B. φιάλη χρυσῆ „eine Schale, golden,“ κέρατα ἀργυρᾶ, λύχνος ἀργυροῦς, στέφανοι χρυσοῖ τέτταρες und so sehr oft. Ebenso erklärt sich die Stellung πρόβατα δύο in einer Aufzählung Nr. 31, in welcher der Satztheil stets mit dem Substantivum, welches Stichwort ist, beginnt: γεωνόμους δὲ ἑλέσθαι δέκα ἄνδρας, ἕνα ἐχφυλῆς. οὗτοι δὲ νειμάντων τὴν γῆν. Δημοκλείδην δὲ καταστῆσαι τὴν ἀποικίαν αὐτοκράτορα, καθότι ἂν δύνηται ἄριστα. τὰ δὲ τεμένη τὰ ἐξῃρημένα ἐᾶν καθάπερ ἔστι καὶ ἄλλα μὴ τεμενίζειν. βοῦν δὲ καὶ πρόβατα δύο ἀπάγειν εἰς Παναθήναια. Wird das Nomen isolirt, so erhält es eine stärkere Betonung, wie man besonders deutlich fühlt; wenn ein Gegensatz im Spiele ist, wie Herodot 1, 14 παρέξ δὲ ἀργύρου χρυσὸν ἄπλετον ἀνέθηκεν und so sehr häufig. Steht vor dem Substantivum der Artikel, so wird er bekanntlich vor dem Adjectivum wiederholt. Als Beispiel führe ich einen Satz aus der Xuthias-Inschrift an (Cauer 2), in welchem man die Isolirung des Substantivums deutlich fühlt: εἰ μέν κα ζόη, αὐτὸς ἀνελέσθω· αἰ δέ κα μὴ ζόη, τοὶ υἱοὶ ἀνελόσθω τοὶ γνησίοι, ἐπεί κα ἡβάσωντι πέντε Fέτεα. εἰ δέ κα μὴ ζῶντι, ταὶ θυγατέρες ἀνελόσθω ταὶ γνησίαι. εἰ δέ κα μὴ ζῶντι, τοὶ νόθοι ἀνελόσθω. In diesem Satz werden die Begriffe υἱοί und θυγατέρες isolirt vorangestellt, weil sie in γνησίοι und νόθοι zerlegt werden sollen. Oft freilich lassen sich die Gründe der Umstellung nicht so sicher ermitteln, wie in den angeführten Beispielen. Es scheint, dass der Unterschied zwischen den beiden Ausdrucksweisen im Laufe der Zeit mehr verwischt wurde, so dass öfters wohl gar kein Unterschied des Sinnes zwischen beiden ausfindig zu machen ist, wie wenn es z. B. in einer attischen Tributliste heisst: ἐπὶ τῆς ἀρχῆς τῆς δευτέρας bis τῆς δωδεκάτης, ausgenommen: ἐπὶ τῆς τρίτης ἀρχῆς.

Es lässt sich also etwa Folgendes behaupten: die alte Stellung des Adjectivums ist die vor dem Substantivum. Soll das Substantivum isolirt (insbesondere stark betont werden), so tritt es vor.[1] Dann wurde

---

1) Im Gegensatz dazu erscheint bisweilen das voranstehende Adjectivum stark betont, so dass also in die ursprüngliche Stellung in Folge des Gegensatzes gegen

also Substantivum und Adjectivum nicht in einem Athem ausgesprochen, sondern in zwei Absätzen (wie man es in süddeutschen Dialekten hören kann). Doch wuchsen Subst. und Adj. auch in dieser Stellung allmählich fester zusammen, so dass der Unterschied von dem ersten Typus geringer wurde. Dazu mag namentlich die Poesie beigetragen haben.

Dass die Apposition nachsteht, wie im Sanskrit, ist bekannt. Es heisst also z. B. Ζεὺς Ὀλύμπιος nicht Ὀλύμπιος Ζεύς, wie *agníh svishtakṛít* u. s. w.

Hinsichtlich des attributiven Genetivs lautet die alte Regel: der Genitiv steht vor dem Substantivum.

Wiederum lassen sich aus der einfachen Sprache der παροιμίαι eine Reihe von Belegen anführen, z. B.: ἀγαθῶν σωρός, ἀγαθῶν θάλασσα, ἐκ λύκου στόματος, λύκων φιλία, κυνὸς οὖς, ὄφεως ὄμμα, μέλιτος μυελός, Ἄϊδος κυνῆ, εἰς μακάρων νήσους, Ἐνδυμίωνος ὕπνον καθεύδεις, γέροντος πόσθη δρυΐνος πάτταλος u. s. w.

In den Inschriften verschiedener Dialekte scheint technisch der Ausdruck γῆς καὶ οἰκίας ἔγκτησις. In den attischen Inschriften lese ich Ἐρυθραίων τῷ πλήθει, Ἀθηναίων τοῦ πλήθους, τὰ τῶν θεῶν χρήματα, τὴν τῆς θεοῦ ἐσθῆτα u. a. m. Liegt aber auf dem Substantivum ein besonderer Ton, so steht es voran z. B. I. A. Nr. 9 ἐπαρώμενον ἐξώλειαν ἑαυτῷ ἐπιορκοῦντι καὶ παισὶν ἑαυτοῦ. Auf παισίν liegt ein Ton, weil es zu ἑαυτῷ in einer Art von Gegensatz steht. Aehnlich ποτήριον ἀργυροῦν, σταθμὸν τούτου, nicht τούτου σταθμόν. In manchen Fällen lässt sich aber wieder ein Grund der besonderen Stellung schwerlich auffinden. So ist z. B. technisch die Stellung: οἱ ταμίαι τῶν ἱερῶν χρημάτων τῆς Ἀθηναίας, dagegen findet sich, ohne Scheu vor dem Zusammentreffen der Genitive: τοῖς τῶν τῆς Ἀθηναίας ταμίαις (Nr. 32). Auch weiss ich nicht zu sagen, warum in dem mehrfach wiederkehrenden Satze: ἵππος, γρύψ, γρυπὸς προτομή, γρύψ, λέοντος κεφαλή, ὅρμος ἀνθέμων, δράκων (pag. 76 a, 13) gerade diese Ordnung beobachtet ist. Die Entwickelung dieses Typus scheint folgende gewesen zu sein: Alt ist die Voranstellung des Genetivs, wollte man das regierende Substantivum hervorheben, so trat es voran. Im Gegensatz zu dieser Stellung konnte denn auch durch die Voranstellung des Genetivs eine stärkere Betontheit desselben ausgedrückt werden. Doch wurde dieser Gegen-

---

die occasionelle ein besonderer Sinn eingezogen ist (vgl. das über den Genetiv Gesagte). Dass dieser Sinn aus der Urzeit stamme, ist mir weniger wahrscheinlich.

satz der Stellungen öfter verwischt, vermuthlich ebenfalls, wie beim Adjectivum, unter Miteinfluss der Poesie.

Somit lässt sich beim Adjectivum und Genetiv eine Lockerung des alten Stellungsgesetzes beobachten. Eine Umkehrung desselben zeigt sich bei den Präpositionen.

An den Präpositionen ist schon den Alten die sogenannte Anastrophe sehr auffällig gewesen. Jetzt ist man darüber einig, dass der Accent, welchen die hinter ihrem Casus stehenden Präpositionen zeigen, der ursprüngliche ist, was aus der Uebereinstimmung von Sanskrit *ápa* mit ἄπο, *pári* mit πέρι, *párā* mit πάρα, *ápi* mit ἔπι hervorgeht. Ausgesprochen finde ich diese Wahrnehmung zuerst von Sonne in Kuhns Zeitschrift 14, 4. Aber nicht bloss der Accent, sondern auch die Stellung dieser Präpositionen ist die ursprüngliche. Für das Sanskrit gilt die Regel, dass die echten Präpositionen (mit zwei gleich zu erwähnenden Ausnahmen) ihrem Casus folgen, vgl. Benfey, Göttinger Nachrichten 1878 Nr. 4, und Synt. Forsch. 3, 46. Dass das Sanskrit in diesem Falle den älteren Zustand bewahrt hat, zeigt die Uebereinstimmung mit derjenigen Stellung der griechischen Präpositionen, in welcher sich der ursprüngliche Accent erhalten hat. Diese Stellung ist übrigens auch ganz im Einklang mit den sonstigen Regeln der indogermanischen Wortstellung. Da die meisten alten echten Präpositionen keine andere Aufgabe hatten, als die Bedeutung des Casus zu specialisiren, so treten sie bescheiden hinter denselben. Nur die Präpositionen *á* bis und *purá* vor, welche den Sinn des Ablativ sehr erheblich verändern, machen davon eine Ausnahme. Im Griechischen nun wurden die Präpositionen um so mächtiger, je mehr die Casus mit einander verschmolzen, und rückten desshalb nach vorn. In welchem Verhältniss bei Homer die nachstehenden Präpositionen zu den voranstehenden vorkommen, und warum in der Prosa gerade πέρι nach dem Genetiv stehen kann, ist meines Wissens noch nicht untersucht.

Wir finden also bei den Präpositionen eine Veränderung des überlieferten Typus, welche mit den oben erzählten Schicksalen der Casus zusammenhängt.

Ich komme nun zum Verbum nebst Zubehör.

Aus den accentuirten Texten des Sanskrit lernen wir eine Eigenthümlichkeit der Satzbetonung kennen, welche bei ihrem ersten Bekanntwerden sehr frappirt hat: das Verbum finitum des Hauptsatzes (wenn es nicht durch occasionelle Voranstellung an die Spitze kommt) ist enklitisch, das des Nebensatzes betont. Es heisst also z. B. *devá ásurān ajayan* die Götter besiegten die Asuren, aber *yadá devá ásurān ájayan*, als die Götter die Asuren besiegten. Im ersten Falle lehnt sich *ajayan* an *ásurān* an, wobei zu bemerken ist, dass im Sanskrit ein Acut beliebig viel Silben beherrschen kann. Die Erklärung dieser Erscheinung glaube ich jetzt gefunden zu haben, (Synt. Forsch. 3, 77). Die traditionelle Stellung des Verbums ist am Ende des Satzes. Nun glaube ich gezeigt zu haben, dass die Inder den Satz mit starker (oder hoher) Betonung begannen, und mit schwacher (oder niedriger) schlossen. Das Verbum steht also regelmässig an der Stelle des Satzes, wo am wenigsten Betonung vorhanden ist. Auch für die Betontheit des Verbums im Nebensatze glaube ich a. a. O. den Grund angegeben zu haben. Es fragt sich nun, ob diese Behandlung des Verbums speciell indisch ist, oder ob man sie als indogermanisch in Anspruch nehmen darf. Wackernagel in Kuhns Zeitschrift 23, 457 ff. hat sich für die zweite Alternative entschieden, mit Recht, wie ich glaube. Es erklärt sich unter dieser Hypothese namentlich die Zurückziehung des Accents im verbum finitum des Griechischen, die, wenn die Verbalform zweisilbig ist, sogar bis hinter dieselbe fortgesetzt wird, z. B. σύμφερε, κατάκειται, oder wie man nach indischer Gewohnheit schreiben würde: σύμ φερε κατά κειται, während beim Infinitiv (z. B. κατακεῖσθαι) weder im Sanskrit Enklisis, noch im Griechischen das Surrogat derselben, die möglichste Zurückziehung, stattfindet. Es erklärt sich ferner, warum die beiden einzigen Verba, deren Formen durchweg zweisilbig sind εἰμι und φημι, enklitisch sind. Sie sind der Rest, den das Dreisilbengesetz übrig lassen konnte. Ist nun dieses Raisonnement richtig — und ich denke, dass sich die Richtigkeit desselben bei genauerer Erörterung des griechischen Verbalaccents durchaus bewähren wird — so wäre die indische Verbalbetonung als proethnisch erwiesen. Wenn ich nun ferner Recht habe, diese Verbalbetonung aus der Stellung des Verbums am Satzende abzuleiten, so wäre damit eine neue Stütze für meine Hypothese gewonnen, dass der indische Satztypus im Wesentlichen als indogermanisch anzusehen sei.

Somit lässt sich, wie mir scheint, aus dem griechischen Verbalaccent ein indirecter Beweis für die Stellung des indogermanischen Verbums am Satzende gewinnen. Ob man aber behaupten darf, dass im Griechischen directe sichere Spuren dieser Stellung vorhanden seien, d. h. ob im älteren Griechisch das Verbum in der That am Ende des Satzes steht, ist schwer zu sagen. In den Paroemien finden wir diese Stellung in der That als die häufigste, aber eine andere Literaturgattung wüsste ich nicht anzuführen, namentlich kommen hier die Inschriften wenig in Betracht, weil in ihnen häufig Veranlassung zu einer occasionellen Voranstellung des Verbums gegeben ist, wie in ἔδοξεν τῷ δήμῳ und ähnl. Aus der historischen Literatur hat Kühner den Eindruck gewonnen, dass das Verbum am Ende stehe. Ich muss aber gestehen, dass ich nicht denselben Eindruck empfange. Mir scheint vielmehr, dass in der historischen Literatur sehr häufig das Verbum vom Subject attrahirt werde, so dass also die Satzform entsteht, wie wir sie auch in älteren Inschriften öfters haben, z. B. *Μεσσανίοι καὶ Ναυπακτίοι ἀνέθεν Διὶ Ὀλυμπίῳ δεκάταν ἀπὸ τῶν πολεμίων* Cauer 11 *Σαῶτις δίδωτι Σικαινίᾳ τὰν Ϝοικίαν καὶ τἄλλα πάντα* Cauer 79 u. a. m.

Danach würde anzunehmen sein, dass die Stellung des Verbums am Ende des Satzes ziemlich früh in Abnahme gekommen und vielmehr das Verbum vom Subject attrahirt worden sei. Die Gründe dafür liegen nahe genug. Je mehr sich der Satz erweitert, um so weniger gern wird man das Verbum am Ende belassen, nun ist aber gerade im Griechischen der einfache Satz durch die häufige Anwendung der Participien mehr erweitert worden, als in einer anderen indogermanischen Sprache. Ferner trägt zur Lockerung der Wortstellung des einfachen Satzes die Periode erheblich bei, da in dem ersten Glied einer Periode dasjenige Wort an's Ende tritt, an welches der nächste Satz anknüpft. Somit gewöhnt man sich, bei ausgebildeter Periodologie am Ende einfacher Sätze auch andere Worte als das Verbum zu sehen. Die griechische Prosa aber tritt uns, was man nie vergessen darf, gleich zuerst in einem schon sehr ausgebildeten Zustande entgegen.